HANDBC

田中 寿
Tanaka Toshin

著

戸籍実務
ハンドブ

——戸籍情報連携

日本加除出版株式

は　し　が　き

　初めて戸籍事務を担当する方にとって、戸籍実務で用いられる用語は理解しがたいものが多いかと思われます。戸籍事務は、民法や戸籍法などを始めとする身分関係を規定する法令等と密接に関連するものであり、事務処理の過程では、そのような法令等に用いられる聞き慣れない専門的な用語が度々出てきます。

　法令の用語は、複雑な権利義務関係を正確に表す必要がありますので、難解に感じられることが多く、理解することが容易ではないことが多くあります。そのため、初任者にとってはその理解に苦労することとなります。

　本書は、初めて戸籍事務に携わることになった方々が、その事務を適正に処理する上で直面することとなる戸籍実務用語について、その理解を図るための手引書となることを目的としたものです。

　ところで、戸籍事務を取り巻く状況について、昨今の戸籍事務のIT化、デジタル化の流れはめざましいものがあります。戸籍事務をコンピュータで取り扱うことを可能とする改正戸籍法（平成6年法律第67号）が平成6年12月1日に施行されて以来、30年が経過しようとしているところ、その間、令和2年度までに全ての市区町村において、戸籍事務のコンピュータ化が完了したほか、令和元年改正戸籍法（令和元年法律第17号）が令和6年3月1日に全面施行されたことによって、マイナンバー制度に基づき、社会保障関係等の事務を取り扱う行政機関に戸籍関係情報を提供し、それらの事務において戸籍証明書等の添付省略を可能とすることや、戸籍事務を国と市区町村とを接続したシステムによって取り扱うものとし、戸籍の届出についても戸籍証明書等の添付省略を可能とすること、また、本籍地の市区町村以外の市区町村の窓口において戸籍証明書等の交付請求を可能とする、いわゆる戸籍証明書の広域交付などが実現しています。さらに、一部の市区町村においては、コンビニエンスストアに設置されているマルチコピー機を利用した戸籍証明書等の交付や、戸籍事務の一部オンライン化も実現しています。今後は、令和7年度に予定されている改正戸籍法（令和5年法律第48号）の施行によって、

戸籍に記載された氏名に振り仮名を付すこととされています。

　このような戸籍事務の発展にともない、適正迅速で正確な戸籍事務処理の確保に対する国民の期待はますます高まってきていますが、戸籍事務を処理する戸籍窓口等の状況に目を移しますと、国際交流の進展に伴って渉外戸籍事件が増加しているため、諸外国の法令や身分制度の把握が必要となるなど、以前にも増して事務負担が重い実情にあります。また、短期間の人事異動による担当者の交代や、総合窓口制の導入による他業務との兼務などにより、専門的な知識を持つ担当者が少なくなったといわれています。そのため、担当者には、着任早々から事務を適正迅速に処理できる能力を身につけておくことが求められます。

　本書は、髙妻新先生を始めとする諸先輩方が執筆された「初任者のための戸籍実務用語ハンドブック」の後継書として、初めて戸籍事務に携わる方々が、その事務を処理する上で扱うこととなる専門的な用語について、その理解の一助となるよう手引書の形式で取りまとめたものです。このような趣旨の下、極力具体例を挙げて説明し、分かりやすいものとしたつもりですが、十分でない点もあるかと思われます。それらについては、読者諸氏の御叱正を仰ぎたく存じます。

　なお、本書の編集に当たっては、櫻庭倫法務省民事局民事第一課長から、終始懇切な御指導をいただいたほか、同課の沼田真一氏からも貴重な助言等をいただきました。また、日本加除出版株式会社編集部金塚万由美氏及びコンテンツビジネス推進部大浪康克氏には多大なご助力をいただきました。特に記してここに感謝の意を表します。

　令和6年4月

　　　前法務省民事局民事第一課補佐官
　　　（現福岡法務局民事行政部民事行政調査官）　　　田　中　寿　徑

凡　例

1　見出しの戸籍実務用語は、主に戸籍実務研究会編「初任者のための戸籍実務
　の手引き（改訂新版第六訂）」から、基本とされる用語を選び出した。また、渉
　外戸籍関係の用語は、戸籍実務研究会編「初任者のための渉外戸籍実務の手引
　き」（新版2訂）から選び出した。

2　法令・判例集の引用表記について、主要なものは次の略語例によった。

憲	日本国憲法
国	国籍法
国規	国籍法施行規則
民	民法
旧民	明治31年民法
戸	戸籍法
旧戸	大正3年戸籍法
戸規	戸籍法施行規則
民訴	民事訴訟法
民訴規	民事訴訟規則
人訴	人事訴訟法
非訟	非訟事件手続法
住基	住民基本台帳法
入管	出入国管理及び難民認定法
家事	家事事件手続法
家事規	家事事件手続規則
後登	後見登記等に関する法律
任意後見	任意後見契約に関する法律
通則	法の適用に関する通則法
地自	地方自治法
公選	公職選挙法
労基	労働基準法
労基則	労働基準法施行規則
厚保	厚生年金保険法
国公災	国家公務員災害補償法
国公共済	国家公務員共済組合法
健保	健康保険法
外登	外国人登録法（廃止）

凡　例

標準準則	戸籍事務取扱準則制定標準
番号	行政手続における特定の個人を識別するための番号の利用等に関する法律
性特	性同一性障害者の性別の取扱いの特例に関する法律
民集	最高裁判所（又は大審院）民事判例集
民録	大審院民事判決録
集民	最高裁判所裁判集民事
家月	家庭裁判月報

3　重要な先例の引用は、次の例により掲げた。
　〔例〕　令和4年3月17日付け法務省民一第555号法務局長、地方法務局長あて
　　　　民事局長通達　⇒令4・3・17民一555号通達

4　巻末に50音順索引を付した。

5　内容現在は令和6年3月31日とした。

主要参考文献

我妻　榮　著	親族法	有斐閣
中川　淳　著	親族法逐条解説	日本加除出版
澤木敬郎　編著 南　敏文	新しい国際私法	日本加除出版
南　敏文　編著	全訂Ｑ＆Ａ渉外戸籍と国際私法	日本加除出版
田代有嗣　著	国籍法逐条解説	日本加除出版
青木義人　著 大森政輔	全訂戸籍法	日本評論社
加藤令造　著 岡垣　学　補訂	全訂戸籍法逐条解説	日本加除出版
木村三男　著 神崎輝明	全訂戸籍届書の審査と受理	日本加除出版
木村三男　著 神崎輝明	全訂戸籍届書の審査と受理Ⅱ	日本加除出版
戸籍実務研究会　編	初任者のための戸籍実務の手引き （改訂新版第六訂）	日本加除出版
戸籍実務研究会　編	全訂戸籍訂正・追完の手引き	日本加除出版
戸籍実務研究会　編	初任者のための渉外戸籍実務の 手引き（新版２訂）	日本加除出版
南　敏文　編著	改訂はじめての戸籍法	日本加除出版
南　敏文　編著	はじめての渉外戸籍	日本加除出版
木村三男ほか　著	改訂設題解説戸籍実務の処理 Ⅰ～XXⅡ	日本加除出版
小林昭彦 大鷹一郎　編 大門　匡	新版一問一答新しい成年後見制度	商事法務研究会

主要参考文献

我妻　榮　編集代表	新法律学辞典	有斐閣
南　敏文　監修 髙妻　新　著 青木　惺　補訂	最新体系・戸籍用語事典	日本加除出版
高橋和之 伊藤　眞 小早川光郎　編集代表 能見善久 山口　厚	法律学小辞典（第5版）	有斐閣
大森政輔・津野　修 秋山　收・阪田雅裕 宮﨑礼壹・梶田信一郎　共編 山本庸幸・横畠裕介 近藤正春	法令用語辞典（第11次改訂版）	学陽書房
髙妻　新　監修 鈴木敬爾 荒木文明　著 新谷雄彦	初任者のための 戸籍実務用語ハンドブック	日本加除出版
木村三男　監修 篠崎哲夫 竹澤雅二郎　編著 野崎昌利	全訂新版渉外戸籍のための 各国法律と要件Ⅰ～Ⅵ	日本加除出版
土手敏行　著	ここが知りたい国籍法Ｑ＆Ａ	テイハン
小野瀬厚 岡健太郎　編著	一問一答新しい人事訴訟制度	商事法務
飛澤知行　編著	一問一答平成23年民法等改正	商事法務
金子　修　編著	一問一答家事事件手続法	商事法務
笹井朋昭 木村太郎　編著	一問一答成年年齢引下げ	商事法務
内野宗揮　編著	一問一答平成30年人事訴訟法・ 家事事件手続法等改正	商事法務
櫻庭　倫　著	一問一答戸籍法	商事法務

著 者 略 歴

田 中 寿 径 （たなか　としみち）

　法務省入省後、日本司法支援センター、在サンパウロ日本国総領事館領事、法務省民事局民事第一課戸籍指導係長などを経て、2020年4月から2024年3月まで法務省民事局民事第一課補佐官、2024年4月から現職（福岡法務局民事行政部民事行政調査官）。

1｜戸籍事務一般 ———————————————————— 1

3 | 戸籍の記載関係 ──────────── 58

4 | 証明関係 ———————————————————— 84

5 | 戸籍の諸帳簿関係 ——————————————— 102

13 | 後見・保佐の届関係 ——————————— 172

14 | 死亡・失踪の届関係 ——————————— 182

15 │ その他の届関係 ──────────────── 190

16 │ 親族関係 ──────────────────── 201

17 | 民法等用語一般 ————————————— 212

18 ┃ 裁判関係 ──────────────── 227

21 ┃旧法関係 ——————————————————————— 286

1

戸籍事務一般

戸籍事務管掌者 (こせきじむかんしょうしゃ)

　戸籍に関する事務は、この法律に別段の定めがあるものを除き、市区町村長がこれを管掌することとされている（戸１条１項、４条）。管掌するとは、市区町村長が自らの名で戸籍に関する事務を処理するという意味である。戸籍事務は、「地方分権の推進を図るための関係法律の整備等に関する法律」（平11法律87号、平成12・４・１施行。この法律は「地方分権一括法」と呼ばれている。）により第１号法定受託事務に区分され（戸１条２項）、市区町村が処理することとされ、市区町村長は、その執行機関として、戸籍事務を管掌することとされている。

　東京都の特別区及び横浜市など政令指定都市の区にあっては、区長が戸籍事務を管掌することになる（戸４条）ので、都知事又はこれらの市長には戸籍事務を処理する権限はない。

　なお、「この法律に別段の定めがあるもの」に当たるものとして、外国に駐在する大使、公使、領事は、その国に在る日本人から戸籍法上の届出又は証書の謄本を受理するなどの権限を有しており（戸40条〜42条、55条３項、93条）、戸籍事務の一部を担当している。

　また、法務大臣は、コンピュータ化された戸籍の副本を保存しており（戸119条の２）、これに加えて、令和元年法律第17号による改正後の戸籍法により、戸籍の副本を用いて戸籍証明書等の広域交付（改正後戸120条の２）や戸籍電子証明書提供用識別符号等の発行（改正後戸120条の３）、マイナンバー制度に基づく行政機関等への戸籍関係情報の提供（番号19条８号・９号）を行うほか、戸籍の届書を受理した市区町村長から届書等情報の提供を受け、戸籍の記載をすべき市区町村長に対して提供を受けた旨の通知等をすることとされ

ており（改正後戸120条の４、120条の５）、法務大臣も戸籍事務を担当している。

　旧法中の明治31年戸籍法では、「戸籍吏」が戸籍事務を管掌し、その戸籍吏には市町村長をあてる建前であった。したがって、市町村長は市町村長としての資格ではなく、別に「戸籍吏」としての資格で戸籍事務を担当していた（同法１条、２条）。しかし、大正３年戸籍法では、市町村長の資格で戸籍事務を処理することに改められ、「戸籍吏」の名称は廃止された（旧戸１条）。

戸籍事務管掌者の除斥（こせきじむかんしょうしゃのじょせき）

　戸籍に関する事務は、市区町村長が管掌することとされている（戸１条１項、４条）が、具体的な戸籍事件を処理するに当たって、市区町村長がこれと特別の関係にあるときは、職務の公正な執行を担保するために市区町村長をその職務の執行から排除することとしている。これを除斥という。すなわち、市区町村長は、自己又はその配偶者、直系尊属若しくは直系卑属に関する戸籍事件については、その職務を行うことができない（戸２条）。このような親族関係にある場合には、在籍する戸籍が同じであるか否かは問わない。ここにいう戸籍事件には、届出の受理、戸籍の記載はもちろん、謄抄本、証明書の作成交付も含まれる（昭７・３・４民事甲172号回答）。

　市区町村長が職務の執行から除斥された事件の処理については、戸籍事務管掌者に「事故があるとき」に該当するため、その事件に関する限り地方自治法（152条、252条の17の８第１項・２項）所定の職務代理者（助役等）が代わってその職務を行う。その職務代理者に除斥の事由があるときは、更に次順位の職務代理者がこれを行う。

　なお、職務代理者が代わってその職務を行った場合は、その代理資格を表示することになる。

法定受託事務（ほうていじゅたくじむ）

　平成12年４月１日に施行された地方分権一括法により改正された地方自治法は、国は、国際社会における国家としての存立に関わる事務、全国的に統

一的に定めることが望ましい国民の諸活動等に関する基本的な準則に関する事務、全国的な規模や全国的な視点に立って行わなければならない施策等の国が本来果たすべき役割を重点的に担い、住民に身近な行政はできる限り地方公共団体に委ねることを基本とする、国と地方公共団体の役割分担の趣旨を踏まえ、地方公共団体の機関委任事務を廃止した。これにより、地方公共団体が処理する事務は、自治事務と法定受託事務とに区分されることとなった。

　法定受託事務とは、事務の性質上、その実施が国又は都道府県の義務に属し、本来は国又は都道府県の行政機関が執行すべきではあるが、国民の利便性又は事務処理の効率性の観点から、法律又はこれに基づく政令の規定により、地方公共団体が受託して行うこととされる事務をいう（地自2条9項・10項）。

　戸籍事務は、本来は国が執行すべきものであるが、その性質上国民と密接な関係があるなどの事情が考慮され、国民の利便性又は事務処理の効率性の観点から、「第1号法定受託事務」に区分された（地自2条9項1号、戸1条2項）。このように、戸籍事務の処理主体は市区町村であるが、市区町村長は従前どおり、戸籍事務を処理するものとされている（戸1条1項、4条）。

▊ 戸籍事務の関与（こせきじむのかんよ）

　戸籍事務は、地方分権一括法により改正された地方自治法により、「第1号法定受託事務」に区分された（地自2条9項1号、戸1条2項）。そして、地方分権の推進の理念と戸籍事務の全国統一的な処理の要請の趣旨を踏まえ、戸籍法第3条を改正し、「法務大臣は、市町村長が戸籍事務を処理するに当たりよるべき基準を定めることができる。」（同条1項）とし、また、市役所又は町村役場の所在地を管轄する法務局又は地方法務局の長（「管轄法務局長等」）は、戸籍事務の処理に関し必要があると認めるときは、市町村長に対し、報告を求め、又は助言若しくは勧告をすることができる。この場合において、戸籍事務の処理の適正を確保するため特に必要があると認めるときは、指示をすることができるとした（同条2項）。さらに、戸籍事務について

は、戸籍法は、都道府県知事の法定受託事務に対する関与等について定めた地方自治法第245条の４等の規定は適用しない（戸３条４項）としており、都道府県知事その他の都道府県の執行機関の関与は排除されている。

　法務大臣は、戸籍事務を処理するに当たりよるべき基準（処理基準）を定めることができる（戸３条１項）。また、管轄法務局長等は、戸籍事務の処理に関し、市区町村長に対し、報告を求め、又は助言、勧告、指示をすることができるとしている（同条２項）。

　管轄法務局長等が戸籍事務に対して関与する具体的な内容としては、①処理基準（準則等）を示し、②市区町村長に対して戸籍事務に関する事実関係の報告、意見を求めること、③市区町村長に対して戸籍事務の処理に関する必要な事項を助言すること、④戸籍事務の処理に当たって必要な事項を申し出て、その申出に沿う処置を進める行為又はそれを促進する行為（これを勧告という。）、⑤戸籍事務に関する具体的な方針、基準、手続、規則、計画等を示しこれを実施させること（これを指示という。）である。

　なお、戸籍法第３条は、法務大臣及び管轄法務局長等を戸籍事務に対する関与の主体として規定しているが、法務局及び地方法務局は戸籍に関する法務省の所掌事務を分掌し、また、法務大臣は法務局又は地方法務局の所掌事務をこれらの支局に分掌させることができるとされている（法務省設置法18条、19条）ことから、これに基づき、管轄法務局長等は、処理基準を示すことができ（平12・３・15民二600号通達第１の１(2)ア）、また、法務局・地方法務局の支局の長は、管轄法務局長等と同様、戸籍事務に対する関与を行うことができる。

▌法務省（ほうむしょう）

　内閣の統轄の下に、国の行政機関として、府、省、委員会及び庁が設置されるものとされ（国家行政組織法２条、３条）、法務省は、法務省設置法（平11法律93号）により設置されている。法務省には、大臣官房及び民事局、刑事局、矯正局、保護局、人権擁護局、訟務局の６局が置かれている（法務省組織令２条）。このうち、民事局においては、公証に関すること（総務課）、国籍・戸

籍に関すること（民事第一課）、不動産登記その他の登記に関すること（民事第二課）、商業登記その他の商事に関すること（商事課）、などの事務をつかさどるものとされている（法務省組織令23条～27条）。

　なお、民事局、人権擁護局及び訟務局における事務を分掌するため、法務大臣の管理の下に、法務局及び地方法務局が置かれている（法務省設置法18条1項）。

法務局 （ほうむきょく）

　法務局・地方法務局は法務省の地方組織の一つである。法務局は、全国8か所（東京、大阪、名古屋、広島、福岡、仙台、札幌、高松）に、地方法務局は、42か所に設置され、更にその出先機関として支局、出張所がある。

　法務局の主な業務内容は、(1)土地、建物や商業法人などの登記事務、(2)人権擁護に関する事務、(3)国の利害に関係のある民事、行政に関する争訟などの事務、(4)市区町村長が管掌する戸籍事務の関与、(5)外国人の帰化など国籍に関する事務、(6)地代、家賃や裁判上の保証などの供託事務等である。なお、管轄法務局長等は、管下の支局管内の戸籍事務について、その関与の行使を部下職員である支局長に行わせている。

戸籍の表示 （こせきのひょうじ）

　戸籍を特定表示するためには、その表示方法が一定されていることが必要である。そこで、戸籍法は、戸籍の筆頭者の氏名及び本籍によって戸籍を表示することとしている（戸9条前段）。したがって、「戸籍の表示」といえば、本籍及び筆頭者の氏名のことをいうものとされている。なお、筆頭者が死亡、その他の事由によりその戸籍から除籍された場合でも、戸籍の表示方法に変わりはない（戸9条後段）。

▌本籍 （ほんせき）

　本籍とは、人の戸籍上の所在場所をいう。新戸籍を編製する場合には必ず本籍が定められ、その本籍と定められた場所の市区町村（本籍地）の長において戸籍を編製し、その市区町村役場に戸籍は備えられる。そして戸籍上の届出がいずれの市区町村にされた場合であっても、全て本籍地市区町村に送付され、そこで戸籍の記載がされる。

　このように本籍は、戸籍が所在し、戸籍の記載等を行う管轄市区町村を明らかにする機能を有するものであるが、戸籍の筆頭者の氏名とともに当該戸籍を特定表示（戸籍の表示）する役割も持っており、また、戸籍簿を整理する際の編てつ順序の基とされる（戸規3条）。

　本籍を定めるのは、新戸籍を編製することになる夫婦（配偶者がない者についてはその者）である（戸16条1項・3項、17条、19条、20条、20条の2、20条の3、21条、22条、30条1項、108条1項）。ただし、新戸籍を編製される者が届出人でないときは、従前の本籍と同一場所に新本籍を定めたものとみなされる（戸30条3項）。なお、棄児については、市区町村長が定める（戸57条）。

　本籍を定める場所については、日本の国内であればどこに定めてもよく、現実の生活と無関係の場所でもよい。

　本籍は、行政区画、土地の名称及び地番号（又は街区符号）で表示する。

▌街区符号 （がいくふごう）

　「住居表示に関する法律」（昭37法律119号）によれば、街区符号とは「町又は字の区域を道路、……河川、水路等によつて区画した場合におけるその区画された地域（以下「街区」という。）につけられる符号」（同法2条1号）をいう。本籍を表示する場合は、行政区画、土地の名称及び地番号で表示するが、地番号に代えて街区符号によることもできる（戸規3条）。昭和51年の法務省令の改正により、本籍の表示として街区符号を用いることができるようになった（昭51法務省令48号）。

　例示すると次のとおりである。

東京都八王子市	明神町二丁目	21番	2号
（行政区画）	（土地の名称）	（街区符号）	（住居番号）

　上記の例示で本籍を表示するとすれば、「東京都八王子市明神町二丁目21番」となり、住居番号は表示しない。

戸籍の筆頭者（こせきのひっとうしゃ）

　筆頭者とは、戸籍の最初に記載されている者をいう。一つの戸籍に数人が記載される場合の記載順序は、戸籍法第14条に定められている。

　第一順位に記載される者は、婚姻に際して夫婦のいずれの氏を称することとしたか（民750条）によって定められる。すなわち、その夫婦が、夫の氏を称する婚姻をしたときは夫、妻の氏を称する婚姻をしたときは妻を第一順位に記載する（戸14条1項1号）。なお、配偶者のない者については、その者を第一順位に記載し、その次にその者の子を記載する。

　筆頭者については、その氏名が本籍とともに戸籍の表示として利用されるが、かつて、旧民法において身分上特別の権利を有した「戸主」とは異なり、現行の戸籍の筆頭者に特殊な身分上の地位はない。

複本籍（ふくほんせき）

　複本籍とは、同一人につき重複して二つ以上の戸籍に記載されることをいう。同一人が二つ以上の戸籍に記載されることは許されないが、実務の上では錯誤、その他の事由によって複本籍が生じることがある。複本籍が生じた場合は、誤っている戸籍の記載を戸籍訂正の手続（戸24条、113条）により抹消することになる（訂正手続の流れは、令元・11・25民一903号通達第3の2参照）。

　なお、ある者が従前の戸籍から除かれて新戸籍が編製され、又は他の戸籍に入る場合（戸16条〜21条）に、入籍の記載が先に行われ、除籍の記載が後になると、一時的に複本籍の状態になるが、これは手続の経過上やむを得ない一時的現象にすぎないので、ここでいう複本籍には当たらない。

▎無籍者・無戸籍者（むせきしゃ・むこせきしゃ）

　無籍者とは、日本の国籍を有するものの戸籍に記載がない者をいう。一般に「無戸籍者」とも称される。

　戸籍は、日本の国籍を有する者（日本国民）について、その身分関係を登録、公証する公文書であり、日本国民である以上、全て戸籍に記載される建前になっている。なお、ある者が日本国民であるかについては、国籍法の定めるところによるものとされている（憲10条、国1条）。

　もっとも、現実には、日本国民として出生した子について出生届がされないなど無籍者が生ずることがある。この場合、その届出義務者がいるときは、その者に対して届出の催告をして（戸44条1項・2項）、その届出に基づき戸籍に記載することになる。しかし、届出義務者がなく、また、職権で戸籍に記載することもできないときは、就籍届によることとなる（戸110条、111条）。なお、棄児については、市区町村長が作成する調書に基づき戸籍に記載される（戸57条）。

　無籍者を戸籍に記載するときは、父又は母の戸籍に入るときを除き、新戸籍を編製する（戸22条）。

▎氏（うじ）

　氏は、個人を特定するための呼称であるとともに、個人がいずれの戸籍に記載されるべきかを決定するための基準となるものである。

1　氏は、民法の規定によって次のように定められる。
　(1)　夫婦は、婚姻の際に定めるところに従い、夫又は妻の氏を称する（民750条）。
　(2)　嫡出子は、父母の氏を称する。ただし、子の出生前に父母が離婚したときは、離婚の際における父母の氏を称する（民790条1項）。
　(3)　嫡出でない子は、母の氏を称する（民790条2項）。
　(4)　養子は、養親の氏を称する。ただし、夫婦の一方のみが養子となる場合において、その者が婚姻によって氏を改めた者であるときは、婚姻の

際に定めた氏を称すべき間（婚姻の継続中はもとより配偶者の死亡により解消した場合も含む。）は、養親の氏を称することはない（民810条）。この場合において、養子が離婚したとき、婚姻が取り消されたとき、又は生存配偶者である養子が復氏をしたときは、婚姻前の氏を称することなく、養親の氏を称することになる（昭62・10・1民二5000号通達第1の3）。

(5) 子が父又は母と氏を異にする場合には、子は、家庭裁判所の許可を得て、戸籍法の定めるところ（戸98条1項）により届け出ることによって、その父又は母の氏を称することができる（民791条1項）。

(6) 父又は母が氏を改めたことにより子が父母と氏を異にする場合には、子は、父母の婚姻中に限り、家庭裁判所の許可を得ないで、戸籍法の定めるところ（戸98条1項・2項）により届け出ることによって、その父母の氏を称することができる（民791条2項）。

(7) 上記(5)、(6)によって氏を改めた未成年の子は、成年に達した時から1年以内に戸籍法の定めるところ（戸99条）により届け出ることによって、従前の氏に復することができる（民791条4項）。

(8) 夫婦の一方が死亡したときは、生存配偶者は、婚姻前の氏に復することができる（民751条1項、戸95条）。

(9) 婚姻によって氏を改めた夫又は妻は、離婚又は婚姻の取消しによって婚姻前の氏に復する（民767条、771条、749条）。

(10) 養子は、離縁によって縁組前の氏に復する。ただし、共同縁組をした養親夫婦の一方のみとの離縁では復氏しない（民816条1項）。

2 氏は、その呼称のみを変更することが認められている（ただし、この変更によって上記1の民法上の氏の本質は変わらない。）。

(1) 婚姻によって氏を改めた夫又は妻は、離婚によって婚姻前の氏に復する（民767条1項）が、復氏した夫又は妻は、離婚の日から3か月以内に戸籍法第77条の2の届出をすることによって、離婚の際に称していた氏を称することができる（民767条2項）。なお、婚姻の取消しの場合も、これに準ずる取扱いがされる（民749条、戸75条の2）。

(2) 縁組から7年経過後に離縁したことによって縁組前の氏に復した者は、離縁の日から3か月以内に戸籍法第73条の2の届出をすることに

よって、離縁の際に称していた氏を称することができる（民816条2項、戸73条の2）。なお、縁組取消しの場合も、これに準ずる取扱いがされる（民808条2項、戸69条の2）。

(3) 「やむを得ない事由」（例えば、珍奇、難解、難読なもので、社会生活上支障がある場合等）によって氏を変更しようとするときは、戸籍の筆頭に記載した者及びその配偶者は、家庭裁判所の許可を得て、その旨を届け出なければならない（戸107条1項）。

(4) 外国人と婚姻をした日本人が、その氏を外国人配偶者の称している氏に変更しようとするときは、その婚姻の日から6か月以内に限り、家庭裁判所の許可を得ることなく、その旨を届け出ることができる（戸107条2項）。

(5) 上記(4)により氏を変更した者は、その外国人配偶者との婚姻が離婚等により解消した後3か月以内に限り、家庭裁判所の許可を得ることなく、その氏を変更の際に称していた氏に変更する旨の届出をすることができる（戸107条3項）。

(6) 戸籍の筆頭に記載した者又はその配偶者以外の者で、父又は母を外国人とする者が、その氏を外国人である父又は母の称している氏に変更しようとする場合には、家庭裁判所の許可を得て、その旨の届出をすることができる（戸107条4項）。

夫婦同氏の原則 （ふうふどううじのげんそく）

夫婦は、婚姻の際に必ず夫又は妻のいずれかの氏に定めなければならないものとされている（民750条）。したがって、夫婦は夫又は妻のいずれかの氏を称して同じ氏になる。これを夫婦同氏の原則という。

夫婦の戸籍は、氏を改めない者を戸籍の筆頭に記載し、次いで氏を改めた者が記載される（戸14条1項）。夫婦については原則として新戸籍が編製されるが、氏を改めない者が既に戸籍の筆頭者になっているときは、氏を改めた者がその戸籍に入籍し、新戸籍は編製しない（戸16条1項ただし書）。

このように、夫婦は同氏同一戸籍となる。そして、夫婦は婚姻の際のみな

らず、その後も婚姻の継続する限り、終始一貫してこの原則に従う。

　なお、夫婦の一方が外国人である場合の夫婦の氏については、当事者の属人法（本国法）によるものとされており（昭55・8・27民二5218号通達）、日本人については日本法によるものとされ、婚姻によっては日本人当事者の氏に変動はないものとして処理されている。また、外国人と婚姻した日本人女が、夫の本国法により夫の呼称を称するに至る場合であっても、我が国の戸籍上は、氏の変動がないものとして処理されている（昭26・12・28民事甲2424号回答）。

　もっとも、外国人と婚姻した日本人が、その外国人の称している氏に変更することはできる（戸107条2項）が、この氏の変更は、専ら呼称上の氏の変更にとどまるものである。

▌氏の変動（うじのへんどう）

　氏は、日本国民である限り出生の事実によって定まる。すなわち、嫡出子であれば当然に父母の氏を称する。ただし、子の出生前に父母が離婚したときは、離婚の際における父母の氏を称する（民790条1項）。嫡出でない子は、母の氏を称する（同条2項）。また、民法の規定によって氏を決定することができない棄児、父母の不明な就籍者及び帰化者などは、原則として新たに氏を選定する。

　しかし、このように各個人が取得した氏も、その後の身分行為等によって変動することがある。

1　一定の身分行為の結果として、当然に氏の変動が生ずる場合
　(1)　婚姻による氏の変動（民750条）——夫婦は婚姻の際に定めるところに従い、夫又は妻の氏を称することになる。
　(2)　離婚又は婚姻の取消しによる氏の変動（民767条1項、771条、749条）——婚姻によって氏を改めた夫又は妻は、離婚又は婚姻の取消しによって婚姻前の氏に復する。
　(3)　養子縁組による氏の変動（民810条）——養子は、養親の氏を称する。ただし、婚姻によって氏を改めた者が養子となった場合は、その者は婚姻の際に定めた氏を称すべき間は、養親の氏を称することはない。した

がって、その者は婚姻の継続中はもとより配偶者の死亡により婚姻が解消しても、養親の氏を称することなく、引き続き配偶者又は配偶者であった者の氏を称する。また、配偶者の死亡により縁組時に婚姻が既に解消している場合も同様であるが、この場合において、養子が離婚をしたとき、婚姻を取り消されたとき、又は生存配偶者の復氏届をしたときは、婚姻前の氏を称することなく、養親の氏を称することになる（昭62・10・1民二5000号通達第1の3）。

(4) 離縁又は縁組の取消しによる変動（民808条、816条）——養子は、離縁（又は縁組の取消し）によって縁組前の氏に復する。ただし、配偶者とともに養子をした養親の一方のみと離縁をしても、養子は他の一方との縁組が継続している限り、縁組前の氏に復することはない（前掲民二5000号通達第2の3ア）。

2 一定の要件の下に個人の意思により、氏の変動が生ずる場合

(1) 生存配偶者の復氏（民751条、戸95条）——夫婦の一方が死亡した場合、婚姻の際に氏を改めた生存配偶者は、その自由意思により、いつでも婚姻前の氏に復することができ、その旨の届出によって復氏する。

(2) 子が父又は母と氏を異にする場合にその父又は母の氏を称するための氏の変更（民791条、戸98条）——父又は母と氏を異にする子が、その父又は母の氏を称するには、原則として家庭裁判所の許可を要する。ただし、父又は母が氏を改めたことにより、子が父母と氏を異にする場合には、子は、父母の婚姻中に限り、家庭裁判所の許可を得ないで、戸籍法の定めるところにより届け出ることによって、その父母の氏を称することができる。なお、この場合、父母の氏を称しようとする者に配偶者がある場合には、配偶者とともに届け出なければならない（戸98条2項）。

(3) 父又は母の氏を称する届出をした未成年の子が、成年に達した後にする復氏（民791条4項、戸99条）——民法第791条第1項～第3項の規定によって氏を改めた未成年の子は、成年に達した時から1年以内に戸籍法の定めるところにより届け出ることによって、従前の氏に復することができる。なお、この場合、従前の氏に復しようとする者に配偶者がある場合には、配偶者とともに届け出なければならない（戸99条2項）。

3 氏の呼称のみの変更（民法上の氏の本質は変わらない）

(1) 離婚によって復氏した者が、離婚の際に称していた氏を称する場合（民767条2項、戸77条の2）——婚姻によって氏を改めた夫又は妻は、離婚によって婚姻前の氏に復する（民767条1項）が、復氏した夫又は妻は、離婚の日から3か月以内に戸籍法第77条の2の届出をすることによって、離婚の際に称していた氏を称することができる。なお、婚姻取消しの場合も、これに準ずる取扱いがされる（民749条、戸75条の2）。

(2) 離縁によって復氏した者が、離縁の際に称していた氏を称する場合（民816条2項、戸73条の2）——縁組から7年が経過した後に離縁したことによって縁組前の氏に復した者は、離縁の日から3か月以内に戸籍法第73条の2の届出をすることによって、離縁の際に称していた氏を称することができる。なお、縁組取消しの場合も、これに準ずる取扱いがされる（民808条2項、戸69条の2）。

(3) 「やむを得ない事由」による氏の変更（戸107条1項）——やむを得ない事由（例えば、珍奇、難読等で実生活に支障がある場合等）によって氏を変更しようとするときは、戸籍の筆頭に記載した者及びその配偶者は、家庭裁判所の許可を得て、その旨を届け出なければならない。

(4) 日本人配偶者がその氏を外国人配偶者の称している氏に変更する場合（戸107条2項）——外国人と婚姻をした日本人が、その氏を外国人配偶者の称している氏に変更しようとするときは、その婚姻の日から6か月以内に限り、家庭裁判所の許可を得ることなく、その旨を届け出ることができる。

(5) 上記(4)により氏を変更した者が、その氏を変更前のものに戻す場合（戸107条3項）——戸籍法第107条第2項の届出により外国人配偶者の称している氏に変更した者は、その外国人配偶者との婚姻が離婚等により解消した後3か月以内に限り、家庭裁判所の許可を得ることなく、その氏を変更の際に称していた氏に変更する旨の届出をすることができる。

(6) 戸籍の筆頭者又はその配偶者以外の者が外国人である父又は母の称している氏に変更する場合（戸107条4項）——戸籍の筆頭に記載した者又はその配偶者以外の者で、父又は母を外国人とする者が、その氏を外国人

である父又は母の称している氏に変更しようとする場合には、家庭裁判所の許可を得て、その旨の届出をすることができる。

▌復氏・復籍（ふくし／ふくうじ・ふくせき）

　婚姻によって氏を改めた者は、離婚によって婚姻前の氏に戻る（民767条1項、771条）が、このように一度氏を改めた者が、従前の氏に戻ることを復氏といい、このように復氏者が従前に在籍した戸籍に戻ることを復籍という。なお、復籍は、入籍の一形態である。

(1)　離婚又は婚姻の取消しがあったときは、婚姻の際に氏を改めた者が婚姻前の氏に復し（民767条1項、771条、749条）、婚姻前の戸籍に入る。ただし、その戸籍が既に除かれているとき、又はその者が新戸籍編製の申出をしたときは、新戸籍を編製する（戸19条1項）。

(2)　離縁又は縁組の取消しがあったときは、養子は縁組前の氏に復する。ただし、配偶者とともに養子をした養親の一方のみと離縁をした場合は、復氏しない（民816条1項、808条2項）。復氏した養子は、縁組前の戸籍に入る。ただし、その戸籍が既に除かれているとき、又はその者が新戸籍編製の申出をしたときは、新戸籍を編製する（戸19条1項）。もっとも、養子が夫婦であるときは、その養子夫婦について縁組前の氏で新戸籍が編製される（戸20条）。

(3)　配偶者の一方が死亡したときは、生存配偶者は、婚姻前の氏に復することができ（民751条1項）、その復氏の届出（戸95条）があったときは、婚姻前の戸籍に入る。ただし、その戸籍が既に除かれているとき、又はその者が新戸籍編製の申出をしたときは、新戸籍を編製する（戸19条2項・1項）。

(4)　未成年の当時に父又は母の氏に改めた子は、成年に達した時から1年以内に従前の氏に復することができ（民791条4項）、その復氏の届出（戸99条1項）があったときは、子は従前の戸籍に入る。ただし、その戸籍が既に除かれているとき、又はその者が新戸籍編製の申出をしたときは、新戸籍を編製する（戸19条2項・1項）。

▌新戸籍の編製 （しんこせきのへんせい）

新戸籍の編製は、次の場合に行われる。

(1)　婚姻の届出があったときは、原則として夫婦について新戸籍を編製する（戸16条1項）。日本人と外国人との婚姻届出があったときは、原則として日本人について新戸籍を編製する（同条3項）。

(2)　戸籍の筆頭者及びその配偶者以外の者が、同一の氏を称する子又は養子を有するに至ったときは、その者について新戸籍を編製する（戸17条）。

(3)　婚姻又は養子縁組によって氏を改めた者が、離婚、離縁等によって復氏するときは、原則として婚姻又は縁組前の戸籍に入る（復籍）が、その戸籍が既に除かれているとき、又はその者が新戸籍編製の申出をしたときは、新戸籍を編製する（戸19条1項）。

(4)　夫婦の一方が死亡したときは、生存配偶者は、婚姻前の氏に復することができ（民751条）、その届出（戸95条）があったときは、原則として婚姻前の戸籍に入る（復籍）が、その戸籍が既に除かれているとき、又はその者が新戸籍編製の申出をしたときは、新戸籍を編製する（戸19条2項・1項）。

　　また、父又は母の氏に改めた未成年の子は、成年に達した時から1年以内であれば、従前の氏に復することができ（民791条4項）、その届出（戸99条）があったときも、上記と同様である（戸19条2項・1項）。

(5)　婚姻によって氏を改めた夫又は妻は、離婚によって婚姻前の氏に復する（民767条、771条）が、離婚の日から3か月以内に戸籍法の定めるところにより届け出ることによって、離婚の際に称していた氏を称することができ（民767条2項）、その届出（戸77条の2）があったときは、その届出をした者を筆頭に記載した戸籍が編製されていないとき、又はその者を筆頭に記載した戸籍に他の在籍者があるときは、その届出をした者について新戸籍を編製する（戸19条3項）。もっとも、離婚によって復氏すべき者が、協議離婚の届出と同時に、戸籍法第77条の2の届出をしたときは、その者について直ちに離婚の際に称していた氏で新戸籍を編製する（昭62・10・1民二5000号通達第4の1）。

(6)　縁組をして7年経過後の離縁による復氏者についても、離縁の際の氏を称することができ（民816条2項）、その届出（戸73条の2）があったときは、上記(5)の場合と同様である（戸19条3項）。

(7)　夫婦養子の縁組又は離縁のように入籍又は復氏する者に配偶者があるときは、その夫婦について新戸籍を編製する（戸20条）。

(8)　外国人と婚姻した者は、その氏を外国人配偶者の称している氏に変更することができる（戸107条2項）が、その届出があった場合において、その届出をした者の戸籍に他の在籍者があるときは、その届出をした者について新戸籍を編製する（戸20条の2第1項）。また、上記によって氏を変更した者が、再び変更の際に称していた氏に変更する旨の届出（戸107条3項）をした場合において、その届出をした者の戸籍に他の在籍者があるときは、その届出をした者について新戸籍を編製する（戸20条の2第1項）。

(9)　筆頭者又はその配偶者でない者が、その氏を外国人の父又は母の称している氏に変更する旨の届出（戸107条4項・1項）をしたときは、届出事件の本人について新戸籍を編製する（戸20条の2第2項）。

(10)　特別養子縁組（民817条の2以下）の届出があったときは、養親の戸籍に入る前に、まず養子について養親の氏で新戸籍を編製する。ただし、養子が養親の戸籍に在るときは、新戸籍は編製しない（戸20条の3）。

(11)　性別の取扱いの変更の審判があった場合において、当該性別の取扱いの変更の審判を受けた者の戸籍に記載されている者（その戸籍から除かれた者を含む。）が他にあるときは、新戸籍を編製する（戸20条の4）。

(12)　分籍の届出があったときは、新戸籍を編製する（戸21条）。

(13)　帰化者、棄児、就籍者など戸籍に記載がない者について、新たに戸籍の記載をすべきときは、父又は母の戸籍に入る者を除き、新戸籍を編製する（戸22条）。

なお、他の市区町村への転籍、戸籍の再製又は回復の場合にも戸籍が編製されるが、この場合は従前の戸籍と同一のものであり、ここにいう新戸籍の編製には該当しない。

▌ 三代戸籍禁止の原則 （さんだいこせききんしのげんそく）

　戸籍は、市区町村の区域内に本籍を定める「一の夫婦及びこれと氏を同じくする子」で編製することを原則としており、親、子、孫といった三世代に及ぶ者を同一の戸籍に記載することはできない（戸6条、17条）。これを三代戸籍禁止の原則という。

　なお、配偶者のない者については、「その者及びこれと氏を同じくする子」で編製し、配偶者も子もない者で父又は母の戸籍に入らない者については、その者のみについて編製される（戸6条）。

　したがって、同一戸籍に記載する者の範囲又は戸籍の変動原因は、全てこの戸籍の編製基準に合致するように規定されている（戸16条〜23条）。

▌ 戸籍の変動 （こせきのへんどう）

　ある者について、婚姻、離婚、縁組等により、現在の戸籍から除かれて新戸籍が編製されること、あるいは他の戸籍に入り従前戸籍から除籍されることなどにより、戸籍が移動することを、戸籍の変動という。

　いかなる事由がある場合に戸籍の変動が生ずるかは、戸籍法第16条〜第23条に規定されている。これらの戸籍の変動は、当然、戸籍の編製基準（戸6条）に合致するものであり、民法上の氏と密接な関係がある。民法上の氏に変動があるときは常に戸籍の変動が生ずるが、氏の変動はないものの戸籍の変動が生ずる場合も少なくない（戸16条1項本文、17条、20条の4、21条）。

▌ 入籍 （にゅうせき）

　入籍の態様には、新たに戸籍に記載される場合（原始的入籍）と一方の戸籍から除籍されて他方の戸籍に入る場合（移転的入籍）とがある。

1　新たに戸籍に記載される例
　(1)　出生によって嫡出子が父母の戸籍に入る場合（民790条1項、戸18条1項）。
　(2)　出生によって嫡出でない子が母の戸籍に入る場合（民790条2項、戸18条

2項)。

(3) 国籍取得又は帰化によって父母の戸籍に入る場合（戸102条、102条の2、18条1項・2項）。

2 一方の戸籍から除籍されて他方の戸籍に入る例

(1) 婚姻によって夫婦の一方が他方の戸籍に入る場合（戸16条2項）。

(2) 縁組によって養子が養親の戸籍に入る場合（戸18条3項）。

(3) 離婚、離縁、婚姻の取消し及び縁組の取消しによって婚姻又は縁組前の戸籍に入る場合（民767条、816条、戸19条1項本文）。なお、このように従前の戸籍に入ることを、戸籍実務上、復籍と称することがある。

(4) 生存配偶者の復氏届によって婚姻前の戸籍に入る場合（民751条、戸19条2項）。

(5) 子が父又は母と氏を異にする場合に、父又は母の氏を称する入籍届によって、その戸籍に入る場合（民791条1項・2項、戸98条、18条1項、同条2項）。

(6) 上記(5)によって父又は母の戸籍に入った子が、成年に達した後、1年以内に従前の氏に復する入籍届により氏変更前の戸籍に入る場合（民791条4項、戸99条、19条2項）。

3 戸籍先例により特に認められている入籍の例

(1) 離婚又は離縁等によって復氏した者について新戸籍が編製された後、その者の婚姻又は縁組前の戸籍にある同氏の子が、その新戸籍に入籍することを希望するときは、入籍届をすることによってその戸籍に入籍できる（昭62・10・1民二5000号通達第3の4(2)、第4の2(2)）。

(2) 父又は母がその氏を外国人配偶者の称している氏に変更する届出（戸107条2項）に基づき、新戸籍が編製された後、氏変更前の戸籍に在籍している子がその新戸籍への入籍を希望するときは、入籍届をすることによってその戸籍に入籍できる（昭59・11・1民二5500号通達第2の4(1)カ）。

(3) 上記(2)によって氏を変更した父又は母が離婚、婚姻の解消又は配偶者の死亡により、その氏を変更の際に称していた氏に変更する届出（戸107条3項）に基づき、新戸籍が編製された後、氏変更前の戸籍に在籍している子がその新戸籍への入籍を希望するときは、入籍届をすることに

よってその戸籍に入籍できる（前掲民二5500号通達第2の4(2)イ）。

除籍 （じょせき）

　戸籍に記載されている者について、戸籍法第16条〜第21条の規定により新戸籍が編製され又は他の戸籍に入ることになったときは、その者は必ず従前の戸籍から除籍される（戸23条前段）。

　また、戸籍に記載されている者が、死亡し、失踪の宣告を受け、又は国籍を喪失したときも除籍される（同条後段）。

　除籍の方法は、その戸籍の一部の者を除くときは、除籍される者の身分事項欄にその事由を記載して消除する（戸規40条1項、42条）。また、戸籍内の全員を除くときは、その旨を戸籍事項欄に記載（戸規34条4号）して戸籍の全部を消除する（戸規40条2項）。

戸籍の回復 （こせきのかいふく）

　戸籍の回復とは、消除された事項を消除前の状態に戻すことをいう。例えば、婚姻、養子縁組などによって他の戸籍に入籍したためその戸籍から除かれた者について、その婚姻、養子縁組の無効の裁判が確定したときは、戸籍訂正の手続により従前の戸籍の末尾にその者の記載を復活させる（戸規39条2項）。また、全員除籍について、その除籍原因が無効又は錯誤であったときにも戸籍訂正の手続によりこれを回復することになるが、この場合は、その除籍とは別に、新たな用紙を用いてその除籍前と同一の内容の戸籍が作られる。

戸籍（除籍）の再製・補完 （こせき（じょせき）のさいせい・ほかん）

　戸籍又は除籍の原本は、火災や水害又は虫害等の原因によって滅失したり、滅失のおそれがある状況に至る場合がある。これらの事態が生じたときは、市区町村長は遅滞なく管轄法務局に報告すべきものとされる（戸規9条

１項・３項、標準準則14条、15条）。この報告に基づき管轄法務局は、滅失又は滅失のおそれある戸籍又は除籍についての調査をしたのち、法務大臣に具申し、その再製又は補完は、法務大臣の指示により行われる（戸11条、12条２項）。なお、滅失した戸籍及び除籍については、その再製につき官報に告示される（戸11条後段）。なお、「滅失による戸籍の再製」、「滅失のおそれがある戸籍の再製」の各項参照のこと。

滅失による戸籍の再製（めっしつによるこせきのさいせい）

　戸籍は、人の身分関係を登録公証することを目的としているため、その戸籍が滅失したときは、早急にその戸籍を回復する必要がある。滅失による戸籍の再製とは、その戸籍を滅失直前のものに回復（再現）する手続のことである。

　滅失した戸籍の再製について、戸籍法は、戸籍の全部又は一部が滅失したときは、法務大臣は、その再製又は補完について必要な処分を指示すると規定している（戸11条）。

　その具体的な手続は、およそ次のとおりである。

　まず、①市区町村において滅失を発見したときは、市区町村長は、管轄法務局長等に対し概況を報告する（標準準則14条１項）。②市区町村長は、引き続き滅失の状況若しくは戸除籍の原本を発見するための調査を実施する。③必要な調査を実施しても原本が発見されない場合には、市区町村長は、滅失の事由、滅失の年月日等を記載した書面によって、管轄法務局に報告する（戸規９条１項、標準準則15条・付録第13号書式）。④報告を受けた管轄法務局は、戸籍が滅失した経緯等について調査した後、その再製又は補完の方法を具して、法務大臣に具申する（戸規９条２項）。⑤法務大臣は、滅失した戸籍を一般に周知させ、また、再製資料となるべき書類について市区町村長又は関係人に提出等をさせるため、必要事項を官報に告示するとともに、管轄法務局長等に対して再製資料の収集方及び再製の方法等について訓令を発する（戸11条）〔注〕。⑥管轄法務局長等は、市区町村長に対して具体的な再製方法を示した訓令を発する。⑦市区町村長は再製作業を行った上で、管轄法務局長

等に対し、再製案を添付して再製完了報告を行う（標準準則16条１項）。⑧管轄法務局長等は適法に再製されたかを調査し、適法に再製されたことを確認したときは、市区町村長に対して再製完了通知を発出する。⑨市区町村長は再製完了通知に基づき再製年月日を記載し、副本を編製して管轄法務局長等に送付する（戸規15条１項）。⑩管轄法務局長等は、法務大臣に対して再製完了報告をする。

　再製された戸籍は、上記⑧の通知を受けた後に、再製戸籍としての効力が生じる（大13・５・６民事7383号回答）。

　また、滅失した除籍（改製原戸籍を含む。）の再製手続についても、滅失した戸籍の再製手続と同様である（戸12条２項）。

〔注〕　管轄法務局に再製資料となる副本及び届書類が保管されているときは、それのみによって再製ができる（この場合は、再製資料の提出を求める必要はないので、官報告示の内容も異なる。）。しかし、それらが保管されていないときは、関係人が戸籍滅失前に交付を受けていた謄抄本や証明書を所持している場合、また、届出、申請等をしている場合には、その謄抄本等を提出させ、又は、再届出・申請（申出）等をさせて、これらを資料として再製することになる（明43・１・14民刑25号回答、昭７・７・16民事甲740号回答）。

┃ 滅失のおそれがある戸籍の再製
（めっしつのおそれがあるこせきのさいせい）

　滅失のおそれがある戸籍とは、戸籍が永年の使用又は虫害や汚損等により、現在は原形をとどめているが、間もなく滅失することが予測される場合の戸籍のことである。

　滅失のおそれがある戸籍についても、戸籍が滅失した場合と同様に、法務大臣は、その再製又は補完について必要な処分を指示することとされている（戸11条）。

　この場合の再製は、再製の対象となる戸籍の原本が滅失していないから、再製するための資料の収集を要しない。したがって、滅失した戸籍の再製のように、一般に周知させる等の官報告示を要せず、単に法務大臣の訓令が発せられるのみである。

　ただし、この場合の訓令の発出は、管轄法務局長等の専決処分とされている（平14・12・18民一訓2999号法務大臣訓令）。管轄法務局長等において再製を相当と認めたときは、同局において、法務大臣から同局の長宛ての訓令を作成するとともに、同局の長から市区町村長に対し、法務大臣から訓令が発せられたことを受けて再製手続を行うよう指示をすることになる（平14・12・18民一3002号依命通達）。

　滅失のおそれがある戸籍の再製の具体的な手続は、およそ次のとおりである。

　まず、市区町村長は、滅失のおそれがある戸籍の報告をしなければならない（戸規9条3項）。この報告を受けた管轄法務局は、戸籍が滅失のおそれがあるか否かを調査した後、再製を相当とする場合は法務大臣の名による訓令を作成する。この訓令に基づき管轄法務局長等は、当該市区町村長に戸籍再製の具体的方法等を指示し、市区町村長はこの指示を受けて戸籍の再製作業を行うことになる。

　再製が完了したときは、市区町村長は再製完了報告を管轄法務局にする。同局は再製が適法にされたか否かを調査し、適法に再製されたことを確認したときは、市区町村長に対し調査完了の通知をすることになるが、再製された戸籍が原本となるのは、この通知の日からである（大13・5・6民事7383号回答、昭33・10・9民事二478号回答）。

　なお、戸籍の再製の報告をする場合の様式等は、管轄法務局において制定する戸籍事務取扱準則に定められている（標準準則15条〜18条）。

　また、滅失のおそれがある除籍（改製原戸籍を含む。）の再製手続についても、滅失のおそれがある戸籍の再製手続と同様である（戸12条2項）。

申出による戸籍の再製（もうしでによるこせきのさいせい）

　当事者の知らない間に虚偽の婚姻の届出又は養子縁組の届出等がされ、戸籍に不実の記載がされている場合、これを是正するには戸籍訂正手続によることになる（戸24条2項、113条、114条、116条）。

　しかし、訂正した場合は不実の記載は消除されるが、その痕跡は戸籍にそ

のまま残ることになるため、当事者等にとっては多大の苦痛を伴うことになる（紙戸籍の場合は、不実の記載は朱線を交さして消除されるが、その痕跡は訂正事項の記載とともに残る。また、コンピュータ戸籍の場合も、不実の記載が従前の記録として、訂正事項の記載とともに残る。）。

　これを解消するため、当事者等から不実の記載等の痕跡が残らない戸籍の再製を求める要請がされる場合が多い。その要請に応えるため、平成14年法律第174号をもって戸籍法の一部を改正する法律が施行（平14・12・18）され、同法に第11条の2が新設された。これによって、不実の記載等の痕跡が残らない戸籍の再製ができることになった。これが、申出による戸籍の再製である。

　同条においては、「虚偽の届出等……若しくは錯誤による届出等又は市町村長の過誤によつて記載がされ、かつ、その記載につき……訂正がされた戸籍について、当該戸籍に記載されている者（その戸籍から除かれた者を含む。……）から、当該訂正に係る事項の記載のない戸籍の再製の申出があつたときは、法務大臣は、その再製について必要な処分を指示する。」とされている。このうち、市区町村長の過誤によって記載された事項を戸籍訂正した場合の再製は、従前から通達により認められていたが（昭46・12・21民事甲3589号通達）、この取扱いについても、戸籍法の改正において明文で規定された。

　なお、申出による戸籍の再製には、前記の事例のような場合の再製（戸11条の2第1項）のほかに、市区町村長が戸籍の記載をする際に誤記して、文字の訂正、追加又は削除した記載（いわゆる欄外訂正の記載）のある戸籍についても再製が認められることになった（戸11条の2第2項）。

　この申出による戸籍の再製の具体的手続は、滅失のおそれがある戸籍の再製の場合と同様である（平14・12・18民一3000号通達、同日民一3001号依命通知）。

　また、既に戸籍に記載されている嫡出でない子について、その父母との続柄欄の「男」「女」を「長男（長女）」、「二男（二女）」等の記載に更正する申出があった場合には、市区町村長限りでこれを更正するとともに、更正事項の記載のない戸籍の再製申出ができることを案内した上で、滅失のおそれがある戸籍の再製に準じて申出に基づき再製手続を行う（平16・11・1民一3008号通達4、平22・3・24民一730号通知3）。

後見又は保佐の登記通知による戸籍の再製
（こうけんまたはほさのとうきつうちによるこせきのさいせい）

　後見登記等に関する法律（平11法律152号）の施行により、後見、保佐及び補助に関する登記は、嘱託又は申請により、登記所の磁気ディスクをもって調製する後見登記等ファイルに記録されることになった（後登4条）。

　従来、禁治産宣告を受けた者及び準禁治産宣告を受けた者については、後見届及び保佐届によってそれらの者の戸籍に禁治産宣告（又は準禁治産宣告）事項が記載されていた（改正前戸81条、85条）が、これらの事項で現に効力を有するものは、戸籍の記載から後見登記等ファイルに移行措置がとられることになった（後登附則2条1項・2項）。この移行措置は、民法の一部を改正する法律（平11法律149号）附則第3条第1項の規定により、成年被後見人、成年後見人若しくは成年後見監督人とみなされた者又は当該成年被後見人とみなされた者の配偶者、四親等内の親族（同附則3条2項の規定により被保佐人とみなされた者又は当該被保佐人とみなされた者の配偶者若しくは四親等内の親族）の後見登記の申請によってされることになった（後登附則2条1項・2項）。

　この登記申請がされ、その登記をしたときは、登記官は、その者の本籍地の市区町村長にその旨の通知をすることになる（後登附則2条4項）。

　この通知は、後見又は保佐に関する事項が、登記することによって登記と戸籍の双方に重複して公示されることになるので、この公示を一本化するために行われるものである。そこで、この通知を受けた市区町村長は、当該戸籍に記載されている禁治産又は準禁治産の事項が記載されない戸籍に当該戸籍を再製することになる（後登附則2条4項、平成12年改正戸規附則4条）。

　この場合の再製手続は、戸籍の滅失のおそれがある場合の手続に準じることになる（戸規10条、平成12年改正戸規附則4条）。通常の再製の場合は、元の戸籍の記載されている事項の全てを再製する新戸籍に移記するのが原則であるが、この場合は、禁治産又は準禁治産に関する事項は、再製後の戸籍には記載しない再製をすることになる（平成12年改正戸規附則4条）。これが、後見又は保佐の登記通知による戸籍の再製である。

▌ 本籍地と非本籍地 （ほんせきちとひほんせきち）

　本籍地とは、本籍のある市区町村、すなわち、当該事件本人の戸籍が所在する市区町村をいい、非本籍地とは、当該事件本人の戸籍が所在しない市区町村をいう。

　戸籍の届出は、届出事件本人の本籍地においてすることとされているが、それ以外に届出人の所在地など非本籍地においてすることもできる（戸25条、51条、88条）。なお、この場合の本籍地とは、届出当時を標準として現に本籍のある市区町村をいう。例えば、A市に本籍を有する甲男とB市に本籍を有する乙女とがC市に本籍を定める旨の婚姻届をする場合、A市とB市は甲男と乙女のそれぞれの戸籍があるから、本籍地であるが、婚姻の届出によって定まる新本籍地C市は、ここにいう本籍地には含まれない。

　本籍地と本籍とは用語上区別される。すなわち、本籍地という場合は、最小行政区画たる市区町村の区域をいい、その表示には市区町村名までの記載でよいが、本籍という場合には、最小行政区画内の特定の場所をいい、これを表示するには地番号又は街区符号までの記載を要する。

▌ 原籍地と新本籍地 （げんせきちとしんほんせきち）

　本籍地の変更があった場合、変更前の本籍地を原籍地といい、変更後の本籍地を新本籍地ということがある（戸規41条）。例えば、転籍（戸108条）によって、本籍地がA市からB市に変わった場合において、A市を原籍地、B市を新本籍地と呼ぶ。

　本籍地の変更は、他の市区町村への転籍（戸108条）の場合や婚姻、養子縁組等により他の市区町村に新戸籍が編製され、又は他の戸籍へ入籍する場合（戸16条〜21条）などに生じる。

▌ 本籍人と非本籍人 （ほんせきにんとひほんせきにん）

　届書、申請書その他の書類は、本籍人のものと非本籍人のものとに区別し

て整理の上、本籍人に関するものは、1か月ごとに市区町村から管轄法務局に送付され、当該年度の翌年から27年保存される。また、非本籍人に関するものは、市区町村において、当該年度の翌年から1年保存される（戸規48条、49条）。

　本籍人の届書類とは、当該市区町村役場において戸籍に記載することを要するものをいう。他方、非本籍人の届書類とは、当該市区町村役場において戸籍に記載することを要しないものをいう。

　例えば、A市に本籍を有する甲男とB市に本籍を有する乙女とがC市に新本籍を定める旨の婚姻届をD市にした場合は、A市の市役所では、甲男を該当戸籍から除籍し、また、B市の市役所でも乙女を該当戸籍から除籍する。そして、C市役所では、甲男乙女の婚姻による新戸籍を編製することになる。これに対して、D市役所では甲男乙女の婚姻の届出を受理し、その届書をA、B、Cの各市役所に送付するだけで、戸籍に記載することは全くない。この場合において、A、B、Cの各市役所ではD市役所から送付されたこの届書を本籍人のものとして取り扱い、D市役所ではこれを非本籍人のものとして取り扱うことになる。このように届書等の分類、保存上の用語として、本籍人、非本籍人が使われている。

　なお、戸籍情報連携システムを用いた令和6年3月1日以降の取扱いについては、「届書類の保存」の項を参照のこと。

▌戸籍法（こせきほう）

　人が生まれてから死ぬまでの間における身分関係を公に記録し、かつ、その身分関係を公に証明することを目的とする制度が戸籍制度であって、これに関して規定したものが戸籍法である。

　現行戸籍法（昭22法律224号）は、民法の一部を改正する法律（昭22法律222号）とともに昭和23年1月1日に施行されたものである。その後、数次の改正がされているが、そのうちの主な改正は、次のとおりである。

第1　昭和51年法律第66号による改正（婚氏続称の関係は、昭51・6・15施行。戸除籍の公開関係は、昭51・12・1施行）

〔改正の概要〕

(1) 戸籍及び除籍等の閲覧制度が廃止された。また、戸籍の謄抄本等の請求は、原則として請求事由を明示しなければならないこととされ（戸10条2項（当時））、除籍等の謄抄本等の請求は、原則として特定の者以外は請求できないこととされた（戸12条の2（当時））。

(2) この改正に伴い、不正に戸籍又は除籍等の謄抄本等の交付を受け、又は戸籍届書類の閲覧等をした者に対し、過料に処することとされた（戸121条の2（現行135条））。

(3) 民法第767条に第2項が新設され、いわゆる、婚氏続称の届出の規定が設けられた（戸77条の2）。

(4) 両性の平等を図るため、嫡出子の出生の届出は、母も父と同様に第一順位の届出義務者とされた（戸52条）。また、届出資格を広げて戸籍記載の正確性を促進するため、死亡の届出は同居していない親族もすることができるとされ（戸87条2項）、さらには、確定判決に基づく認知、離婚等の届出は、訴えの相手方もすることができるものとされた（戸63条2項、77条）。

なお、この改正に伴う戸籍事務の取扱いについて、法務省民事局長から通達が発せられている（昭51・5・31民二3233号通達、昭51・11・5民二5641号通達）。

第2 昭和59年法律第45号による改正（昭60・1・1施行）

〔改正の概要〕

1 国籍法改正に伴うもの

(1) 国籍取得の届出の新設

国籍法の改正により、帰化による日本国籍の取得の場合のほか、法務大臣への届出による日本国籍取得があった場合（国3条1項、17条1項・2項）の戸籍届出の規定を新設した（戸102条）。

(2) 国籍留保の届出手続の整備

国籍法の改正により、国籍の留保をしなければ日本国籍を喪失する場合が拡大されたため、国籍留保届出を容易にするため、届出期間を伸長し、また、留保届をすることができる者の範囲を広げた（戸104条）。

(3) 日本国籍選択宣言の届出の新設

国籍法の改正により、重国籍者に国籍選択義務が課され、その選択の一方法として市区町村長への日本国籍の選択宣言の届出がされることと

なったため、その届出に関する規定を定めた（戸104条の2）。

(4) 外国国籍喪失の届出の新設

　　重国籍者がその併有する外国国籍を離脱等により喪失したときには、結果的には国籍選択義務を履行したことになるので、外国国籍の喪失を戸籍に表すための届出規定を定めた（戸106条）。

(5) 国籍選択義務の不履行者についての市区町村長の通知

　　選択義務を課された重国籍者が所定の期限までに国籍の選択をしていないときは、法務大臣から選択の催告がされることとされた（国15条、14条1項）が、重国籍者であると思われる者が所定の期限までに選択をしていないことは戸籍記載から判明するので、戸籍事件処理に際し、そのことが判明したときは、市区町村長は、その旨を管轄法務局長等に通知しなければならないとした（戸104条の3）。

2　渉外的事件処理の合理化を図るもの

(1) 在外における届出の困難性に鑑み、在外での届出期間を伸長した（戸41条、49条1項、86条1項、103条1項）。

(2) 出生の届出は、父母がすることができないときは、子の法定代理人もすることができるとした（戸52条4項）。

(3) 日本国籍喪失の届出は、届出事件本人もしなければならないものとした（戸103条1項）。

(4) 外国人と婚姻をした日本人も、日本人同士の婚姻の場合と同じように、婚姻によって新戸籍を編製することとした（戸6条、16条3項）。

(5) 外国人と婚姻をした者は、婚姻の日から6か月以内に限り、家庭裁判所の許可を得ないで、その氏を外国人配偶者の称している氏に変更の届出をすることができることとした（戸107条2項）。また、その氏変更をした者が、離婚等によりその外国人との婚姻を解消したときは、その解消の日から3か月以内に限り、家庭裁判所の許可を得ないで、その氏を婚姻の際に称していた氏に変更の届出をすることができることとした（戸107条3項）。さらに、両親の一方を外国人とする子が、その氏をその外国人の親の称している氏に変更するには、家庭裁判所の許可を得れば、その届出ができることとした（戸107条4項）。これら氏変更の届出があっ

た場合の新戸籍の編製について所要の規定を設けた（戸20条の２）。

なお、この改正に伴う戸籍事務の取扱いについて、法務省民事局長から通達が発せられている（昭59・11・１民二5500号〜5504号通達）。

第３　昭和62年法律第101号による改正（昭63・１・１施行）

〔改正の概要〕

1　民法の改正により特別養子縁組制度が新設されたことに伴い、特別養子縁組の届出（戸68条の２）及びその届出がされた場合の取扱いについて、所要の規定を新設した。

2　離縁後において離縁の際に称していた氏を称する届出、いわゆる縁氏続称の届（戸73条の２、69条の２）及び養子死亡後の離縁の届出（戸72条）を新設した。

3　配偶者の一方が夫婦双方名義で行う養子縁組の届出（戸67条）を廃止した。

4　婚姻中の父母の氏を称する入籍届を新設した（戸98条２項）。

なお、この改正に伴う戸籍事務の取扱いについて、法務省民事局長から通達が発せられている（昭62・10・１民二5000号〜5004号通達）。

第４　平成６年法律第67号による改正（平６・12・１施行）

〔改正の概要〕

コンピュータシステムを用いて戸籍事務を取り扱う制度を新設（戸第５章の２（現行第６章））することを目的としたものであり、これにより、法務大臣の指定する市区町村長は、戸籍事務を電子情報処理組織によって取り扱うことができることとされた。

なお、この改正に伴う戸籍事務の取扱いについて、法務省民事局長等から通達等が発せられている（平６・11・16民二7000号〜7003号通達、7005号通達、7006号通知）。

第５　平成11年法律第151号、第152号による改正（平12・４・１施行）

〔改正の概要〕

民法の一部を改正する法律（平11法律149号）により、禁治産及び準禁治産の制度は後見及び保佐制度に改められたことに伴い、従来、禁治産、準禁治産の宣告に基づく戸籍の記載は、後見登記法に改められたため、後見及び保

佐届（戸81条）等の改正がされた。

　なお、この改正に伴う戸籍事務の取扱いについて、法務省民事局長等から通達等が発せられている（平12・3・23民二700号通達、701号通知、703号通知、704号通知）。

第6　平成14年法律第174号による改正（平14・12・18施行）

〔改正の概要〕

　虚偽の届出等によって不実の記載がされ、かつ、その記載について訂正がされた戸籍等について、戸籍における身分関係の登録及び公証の機能をより十全なものとするとともに、不実の記載等の痕跡のない戸籍の再製を求める国民の要請に応えるため、申出による戸籍の再製制度が創設された（戸11条の2）。

　なお、この改正に伴う戸籍事務の取扱いについて、法務省民事局長から通達が発せられている（平14・12・18民一3000号通達）。

第7　平成19年法律第35号による改正（平20・5・1施行）

〔改正の概要〕

1　昭和51年改正（第1）により、戸籍公開の原則が改められたが、その後約30年の期間が経過し、個人情報保護の社会的要請が強まったことなどから、戸籍の公開制度の在り方を見直し、戸籍に記載されている者等以外の者による交付請求については、戸籍の記載事項を利用する正当な理由がある場合に制限することとされたほか（戸10条の2）、戸籍謄本等の交付請求をする者は、運転免許証等を提示する方法等により、氏名その他の本人特定事項を明らかにする（戸10条の3第1項）とともに、請求が代理人等によってされる場合は、代理権限等を明らかにしなければならないこととされた（戸10条の3第2項）。

2　創設的届出をする者の本人確認を行い、本人であることを確認できなかった場合には、確認できなかった本人に対して届出が受理されたことを通知する手続（戸27条の2第1項・2項）について定めるとともに、本籍地の市区町村長に対し、自らが出頭して届け出たことが確認できない限り、届出を受理しないよう申出をすることができる、不受理申出制度を創設した（同条3項・4項）。

　　3　偽りその他不正の手段により戸籍謄本等の交付を受けた場合の制裁を
　　　強化した（戸133条〜136条（現行戸135条〜139条））。
　　4　死亡届の届出資格者として、後見人、保佐人、補助人及び任意後見人
　　　を追加した（戸87条2項）。
　なお、この改正に伴う戸籍事務の取扱いについて、法務省民事局長から通
達が発せられている（平20・4・7民一1000号通達、1001号依命通知、平20・5・27
民一1503号通達、1504号通達）。

第8　令和元年法律第17号による改正（令元・6・20施行。職権による戸籍訂正手
　　　続・死亡の届出資格者の関係は、令2・5・1施行。戸籍情報連携システムを用いた事
　　　務の関係は、令6・3・1施行）

〔改正の概要〕

1　電子情報処理組織による戸籍事務の取扱い
　(1)　法務大臣の指定する市区町村長は、原則として戸籍事務を電子情報処
　　　理組織によって取り扱う（戸118条1項）。
　(2)　磁気ディスクをもって調製された戸籍の副本は、戸籍法第8条第2項
　　　の規定にかかわらず、法務大臣が保存する（戸119条の2）。
　(3)　法務大臣は、磁気ディスクをもって調製された戸籍の副本情報を利用
　　　して、親子関係や婚姻関係の存否等に関する情報などを内容とする「戸
　　　籍関係情報」を作成し（戸121条の3）、これをマイナンバー制度に基づく
　　　情報連携の仕組みにより、他の行政機関等に提供することができること
　　　とする。
　(4)　電子情報処理組織の構築及び維持管理並びに運用に係る事務に関する
　　　秘密の保護に関する規定を設ける（戸121条、121条の2）。

2　戸籍証明書等の広域交付
　　磁気ディスクをもって調製された戸籍に係る戸籍証明書及び除籍証明書の
　本人等請求は、いずれの市区町村長に対してもすることができる（戸120条の
　2）。

3　戸籍電子証明書提供用識別符号等の発行等
　(1)　戸籍（除籍）電子証明書（磁気ディスクをもって調製された戸籍（除籍）に記
　　　録された事項の全部又は一部を証明した電磁的記録）の制度を設け、これにつ

いて本人等請求をすることができる（戸120条の3第1項）。

(2) (1)の請求があった場合において、市区町村長は、戸籍（除籍）電子証明書提供用識別符号（ワンタイムパスワード。以下「識別符号」という。）を発行する（同条2項）。

(3) 市区町村長は、行政機関等から識別符号を示して戸籍（除籍）電子証明書の提供を求められたときは、当該識別符号に対応する証明書を行政機関等に対して提供する（同条3項）。

4 戸籍事務内における事務の効率化及び提出すべき書面の合理化

(1) 市区町村長は、届書等を受理した場合には、直ちに、届書等をスキャンして画像情報（届書等情報）を作成し、これを電子情報処理組織を使用して、法務大臣に提供する（戸120条の4第1項）。

(2) 届書等情報の提供を受けた法務大臣は、これを磁気ディスクに記録し（戸120条の4第2項）、受理市区町村以外の市区町村において戸籍の記載をすべきときは、法務大臣は当該市区町村長に対して、届書等情報の提供を受けた旨を通知する（戸120条の5）。

5 戸籍の記載の正確性を担保するための措置

(1) 市区町村長及び管轄法務局長等において、必要があると認められるときは、届出人等に対して、質問をし、又は必要な資料の提出を求めることができるとする従来の取扱いを明文化した（戸3条3項、27条の3）。

(2) 市区町村長が職権で行う戸籍訂正の手続について明確化した（戸24条）。

(3) 死亡届の届出資格者として、任意後見受任者を追加した（戸87条2項）。

なお、この改正に伴う戸籍事務の取扱いについて、法務省民事局長から通達が発せられている（令元・6・20民一286号通達、令2・4・3民一544号通達）。

第9 令和5年法律第48号による改正 （公布の日（令5・6・9）から起算して2年を超えない範囲において政令で定める日に施行）

戸籍の記載事項として、氏名の振り仮名を追加し、氏名の振り仮名の読み方は、氏名として用いられる文字の読み方として一般に認められているものでなければならないとされた（令和5年改正法による改正後戸13条1項2号）。具体的な事務の取扱いについては、今後通達が発出される予定である。

指定市町村長 （していしちょうそんちょう）

　法務大臣の指定する市区町村長は、戸籍事務をコンピュータによって取り扱うものとされているが（戸118条1項本文）、この規定により指定を受けている市区町村長を指定市町村長という（戸120条の2）。戸籍事務をコンピュータで処理することに係る法務大臣の指定は、平成7年3月13日に東京都豊島区長及び東京都台東区長が指定されて以降、指定の申出があった市区町村長について順次指定がされ、令和2年9月28日に東京都御蔵島村長が指定されたことにより、全国全ての市区町村長が指定されることとなった。

戸籍情報システム （こせきじょうほうしすてむ）

　市区町村長が戸籍事務を処理するために構築しているコンピュータシステムを戸籍情報システムという（平6・11・16民二7002号通達）。平成6年の戸籍法改正により、戸籍事務をコンピュータにより取り扱うことができることとされたことを受け、市区町村において戸籍事務を行うために構築されたものである。

　戸籍情報システムは、戸籍法118条1項の指定を受けた市区町村長が構築する。戸籍法においては、「正本は、これを市役所又は町村役場に備え」ることとされているところ（戸8条2項）、市区町村の庁舎外に戸籍情報システムを設置することに関し、一部事務組合（平7・11・30民二4400号通達）や広域連合（平15・9・16民一2792号回答）に設置することが認められている。また、市区町村の区域外に所在する民間のデータセンターにメインサーバ及びバックアップサーバを設置すること（平25・10・1民一790号回答）についても差し支えないこととされている。すなわち、戸籍情報システムが物理的に庁舎内にある必要はなく、当該市区町村の管理下にあれば、その取扱いが認容されているところである。

戸籍情報システム標準仕様書
（こせきじょうほうしすてむひょうじゅんしようしょ）

　戸籍情報システム標準仕様書は、戸籍情報システムが備えるべきプログラム設計のための仕様・条件を明らかにしたものである。

　戸籍事務がコンピュータ化される以前は、戸籍を紙媒体で管理する事務処理のみに限定されていたが、市区町村における他の事務がOA化される中で、戸籍事務のみがOA化から取り残された状況となり、戸籍事務に従事する市区町村職員等から、コンピュータ化を望む強い要望が寄せられていた。これを踏まえ、法務省においては、昭和60年度からコンピュータによる事務処理に係る調査研究を実施し、平成6年に戸籍情報システムの開発の統一基準（平6・11・16民二7000号通達、同日民二7001号依命通知、同日民二7002号通達ほか）を定めるとともに、その細目となる戸籍情報システム標準仕様書を策定し、その後は法令改正等の内容を反映させるため、毎年度改定を行っているところである。

　なお、戸籍事務においては、上記のとおり既に標準仕様を定められており、市区町村ごとに処理方式、画面やファイル等の様式、帳票等が既に統一されている状況にあったところ、令和3年9月1日に地方公共団体情報システムの標準化に関する法律（令3法律40号）が施行され、同法2条1項に基づく政令に定める事務として、戸籍事務が規定されたところである（地方公共団体情報システムの標準化に関する法律第二条第一項に規定する標準化対象事務を定める政令（令4政令1号）8号）。将来的には、この仕様書の内容が同法第6条第1項の「地方公共団体情報システムの標準化のため必要な基準」として位置付けられることが想定されている。

戸籍情報連携システム（こせきじょうほうれんけいしすてむ）

　戸籍情報連携システムは、行政機関や他の市区町村との間で戸籍情報の連携をすることを可能とするための法務大臣の使用に係る電子計算機である。戸籍事務を管掌する市区町村長は、その使用に係る電子計算機（戸籍情報シス

テム）と戸籍情報連携システムとを電気通信回線で結び、戸籍事務を取り扱う限りにおいて、戸籍情報連携システムを利用することができる（戸118条1項）。これのシステムは、大規模災害に備え、戸籍情報のバックアップの目的で整備された戸籍副本データ管理システム〔注〕の仕組みを活用・発展させて構築されたものである。

　このシステムによって実現する事務としては、①マイナンバー制度に基づく情報連携（「マイナンバー制度に基づく情報連携」の項参照）、②市区町村において受理した届書等に係る届書等情報の管理（「届書等情報」の項参照）、③本籍地以外の市区町村における戸籍証明書の発行（「広域交付」の項参照）、④戸籍電子証明書の発行がある。

〔注〕戸籍副本データ管理システムは、全国の市区町村が管理する戸籍情報（正本データ）をバックアップするため、その副本データを法務大臣が管理するシステムであり、平成25年から稼動している。

▌ 本人確認書類 （ほんにんかくにんしょるい）

　戸籍証明書の交付請求に関し、現に請求の任に当たっている者（「現に請求の任に当たっている者」の項参照）は、市町村長に対して、運転免許証を提示する方法等により当該請求の任に当たっている者を特定するために必要な事項を明らかにしなければならないとされている。

　また、戸籍の届出に関し、届出によって効力が生じる認知、養子縁組、養子離縁、婚姻又は離婚の届出については、届出に出頭した者を確認するため書類の提示を求め、確認できなかった場合には、通知することとされている（戸27条の2第2項、平20・4・7民一1000号通達）。

▌ 民間事業者への戸籍事務の委託
（みんかんじぎょうしゃへのこせきじむのいたく）

　市区町村長が行う戸籍事務のうち、事実上の行為又は補助的行為については、「公共サービス改革基本方針」（平成19年12月24日改定閣議決定）を受けた平

成20年1月17日付け内閣府通知〔注〕に基づき、市区町村の適切な管理のもと、民間事業者に委託することができる（平25・3・28民一317号通知）。他方、市区町村長の判断が必要となる業務については委託することができない。この区分に関し、一般論としては、法令・通達等に照らして処理の基準が明白な業務については、裁量的な判断を前提としないことから、委託の対象事務となり得るが、これが明白でない業務は、裁量的な判断を前提とすることから、委託の対象事務とはなり得ない。

　なお、市区町村は、競争の導入による公共サービスの改革に関する法律（平18法律51号）に基づいて、戸籍に記載されている者等による戸籍謄本等の交付請求についての受付及び引渡しに係る業務について、入札の対象とすることができるとされるが（同法34条1項1号）、同法に基づいて民間事業者に業務を委託する場合には、市区町村長による管理等は不要であって、委託を受けた民間事業者が自ら業務を行うものであり、本項とは別の法的根拠に基づくものである。

〔注〕平成20年1月17日付け内閣府公共サービス改革推進室通知「市町村の出張所・連絡所等における窓口業務に関する官民競争入札又は民間競争入札等により民間事業者等に委託することが可能な業務の範囲等について」

2

戸籍の届出関係

▌ 届出地 （とどけでち）

　戸籍の届出は、原則として届出事件本人の本籍地、又は届出人の所在地に
おいてしなければならない（戸25条1項）。ここにいう本籍地とは、届出時を
基準として届出事件本人の戸籍がある市区町村を指し、新本籍地は含まない
ものとされる（昭24・7・19民事甲1643号回答）。また、所在地とは、その者の
住所地又は居所地のみならず、一時的な滞在地も含むものと解されている
（明32・11・15民刑1986号回答）。

　届出地についての原則は上記のとおりであるが、そのほか、出生、死亡の
届出については、出生地、死亡地でも届出することができる（戸51条、88条）。
また、分籍届、転籍届、就籍届は、それぞれ分籍地、転籍地、就籍地におい
ても届出ができる（戸101条、109条、112条）。

　なお、届出地についての原則が適用されず、届出地が限定されているもの
もある。例えば、胎児認知届は母の本籍地とされ（戸61条、外国人母の場合は母
の住所地（昭29・3・6民事甲509号回答））、認知した胎児が死体で生まれたとき
の死産届は、胎児認知の届出をした届出地であり（戸65条）、また、本籍分明
届は基本の届出をした地ですることとされている（戸26条）。

　届出地以外での届出は、不適法として受理すべきでないが、誤ってこれを
受理した場合には、届出は有効なものとして処理することになる（大判昭
11・12・4民集15巻2138頁、昭12・9・22民事甲1283号通牒）。

　外国に在る日本人は、その国に駐在する日本の大使、公使、領事に届出を
することができる（民741条、801条、戸40条）ほか、届出地の原則により、本籍
地へ直接郵送による届出もできる（昭24・9・28民事甲2204号通達）。なお、外
国に在る日本人を当事者の一方として、外国から郵便によりする創設的な婚

姻の届出は、当事者の一方である日本人の本国法による方式によるものとして受理することができる（平元・10・2民二3900号通達第一の1⑵）。

　また、外国に在る日本人が、その国の方式によって戸籍の届出事件に関する証書を作らせたときは、その証書の謄本をその国に駐在する日本の大使等へ提出するか、又は本籍地の市区町村長へ送付することができる（戸41条）。

　日本に在る外国人（無国籍者を含む。）に関する届出については、届出人の所在地が届出地とされている（戸25条2項）。

▌届出事件本人（とどけでじけんほんにん）

　届出事件本人とは、特定の戸籍の届出事件の内容である身分関係の主体（当事者）となる者をいう。

　例えば、出生届においては、出生子が届出事件本人であり、認知届においては、認知者及び被認知者、養子縁組及び養子離縁届においては養親と養子、婚姻・離婚届においては夫と妻、入籍届においては入籍者、分籍届においては分籍者、氏の変更届においてはその戸籍に在る者全員、名の変更届においてはその本人、転籍届においてはその戸籍に在る者全員である。他方、当該届出によって間接に影響を受ける者、例えば婚姻届によって準正される子は、届出事件本人に当たらない。

　戸籍の届出及び記載等の戸籍事務の処理は、届出事件本人を基準にして行われている。例えば、戸籍の訂正の通知は届出人又は届出事件本人にされるし（戸24条1項）、届出地は届出事件本人の本籍地とされ（戸25条1項）、本籍分明届においては届出事件本人に、その届出の義務が課せられている（戸26条）。届書の記載においては、届出人と届出事件本人と異なるときは、届出事件本人について記載事項とされているほか（戸29条4号。なお令和5年改正による条文改正あり。）、届書の特別の記載事項にもなっている（戸30条）。また、戸籍受附帳においては、届出事件本人の氏名及び本籍又は国籍は記載事項（戸規21条）とされている。

▌届出義務者（とどけでぎむしゃ）

　戸籍の届出には、出生、死亡などの報告的届出と、婚姻、養子縁組などの創設的届出とがあるが、報告的届出については、戸籍法にそれぞれ届出義務者が定められている（戸52条、63条1項、73条、77条、87条1項など）。このように報告的届出について届出義務を課しているのは、出生、死亡、裁判離婚・離縁等のような事例では、既成の事実又は法律関係を迅速かつ的確に戸籍に反映させる趣旨からである。もし、これらの届出が、届出義務者でない者からされた場合は原則として受理すべきでないが、仮に誤って受理したとしても、その届出に基づいて戸籍の記載をすることはできない。その届出は、正当な届出義務者に対する届出の催告や職権による戸籍の記載資料として処理されることになる（戸44条、24条2項）。なお、例外的に届出義務者以外に届出資格が認められている場合がある。例えば、(1)出生届における父又は母以外の法定代理人（戸52条4項）、(2)認知、離婚等の裁判が確定した場合の届出について、訴えの相手方（戸63条2項、73条、75条、77条）、(3)死亡届における同居の親族以外の親族（戸87条2項）などである。なお、未成年者又は成年被後見人が届出をすべき者であるときには、その親権者又は後見人が届出義務者となるが、未成年者又は成年被後見人が意思能力を有しているときは自ら届出をすることもできる（戸31条1項）。意思能力の有無は、一概に年齢によって標準を定めることはできないが、大体において自己のなす事柄を了解できる程度に知能が発達した者を意思能力のある者として認めて差し支えないとされる（大14・10・30民事9449号回答、大7・5・11民613号回答）。通常は、満15歳以上をもって意思能力を有する者であるとされる（民791条3項、797条、961条等参照）。また、従前、成年被後見人については届書に意思能力を有することを証明する診断書を添付しなければならないとされていた（改正前戸32条2項）が、平成11年の戸籍法改正（平11法律152号）により、同法第32条第2項が削除されたため、その添付は要しないこととなった。この取扱いは、報告的届出及び創設的届出のいずれについても同様である。

　届出義務者が正当な理由なく届出期間内に届出をしないときは、5万円以下の過料に処せられる（戸137条）。また、届出の催告（戸44条1項・2項）をし

ても届出をしないときは、10万円以下の過料に処せられる（戸138条）。

届出の催告 （とどけでのさいこく）

催告とは、相手方に対して一定の行為をするよう催促することをいう。

戸籍法では、戸籍が、人の親族的身分関係を登録・公証するという戸籍制度の使命を達成するため、報告的届出事件について、各届出事件ごとに届出期間を定めている。しかし、現実にはその法定期間内に届出されるとは限らず、また、その期間を経過しても届出がされないことがある。その場合において、市区町村長は、届出義務者に対して相当の期間を定めてその期間内に届出をすべき旨を催告することになる（戸44条1項）〔注〕。その催告は、書面によってしなければならないが、その書式は定められている（戸規64条・附録第19号書式第1、追完の催告は第2、再度の催告は第3）。この催告すべき市区町村長は、本籍地の市区町村長に限らず、届出義務者の所在地の市区町村長でも差し支えないとされている（大5・3・18民252号回答）。また、催告書は、郵便その他の便宜な方法で送付すればよい（大3・12・28民1994号回答第8項）。届出期間の計算について、届出義務者が当該事件を知った日から起算すべき場合であっても、事件発生の日から法定期間内に届出がないときは、たとえ届出を怠ったといえないとしても、市区町村長が催告することは差し支えないとされている（大3・12・28民1125号回答）。

上記の催告をしても届出義務者がその催告期間内に届出しないときは、更に相当の期間を定めて再び催告（再催告）しなければならない（戸44条2項）。なお、受理した届書（報告的届出だけでなく創設的届出も含む。）に不備があり、戸籍の記載ができないときも、届出義務者又は届出人に対し、追完届の催告をしなければならない（戸45条）が、この場合、上記の催告と同様の取扱いがされる。催告又は再催告に応じない者に対しては、単に届出期間を懈怠した者に比べて重い制裁の規定が設けられている（戸137条、138条）。

〔注〕届出期間内にすべき届出又はその期間を経過した届出の有無の把握については、市区町村長において既成の事実又は法律関係につき届出が怠られていることを知ったとき（青木義人・大森政輔「全訂戸籍法」245頁）とされてお

り、例えば、他の届出との関連や戸籍の記載上から判明した場合、あるいは、家庭裁判所その他の官庁等からの通知（戸24条4項）によって判明した場合をいうものである。したがって、市区町村長が積極的に実態調査をした上でこれを把握しなければならないというものではない。

▌届出の代理（とどけでのだいり）

代理には、本人の意思に基づく委任代理と、本人の意思によらず法律の規定に基づく法定代理とがある。

戸籍の届出について、委任代理は原則として許されない。ただし、口頭の届出の場合に限り、届出人が疾病その他の事故によって出頭することができないときは、委任代理が許される（戸37条3項）。これは、報告的届出であると創設的届出であるとを問わないが、任意認知、胎児認知、養子縁組、代諾縁組、協議離縁、縁組当事者の一方死亡後の離縁、婚姻及び協議離婚の届出については、本人の自由意思を特に重要視すべきものであるから、たとえ口頭による届出であっても委任代理は許されない（戸37条3項ただし書）。

法定代理に関しては、未成年者又は成年被後見人が報告的届出について届出をすべき者であるときには、その親権者又は後見人が届出義務者となる（戸31条1項）。一方、認知、婚姻、縁組その他民法の規定する身分行為に関する創設的届出については、法定代理人によることなく本人自ら届出すべきであって、法定代理人による届出を受理すべきでなく、たとえこれを受理しても無効である。ただし、例外として、15歳未満の子の養子縁組については、法定代理人が子に代わって縁組の承諾をする（民797条1項、戸68条）。また、養子が15歳未満である場合の協議離縁は、養子の離縁後に法定代理人となるべきものが養子に代わって協議する（民811条2項、戸71条）。さらに、15歳未満の子の氏変更については、法定代理人が代わって届出をすべきものとされる（民791条3項）。このほか、氏又は名の変更、転籍、就籍等のように身分上の効果の伴わない創設的届出についても、本人が意思能力を有しないときは、その法定代理人からの届出ができると解されている（大7・10・4民1082号回答、昭25・10・8民事甲2712号回答）。

　父母が婚姻前に出生した子について、父母が婚姻後に嫡出子出生届（民789条2項、戸62条）をした場合は、その届出には認知の届出の効力を有するから、届出人は父でなければならない。もし、その届出が、子の法定代理人による届出（戸52条4項）の場合は、単なる出生の届出にすぎず、認知の届出の効力は生じない（昭9・2・12民事甲175号回答）。

使者による届書の提出（ししゃによるとどけしょのていしゅつ）

　戸籍の届出をする場合は、必ず届出人が市区町村の窓口に出頭して届書類を提出する、いわゆる当事者出頭主義をとっていないので、届出人が出頭して届書類を提出する必要はない（明31・7・26民刑569号回答）。したがって、届出人が何らかの都合で市区町村の窓口に届書類を直接持参し提出することができないときは、他人を使者として届書類を提出させることができる。また、届出は郵送によることも認められている（戸47条）〔注〕。

　使者に届書の提出を託した場合、その使者は、届出人に代わって届書類を持参して市区町村の窓口に提出する伝達機関にすぎないものと解すべきであるから、自ら法律行為について意思決定をする代理人とは異なるので、委任状の必要はないとされている（明31・10・1民刑813号回答）。

　なお、使者に届書の提出を託した後その届書が市区町村の窓口に提出されるまでの間に、届出人が死亡した場合は、その届書は提出（届出）できないことになるが、仮に提出されて受理されたとしても、当該届出は届出人の死亡後の届出であるため、届出の効力は生じないが、その届出に基づき戸籍の記載がされているときは、戸籍訂正手続により消除することになる。

　〔注〕郵送による届出の場合は、届出人が生存中に郵送した届書は、死亡後でも市区町村長は受理することとされ、当該届出は、届出人の死亡の時に届出があったものとみなすものとされており（戸47条）、届出受理後に届出人の死亡が明らかになった場合には、市区町村長は、死亡後に受理した旨を追記する戸籍訂正を行うこととされる（昭28・4・15民事甲597号通達）。

▌郵送による届出（ゆうそうによるとどけで）

　戸籍の届出は、必ず届出人が市区町村の窓口へ出頭して届出する、いわゆる当事者出頭主義をとっていないが、自らが出頭して届出しても差し支えなく、また、他人を使者として届出することもできる。さらには、届書を郵送する方法によってすることもできる（戸47条）。郵送による届出の場合は、届書が市区町村長に到達したときに届出があったものとして取り扱われる（到達主義）〔注〕。

　郵送された届書類を受理したときは、戸籍受附帳の当該事件の備考欄に「　年　月　日（封筒に施されている通信日付印中の年月日）郵送」と記載するとともに、封筒に届出事件名、受付番号及び年月日を記載して、これを届書に添付して保存する取扱いである（標準準則27条）。届出人が生存中に届書を郵送した後、市区町村長に到達する前に死亡したときは、その届出は、届出人が死亡したときにされたものとみなされる（戸47条2項、昭28・4・15民事甲597号通達）。例えば、甲男乙女が婚姻届を郵送によって届け出るとして令和5年3月15日に郵便ポストに投函し、同日付けの通信日付印が封筒に施されて同月17日に甲男の本籍地A市に到達し受理された。しかし、甲男は、その届書がA市に到達する前の同月16日に死亡したとすれば、甲男の死亡の時（3月16日）に婚姻は成立し、同時にその婚姻は甲男の死亡により解消することになる。この事例のように、郵便による届出を受理した後に、届出人が受理前に死亡していることが判明した場合は、その処理について管轄法務局長等に照会しなければならないとされている（標準準則23条）。

　なお、戸籍情報システムにおける処理については、「戸籍情報システムにおける処分決定」の項参照のこと。

　〔注〕届書を郵送により提出する場合は、身分関係の形成又は戸籍記載の基礎となる届出の重要性にかんがみ、努めて書留等の特殊な郵便を利用するよう勧奨するのが妥当であるとされている（前掲民事甲597号通達）。

▌届出における本人確認制度（とどけでにおけるほんにんかくにんせいど）

　近年、当事者の知らない間に、無関係の第三者との養子縁組や婚姻の届出

等がされるなど、虚偽の届出が提出され、戸籍に不実の記載がされるという事件が各地で発生・発覚し、社会的な関心と不安を呼んでいた。

　このため、これらの虚偽の届出を未然に防止してほしいとの強い要望から、平成19年法律第35号に基づく戸籍法の改正により、戸籍法第27条の２第１項及び第２項が新設され、新たに届出の際の本人確認制度が創設された。この取扱いについては、法制化に先立って平成15年から実施されてきた戸籍実務の取扱い（平15・３・18民一748号通達）を発展させて、法律上明確に位置づけたものである。

　具体的には、(1)市区町村長は、届出によって効力を生ずべき認知、縁組、離縁、婚姻又は離婚の届出（縁組等の届出）があった場合には、届出の際に出頭した者を特定するために、運転免許証その他の資料の提供を求めるなどにより、本人確認を実施する（戸27条の２第１項、戸規53条、53条の２）、(2)届出事件本人のうち、上記(1)による本人確認ができなかった者について、受理後遅滞なく、本人の住所あてに、届出が受理されたことを通知する（戸27条の２第２項、戸規53条の３）というものである。

　この場合の通知の宛先は、届出人の戸籍の附票又は住民票上の現住所あてに転送不要の郵便物又は信書便物として書面を送付して通知する（戸規53条の３）が、届出日以後に住所の変更がされている場合には、変更前の住所を宛先とする（前掲1000号通達第５の２(2)イ）。

　この取扱いについては、縁組等の届出以外の創設的届出（例：転籍届、生存配偶者の復氏届等）についても対象として差し支えない（前掲民一1000号通達第５の５）とされている。

　なお、上記法改正に際しては、本人確認ができなかった場合は届出を受理せず、届出事件本人に届出がされたことを通知し、一定の期間内に届出をしていない旨の申出がなかった場合に届出を受理する扱いも検討されたが、身分行為の法的安定性が損なわれることや、圧倒的多数の真正の届出の当事者に受理が遅れることによる不便を強いることになること等を理由として採用されなかったものである（戸籍時報615号31頁）。

▎署名 (しょめい)

　署名とは、文書に氏名を自ら記載することをいい、自己の氏名をゴム印や印刷あるいは代書によって表す記名とは異なる。

　戸籍の届出においては、届出人は、原則として届書に署名しなければならず（戸29条）、また、証人を必要とする届出においては、証人は、原則として届書に署名しなければならない（戸33条）。

　届書に届出人又は証人が署名することとされている趣旨は、当該届出の確実を期するためであるとされている（青木義人・大森政輔「全訂戸籍法」213頁）。もっとも、この場合において、身体に障害がある等により自署できない者については、氏名の代書で足りることとされている（戸規62条）。

　なお、令和3年法律第37号による改正（令3・9・1施行）前の戸籍法においては、届出人又は証人は、届書に「署名し、印をおさなければならない」とされていた（改正前戸29条、33条）。上記改正により、押印義務は廃止されたが、届出人の意向により届書に任意に押印することは可能とされている（戸規附録第11号様式～第14号様式、令3・8・27民一1622号通達）。

▎証人 (しょうにん)

　婚姻、協議離婚、養子縁組及び協議離縁の各届出については、当事者双方とともに、成年の証人2人以上が署名した書面（又はこれらの者から口頭）により届出をしなければならないとされている（民739条2項、764条、799条、812条）。また、死亡した者との離縁についても、同様に証人が必要である（昭24・5・30民事甲1251号回答）。

　これらの届出について、当事者の一方又は双方が外国人である場合であっても適用される。証人の資格要件については、成年者2人以上であることを要するが、それは当事者以外の者であればよく、外国人であっても証人となることができる（昭6・7・24民事794号回答）。証人が成年者であるか否かは、法の適用に関する通則法第4条に基づき、その者の本国法により判断される。

　届出に際しては、原則として、証人が実在することを証する書面等を添付又は提示することは要しないが、もとより、届出を受けた市区町村長においてその実在に疑義が生じる場合（在外の外国人である場合など）には、届出人等に対して説明や資料の提出等を求めることは可能である（戸27条の3）。

▌ 報告的届出（ほうこくてきとどけで）

　戸籍の記載は、その大部分が戸籍の届出、すなわち、届出人から届書が提出され、その受理された届書に基づいてされるので、届出は、戸籍の記載事由（戸15条）のうち最も重要なものである。届出は、その性質上、報告的届出と創設的届出とに分類されるが、その両者の性質を併有する届出（例えば、戸62条「認知の届出の効力を有する嫡出子出生届」等）もある。

　報告的届出は、既成の事実又は法律関係についての届出であり、全て届出義務者及び届出期間に関する定めがあり、届出を怠る者に対しては、過料の制裁がある（戸137条、138条）。ただし、戸籍法第41条に基づいて証書の謄本が法定期間（3か月）を徒過して在外公館に提出された場合であっても、証書の謄本は届出とは区別される（戸15条参照）ことから、過料の対象とはならない（平10・7・24民二1374号通知）。

　報告的届出に当たるものは、以下のとおりである。

　(1)出生届（戸49条）、(2)裁判認知届（戸63条）、(3)遺言認知届（戸64条）、(4)認知された胎児の死産届（戸65条）、(5)特別養子縁組届（戸68条の2）、(6)縁組取消届（戸69条）、(7)裁判離縁届（戸73条）、(8)特別養子離縁届（戸73条）、(9)離縁取消届（戸73条）、(10)婚姻取消届（戸75条）、(11)裁判離婚届（戸77条）、(12)離婚取消届（戸77条）、(13)裁判による親権者指定届（戸79条）、(14)親権者変更届（戸79条）、(15)親権（管理権）喪失届（戸79条）、(16)親権（管理権）喪失取消届（戸79条）、(17)未成年後見開始届（戸81条）、(18)未成年後見人地位喪失届（戸82条）、(19)未成年後見終了届（戸84条）、(20)未成年後見監督人届（戸85条）、(21)死亡届（戸86条）、(22)失踪宣告届（戸94条）、(23)失踪宣告取消届（戸94条）、(24)推定相続人廃除届（戸97条）、(25)推定相続人廃除取消届（戸97条）、(26)国籍取得届（戸102条）、(27)帰化届（戸102条の2）、(28)国籍喪失届（戸103条）、(29)外国国籍喪失届（戸106条）、(30)

就籍届（戸110条、111条）、㉛本籍分明届（戸26条）。

創設的届出（そうせつてきとどけで）

　戸籍の記載は、その大部分が戸籍の届出、すなわち、届出人から届書が提出され、その受理された届書に基づいてされるので、届出は、戸籍の記載事由（戸15条）のうち最も重要なものである。届出は、その性質上、報告的届出と創設的届出とに分類されるが、その両者の性質を併有する届出（例えば、戸62条「認知の届出の効力を有する嫡出子出生届」等）もある。

　創設的届出は、戸籍の届出によって、その届出の対象である身分関係の発生・変更・消滅の効果が生ずるものをいう。

　創設的届出に当たるものは、以下のとおりである。

　(1)任意認知届（戸60条）、(2)胎児認知届（戸61条）、(3)養子縁組届（戸66条）、(4)協議離縁届（戸70条）、(5)死亡養親又は死亡養子との離縁届（戸72条）、(6)離縁の際に称していた氏を称する届（戸73条の２）、(7)婚姻届（戸74条）、(8)協議離婚届（戸76条）、(9)離婚の際に称していた氏を称する届（戸77条の２）、(10)協議による親権者指定届（戸78条）、(11)親権（管理権）辞任届（戸80条）、(12)親権（管理権）回復届（戸80条）、(13)生存配偶者の復氏届（戸95条）、(14)生存配偶者の姻族関係終了届（戸96条）、(15)父母（父又は母）の氏を称する入籍届（戸98条）、(16)成年に達した子の復氏届（戸99条）、(17)分籍届（戸100条）、(18)国籍留保届（戸104条）、(19)国籍選択届（戸104条の２）、(20)氏の変更届（107条）、(21)名の変更届（戸107条の２）、(22)転籍届（戸108条）。

受附と受理・不受理（うけつけとじゅり・ふじゅり）

　戸籍法上の受附とは、戸籍の届書類などの提出があったとき、市区町村長がこれを事実上受領する行為をいう。

　受理とは、受附された届書類などにつき、民法及び戸籍法その他の法令に定められた要件を備えているか否かを審査し、これを適法なものと判断して受附を容認する行政処分をいう。受理した事件については、戸籍受附帳に記

載し（戸規21条）、その届書類などには、受附の番号及び年月日を記載する（戸規20条1項）。なお、この受附年月日は、受理を決定した日ではなく、書類を事実上受領した日を記載する。この届書類を受領した日の記載について、戸籍の実務上は、市区町村の窓口に届書類が提出されたときに、届書中の受理の年月日欄に直ちにその日（年月日）を記載することとしている。この受附年月日については、婚姻、縁組等の届出によって身分関係の形成される創設的届出は、受理によって初めてそのような効力を生ずるが、その時期は、受附の日（届書類の受領の日）に遡るものとされる。例えば、令和5年4月5日に市区町村の窓口に婚姻届が提出され、これを受領したが何らかの事情によりその当日に受否を決定することができず、その翌日（4月6日）又は翌々日（4月7日）に届書の内容を審査して受理と決定した場合、当該届書の受附年月日は、受理と決定した日（4月6日又は4月7日）ではなく、窓口で届書を受領した4月5日ということになる。これは、受理の効力は、届出の日に遡るという解釈がとられているためである。このことは、届書類の審査期間の長短によって、当事者の身分関係の成立時期が左右されることは妥当でないとする趣旨によるものと解されるためである（青木義人・大森政輔「全訂戸籍法」134頁）。

　不受理とは、届書類などを不適法なものと判断して、受附を認容しない行政処分である。この場合の処分は、通常は単に届書の受附を拒否して、当該届書類を届出人に返戻する取扱いであり、届出の却下を決定するといった積極的な行政処分をすることとはされていない（大4・8・2民1237号回答）。なお、不受理処分した届出については、不受理処分整理簿に、不受理処分決定の年月日、届出事件の内容及び不受理の理由等を記載すべきものとされている（標準準則31条）。その理由は、不受理処分とされた届出について、その届出人がこれを不服として家庭裁判所に不服申立て（戸122条、家事39条別表第一125の項）をする場合も考えられ、その場合は、届出の不受理証明書（戸48条1項、戸規66条）の交付を得て申立てに及ぶものとされているので、この請求に備えるほか、戸籍受附帳に記載されない届出事件について、その経緯を明らかにしておくためでもある。

　なお、戸籍情報システムにおける処理については、「戸籍情報システムにおける処分決定」の項参照のこと。

▌ 不受理申出（ふじゅりもうしで）

　不受理申出の制度は、創設的届出において、当事者の意思によらない届出がされることを事前に防止するために設けられているものである。この制度が導入される以前において、例えば、協議離婚において、夫婦の一方について離婚意思がないにもかかわらず、他方が勝手に届出をするおそれがある場合、又は離婚の届書に一旦署名した者の一方が、その届出する前に離婚意思を翻した場合において、その届出があってもこれを受理しないように求める声があった。

　これを踏まえ、平成19年法律第35号に基づく戸籍法の改正（平20・5・1施行）により、戸籍法第27の2第3項～第5項が新設され、新たに不受理申出制度が創設された。この取扱いについては、法制化に先立って昭和51年から実施されてきた戸籍実務の取扱い（昭51・1・23民二900号通達）を発展させて、法律上明確に位置づけたものである。前掲昭和51年通達においては、届出対象が協議離婚の届出は一律に実施するが、それ以外の届出は各市区町村長の判断に委ねられていたほか、不受理申出の有効期間を6か月に制限するなどしていたが、改正法では、その適用とする届出を一律に拡大し、また6か月の有効期間を撤廃する等、その制度を利用しやすいものとした。

　不受理申出制度の概要は、以下のとおりである。

(1)　対象となる届出

　　不受理申出は、届出によって効力を生ずべき認知、縁組、離縁、婚姻又は離婚の届出（縁組等の届出）を対象とする（平20・4・7民一1000号通達第6）。相手方を日本人とする縁組等の届出について、外国人当事者から不受理申出をすることができる（平20・5・27民一1503号通達）。他方、不受理申出制度は、全ての市区町村で一律の取扱いをする必要があることから、縁組等の届出以外の創設的届出に係る申出は認められない。また、報告的届出については、事実の報告であるという届出の特質から認められない。

(2)　不受理申出の方法及び内容等

　　不受理申出は、縁組等の届出があった場合において、当該申出をした者が窓口に出頭して届け出たことを確認することができなかったとき

は、当該縁組等の届出を受理することができないという強い効果を生じ
させるものであることなどから、原則として申出人本人が窓口に出頭す
ることを要し（戸規53条の4第1項）、代理人や使者、郵送による不受理申
出は認められない。もっとも、病気・障害等のやむを得ない理由によっ
て窓口に出頭できない場合には、不受理申出をする旨を記載した公正証
書又はその旨を記載した私署証書に公証人の認証を受けたものを市区町
村長に提出する方法により行うことができる（前掲民一1000号通達第6の1⑴）。

(3) 申出先

不受理申出は、本籍地の市区町村長に対して書面を提出する方法によ
りしなければならない（戸規53条の4第2項）が、その申出書は、非本籍
地の市区町村の窓口においても提出することができる（前掲民一1000号通
達第6の1⑷）。この場合において、非本籍地の市区町村長が申出書を受
理したときは、遅滞なく、本籍地の市区町村長に送付するものとされる
（前掲民一1000号通達第6の1⑸）。

また、外国に在る日本人は、在外公館に出頭して不受理申出をするこ
とができる（平23・9・12民一2132号通知）が、外国に在る外国人は、在外
公館で不受理申出をすることはできない。

(4) 不受理の通知等

市区町村長は、縁組等の届出があった場合には、届出事件本人の全員
について本人確認ができたときを除き、当該届出について不受理申出が
されているか否かの確認をする（前掲民一1000号通達第6の2）。その結果、
当該届出について不受理申出がされているため、縁組等の届出を受理す
ることができないときは、不受理申出をした者の戸籍の附票又は住民票
上の現住所あてに転送不要の郵便物又は信書便物として書面を送付して
通知する（戸規53条の5、53条の3、戸27条の2第5項）が、届出日以後に住
所の変更がされている場合には、変更前の住所を宛先とする（前掲民一
1000号通達第6の3⑵）。

(5) 不受理申出の効力の喪失

不受理申出に基づき、該当する届出を不受理として取り扱う期間の制
限はないが、不受理申出が取り下げられた場合にはその効力が喪失する

　　ほか、不受理申出人が死亡した場合や、法定代理人からされた15歳未満
　　の者を届出事件本人とする養子縁組届又は養子離縁届の不受理申出につ
　　いて、届出事件本人が15歳に達した場合には、不受理申出の効力が喪失
　　する。また、相手方を指定した不受理申出に関し、当該不受理申出に係
　　る届出が受理されたときは、当該届出の受理時に失効する（前掲民一1000
　　号通達第6の5(4)）。

▌受理照会 （じゅりしょうかい）

　戸籍の届出等についての市区町村長の審査権は、原則的には形式的審査権
を有しているとされている（「形式的審査と実質的審査」の項参照）。そこで、市
区町村長が戸籍の届出を受領し、その届出事項を審査するに当たって、事実
の認定ないしは法律上の判断について疑義を生じた場合、その届出を受理す
べきかどうかについて、管轄局である法務局・地方法務局又はその支局の長
に指示を求めることとされている。この受否の指示を求めることを受理照会
と称している（標準準則23条）。

　なお、戸籍の先例で一律に受理照会をすべきものとされているのは、次の
とおりである。

(1)　出生証明書の添付のない出生届及び死亡診断書又は死体検案書の添付
　　されていない死亡届（昭23・12・1民事甲1998号回答）。

(2)　学齢に達した子の出生届（昭34・8・27民事甲1545号通達）。

(3)　50歳以上の母からの子の出生届であって、当該出生子につき、出生施
　　設が医療法に定める病院であることが確認できないとき（昭36・9・5民
　　事甲2008号通達、平26・7・3民一737号通達）。

(4)　無国籍者を父母として日本で出生した嫡出子又は無国籍者を母とする
　　嫡出でない子の出生届（昭57・7・6民二4265号通達）。

▌形式的審査と実質的審査 （けいしきてきしんさとじっしつてきしんさ）

　戸籍の届出があった場合には、市区町村長はその適否を審査して、その届

出を受理するか不受理にするかを決することになるが、その審査権について、従前形式的審査主義と実質的審査主義という二つの考え方がある。ここにいう形式的審査主義とは、届出の適否（実質的要件と形式的要件の具備の有無）を審査するに当たって、市区町村において保管する戸籍簿、除籍簿等のほか、戸籍法の定める添付書類のみをもってこれを審査し、その他の資料を参酌することはできないとする主義である。

　これに対して、実質的審査主義とは、届出の適否を審査するについて、市区町村において保管する戸籍簿、除籍簿あるいは戸籍法の定める添付書類に限定されることなく、その他の資料をも参酌して審査をすることができるとする主義である。

　市区町村長は、権能として実質的審査権限をも有する（反対説もある。）が、通常は形式的審査をすることで足り、実質的審査義務を負うものではないと解されている。したがって、届出等の受理に当たっての市区町村長の審査は、当該届出等が民法及び戸籍法等に規定する実質的又は形式的要件を具備しているか否かについて調査する形式的審査にとどまり、当該届出等が届出人等の真意に基づくものか否か、あるいは届出事項が事実と一致するか否か等の実質を審査するものではないとされている（青木義人・大森政輔「全訂戸籍法」132頁）。

　もっとも、戸籍実務の取扱いでは、届出の内容が届書の記載自体から真実であることに疑いが生じる場合には、市区町村長は、管轄法務局長等に指示を求め、同局の調査に基づき指示がされている（例えば、受理照会を要する出生届など）。また、養子縁組に関し、氏を変えることを目的として短期間に成年同士の養子縁組を繰り返すなど、縁組意思のない養子縁組（虚偽の養子縁組）であると疑われる届出については、その受否を管轄法務局長等に照会することとされ、管轄法務局長等は、届出人等から事情聴取等を行うこととされている（平22・12・27民一3200号通達、同日民一3201号依命通知）。

▌追完届（ついかんとどけ）

戸籍の届書類を受理するに当たって、その届書類に不備な点があればこれ

を補正させて受理すべきであるが、もしその不備を見過ごして受理し、そのため戸籍に記載することができない場合は、届出人に対し、届書類の不備を補充是正する届出をさせなければならない。この場合の届出を追完届という（戸45条）。この追完の届出を怠っている者があることを知った場合は、市区町村長は届出人に催告をしなければならない（戸45条、44条）。

　追完届は、届書類に不備があるため戸籍の記載ができない場合に認められるものであるから、戸籍の記載をした後は、追完届をすることはできず、その記載を訂正するには戸籍訂正の手続によるのが原則である。しかし、一部の届出については、例外的に戸籍記載後であっても追完届が認められる場合がある。例えば、①15歳未満の子について父母の代諾によって縁組の届出をし、戸籍の記載をした後、その父母との間に親子関係不存在確認の裁判が確定したため戸籍訂正をした場合において、届書の誤記を理由として正当な代諾権者から縁組代諾の追完の届出をする場合（昭30・8・1民事甲1602号通達）、②母がした嫡出子出生届により婚姻前の出生子が婚姻後の戸籍に入籍した後、父から届出人に父を加える旨の追完届をする場合（昭31・12・4民事甲2709号回答）などである。この場合の追完届においては従前の戸籍記載を訂正するのではなく、単に追完の旨を補記するのみである。そのほか、戸籍実務上では、縁組の承諾権を有しない者の代諾によって他の養子となった15歳未満の者が、15歳に達したのち自ら縁組の追完届をする追認的追完届が認められている（昭34・4・8民事甲624号通達）例などがある。

┃ 追認的追完届（ついにんてきついかんとどけ）

　届出を受理したが、届書の記載等に不備があるため戸籍の記載ができない場合は、届出人に届書類の不備を補充是正させる届出が一般の追完届である（戸45条）。これに対して、追認的追完届は、戸籍実務上、特に認められた追完届である。例えば、15歳未満の者が、親子関係にない戸籍上の父母（他人の子を実子として出生届出している場合の例など）の代諾により養子となっている場合において、その後、父母との間に親子関係不存在確認の裁判が確定したため戸籍訂正したときに、当該養子縁組については、縁組当時の正当な代諾

者からの追完届が認められる取扱いである（昭30・8・1民事甲1602号通達）が、判例は、その者が15歳に達した後、自ら養子縁組に対する明示又は黙示の意思表示によってこれを追認することができるとし、適法な追認がされたときは、その縁組は当初から有効なものとするとしている（最判昭27・10・3民集6巻9号753頁）。

これに対し、戸籍実務においては、15歳未満の養子はその縁組に関与していないから、養子自ら届書の不備を是正する追完届をすることは本来考えられないとし、このような追完届は受理することができないとしていた（昭25・8・22民事甲2245号回答、昭31・4・26民事甲913号回答）。しかし、縁組当時の正当な代諾権者が死亡し又は意思能力を喪失した場合等には追完届ができないことになり、前掲判例の趣旨に反することになる。そこで、このような事案について、これを戸籍上に反映させる手続として便宜、追完届の取扱いを拡張し、15歳に達した養子からその縁組を追認した旨の追完届、いわゆる「追認的追完届」が認められることになった（昭34・4・8民事甲624号通達）。

また、正当な離縁の協議権を有しない者によってなされた15歳未満の養子離縁についても、15歳に達した本人からその離縁を追認した旨の追完届も認められるとされている（前掲民事甲624号通達）。

▌届書類等の補正（とどけしょるいとうのほせい）

市区町村長は、戸籍に関する届書類等が提出されたときは、その届書類が、民法及び戸籍法等の関係法令に定められている要件を備えているかどうか審査し、その受否を判断し、もし、その届出事項又は添付書類等に不備がある場合は、届出人にこれを補正、補充させた上で受理することになる（明31・8・22民刑912号回答）。

このように、受理する前に届書類に不備がある場合に、これを正しいものとすることを届書類の補正という。

なお、届出を受理した後に届書類等に不備があることを発見し、そのため戸籍の記載ができないときは、別途、追完届をさせなければならない（戸45条）。もっとも、この場合、届書類の不備が極めて軽微な誤記や遺漏で、か

つ、届出事件本人の同一性が確認できる場合については、届出人に便宜補正させるか、又は市区町村長が届書にその旨の補記を行い処理して差し支えないとされている（標準準則33条。昭45・1・17民事甲118号回答）。

戸籍情報システムにおける処分決定
（こせきじょうほうしすてむにおけるしょぶんけってい）

　戸籍情報システムにおける処分決定とは、戸籍の届出がされたときに、その届出に係る判断（受理、不受理、受理照会等）を戸籍情報システムの処理区分欄に記録することをいう。

　戸籍事務をコンピュータ化する以前の取扱いに関し、届書を受け付けた（受領した）ときは戸籍発収簿に記載し（標準準則28条2項）、受理処分をした届書について戸籍受附帳に記載する（戸規21条1項）が、他の帳簿に記載したときは戸籍発収簿の記載は不要とされている（標準準則28条3項）ことから、通常、受理処分とした届書については、受理後に戸籍受附帳に記載し、戸籍発収簿の記載を省略することとされていた。

　他方、戸籍事務をコンピュータ化して以降の取扱いに関し、戸籍発収簿と戸籍受付帳は、いずれも磁気ディスクにより調製されているところ、異動処理により届出の入力を行った時点では戸籍発収簿が作成され、処理区分欄に「受理」と入力したときは、戸籍受付帳が作成されることとなる。処分決定として処理区分欄の入力を完了した後は、他の処理区分に変更することはできない。

届書の様式 （とどけしょのようしき）

　出生、婚姻、離婚及び死亡の4種の届出については、戸籍法施行規則において様式が定められ、これによらなければならないとされている（戸規59条、附録11号～14号様式）。また、各種届書の標準様式について、民事局長通達に定められている（昭59・11・1民二5502号通達）。

　上記4届書の上部に関し、出生届は青色、婚姻届は茶褐色、離婚届は緑色、死亡届は黒色に色分けされているが、これは人口動態調査事務に用いる

調査票に係る着色の区分に合わせたものであり、専ら人口動態調査事務の便宜のため色分けがされているものである（全国連合戸籍事務協議会第21回（昭43）総会申合せ事項）。

届書の通数（とどけしょのつうすう）

　市区町村長が届出を受理した場合において２か所以上の市区町村役場で戸籍の記載をすべきときは、届出人は市区町村役場の数と同数の届書を提出しなければならないとされ（戸36条１項）、また本籍地外で届出をするときは、さらに１通の届書を提出しなければならないとされる（同条２項）が、当該市区町村の長がいずれも戸籍法第120条の２に規定される指定市町村長である場合には、１通の届書を提出すれば足りるとされる（戸120条の５第２項）。

　もっとも、従前から戸籍実務においては、届出人の負担の軽減及び市区町村の事務処理の効率化を図る等の観点から、届出人は届書を１通提出すれば足りるとする取扱いがされていた（平３・12・27民二6210号通達。なお、届書等情報を作成する取扱いを実施する以前の届書原本の取扱いについて、昭52・４・６民二1672号通知参照）。

原本還付（げんぽんかんぷ）

　戸籍謄本等の交付請求に関し、交付請求をした者は、当該交付請求の際に提出した書面の原本の還付を請求することができるが、当該交付請求のためにのみ作成された委任状その他の書面については、この限りではないとされる（戸規11条の５第１項）。この原本還付の請求をする者は、原本と相違ない旨を記載した謄本を提出しなければならないとされる（同条２項）。市区町村長は、原本還付の請求があった場合には、交付請求に係る審査の完了後、当該原本還付の請求に係る書面の原本を還付しなければならないこととされる（同条３項前段）。

　また、戸籍の届出等に関し、届出等をした者は、当該届出等に添付し、又は提出した書面の原本の還付を請求することができるが、当該届出等のため

にのみ作成された委任状その他の書面については、この限りでないとされ（戸規67条2項、11条の5第1項）、具体的には以下の書面が該当する（平20・4・7民一1000号通達第9の3(2)）。

① 当該届出又は申請のためにのみ作成された委任状

② 届出事件について父母その他の者の同意又は承諾を証する書面（戸38条1項）

③ 法41条1項所定の届出事件に関する証書の謄本

④ 出生届に添付された法49条3項所定の出生証明書

⑤ 死亡届に添付された法86条2項の診断書又は検案書

⑥ 国籍取得届に添付された国籍取得を証する書面（戸102条2項参照）

⑦ 帰化届に添付された帰化を証すべき書面

⑧ 法113条又は114条の規定に基づく戸籍の訂正の申請に添付されたこれらの規定の許可の裁判書の謄本（戸115条参照）

なお、戸籍法41条に基づく証書の謄本の提出に関し、提出された証書の謄本は、届書の添付書類ではなく届書そのものと同視すべきものであることから、当該謄本の原本還付には応ずることはできないとされる（戸籍誌706号69頁、938号72頁）。

オンラインによる戸籍届出 （おんらいんによるこせきとどけで）

平成16年に戸籍法施行規則が改正され（平16法務省令28号）、戸籍の届出等をオンラインで行うことができることとされている（戸規79条の2の4第2項）。すなわち、届出又は申請は、届出人等から市区町村に対し、届出に係る情報を送信することによることができるものであり（戸規79条の3第1項、戸規別表第6）、この場合に添付・提出すべき書面があるときは、この書面に代わる情報を併せて送信しなければならないものとされる（戸規79条の3第1項後段）。

なお、この仕組みを導入するか否かについては、戸籍事務管掌者である市区町村長の判断に委ねられており、届出事件の本人の本籍地等市区町村（戸規79条の8参照）がこの仕組みを導入している場合に限って、届出をすることができるものである。

3 戸籍の記載関係

戸籍記載の事由 (こせききさいのじゆう)

　戸籍の記載は、届出、報告、申請、請求若しくは嘱託、証書若しくは航海日誌の謄本又は裁判に基づいてする (戸15条)。

　届出に基づく戸籍の記載は、最も原則的なもので、戸籍の記載の中心的なものである。届出事件が戸籍記載の中心となっているのは、戸籍の記載は、常に実体関係を正しく反映することが強く要請されることから、戸籍に記載される事項に最も密接な関係にある者からの届出をさせることが、より真実に合致した内容が得られるであろうという趣旨によるものである。

　報告による記載は、関係者からの届出を期待することが困難な場合、又は関係者に届出を強制するのは酷な場合などに補充的に認められたものである。例えば、水難、火災その他の事変によって死亡した者がある場合における、その取調べをした官公署からの報告 (戸89条)、刑死者その他刑事施設に収容中死亡した者で引取人のない場合の刑事施設の長からの報告 (戸90条)、本籍不明者などの死亡についての警察官からの報告 (戸92条)、国籍の喪失について職務上これを知った官公署からの報告 (戸105条) などがある。

　申請による記載とは、届出人、事件本人又は利害関係人からの戸籍訂正の申請をいう。すなわち、戸籍の記載が違法であったり、真実と相違するときは、届出人又は届出事件本人その他の利害関係人が、家庭裁判所の許可 (戸113条、114条)、又は確定判決 (戸116条) を得て戸籍訂正の申請をし、この申請に基づき戸籍の記載が訂正される。なお、父又は母が棄児を引き取ったときにする戸籍訂正の申請も含まれる (戸59条)。

　請求による記載とは、公益の代表者である検察官が原告となって婚姻の取消しの訴え (民744条) を提起し、その勝訴の判決を得た場合や、検察官が特

別養子縁組について離縁の審判を請求し、これが確定した場合に、検察官が戸籍事務管掌者である市区町村長に対して戸籍記載の請求をすることをいう（戸75条2項、73条2項）。通常、戸籍の記載事項である身分関係が裁判によって確認又は形成されたときには、訴えを提起した者が届出をすべきものとされているが、検察官が訴えを提起したときには、届出によらず請求によって戸籍の記載をすることとしている。

嘱託による記載とは、裁判所書記官が、戸籍事務管掌者である市区町村長に対し、審判又は裁判の結果である一定の事項を戸籍に記載することを依頼する行為をいう（家事116条）。この嘱託が行われる具体的な場合については、家事事件手続規則（平24最高裁規則8号）第76条に規定されており、次の2つの類型に分けられる。

(1) 家事事件手続法別表第一についての審判又はこれに代わる裁判が効力を生じた場合（家事116条1号）

(2) 審判前の保全処分の発効又は失効の場合（家事116条2号）

これらの嘱託すべきものとされている審判又は裁判が効力を生じた場合には、裁判所書記官は、最高裁判所の定めるところにより、遅滞なく、戸籍事務管掌者である市区町村長に対し、戸籍の記載を嘱託しなければならないとされている（家事116条、家事規76条3項）。

証書の謄本とは、外国に在る日本人が所在国の方式に従って身分行為をした場合に、その国の官公署など権限のある者が作成したその身分行為の成立を証する書面の謄本をいう。この証書を作らせた場合には、3か月以内にその国に駐在する日本の大使、公使又は領事にその証書の謄本を提出しなければならない（戸41条）。提出された証書の謄本は、外務大臣を経由して本人の本籍地の市区町村長に送付され（戸42条）、その証書の謄本に基づいて戸籍の記載がされる。

航海日誌とは、航海に関する日誌で、船舶書類の一つである。一定の船舶の船長には、航海日誌の作成が義務付けられている（船員法18条）。これらの船舶において、航海中に出生又は死亡した者があったとき、船長は、その船舶が最初に入港したのが日本の港であるときは、その地の市区町村長に、また、外国の港であるときは、その国に駐在する日本の大使、公使又は領事

に、それぞれ出生又は死亡に関する事項を記載した航海日誌の謄本を送付しなければならない（戸55条、93条）。その送付された航海日誌の謄本に基づき、本籍地の市区町村長において戸籍の記載がされる。

　ここにいう裁判による記載とは、戸籍法第122条の不服申立てについて、家庭裁判所又は抗告裁判所（高等裁判所）が戸籍記載の処分を命ずる審判をいう。この審判は、通常届出又は申請の不受理に対する受理を命ずるものである。市区町村長はその審判の告知を受け、審判が確定すると、不服申立人の申出を待つまでもなく、その審判に基づいて当初の届出を受理し戸籍の記載をしなければならない（家事230条）。

戸籍の職権記載（こせきのしょっけんきさい）

　戸籍の記載は、届出、報告、申請、請求若しくは嘱託、証書若しくは航海日誌の謄本又は裁判に基づいてすることとされている（戸15条）が、この原則に対し、例外として、市区町村長の職権による戸籍の記載が認められている。この職権記載が認められる場合としては、例えば、市区町村長は、戸籍の届出を怠った者があることを知ったときは、届出義務者に対し届出を催告すべきものとされているが（戸44条1項・2項）、その催告をしても届出がないとき、あるいは、届出義務者がなく又はその所在が不明であるなどにより催告ができないときには、これを放置しておくことは相当でないため、市区町村長は、管轄法務局長等の許可を得て職権で戸籍の記載をする場合などである（戸44条3項、24条2項）。

　また、届出義務者又は届出資格者以外の者から、出生や死亡等の報告的届出があった場合には、これを届出としてそのまま受理することはできないが、これを職権記載を促す申出と見て、管轄法務局長等の許可を得て、前記と同様に職権記載をすることとされている。

重要な身分事項の移記（じゅうようなみぶんじこうのいき）

　婚姻又は離婚等により、新たに戸籍を編製する場合、若しくは養子縁組や

養子離縁等により他の戸籍に入籍（復籍）する場合には、従前戸籍の身分事項欄の記載を、新戸籍又は入籍（復籍）戸籍に移記することになる。この身分事項欄に記載されている事項については、全て移記する必要はなく、現に継続する身分関係事項等についてのみ移記すれば足りるとされている（戸規39条）。この移記すべきと定められている事項を、重要な身分事項と指称している（昭42法務省令14号による改正前戸規39条、昭23・1・13民事甲17号通達(11)）。

重要な身分事項として移記を要する事項は、いずれも身分関係の登録公証上重要な事項である。移記の対象とされるべき事項は、一般的にはその直前の戸籍に記載されておりその記載を移記することとなる。

▌ 契印（けいいん）

契印とは、一つ又は一連の書類が、数枚の紙又は数個の書類から構成される場合に、その相互のつながりが正当にされていることを確認するため、書類のつづり目又は継ぎ目にかけて印を押すこと又はその印影（押したあと）をいう。

戸籍事務の取扱いにおいては、一つの戸籍が数葉の用紙にわたるときは、市区町村長は職印で毎葉のつづり目に契印をすることを要するとされている（戸規2条1項）。この場合の契印を押す箇所は、特に定められていないが、実務上は上部欄外にしている例が多い。また、掛紙をした場合にも、職印で掛紙と本紙とにかけて契印をしなければならないとされている（戸規2条2項後段）。

磁気ディスクをもって調製された戸籍については、紙戸籍の場合のような契印の問題は生じない。

なお、分離した2個の書類の相互関連を証するために行われる両紙面にまたがって押す印章又はその印影については、一般に割印と呼ばれている（例えば、確定日附簿と証書の割印。民法施行法6条1項）。

▌文末認印（ぶんまつみとめいん／にんいん）

　戸籍の届出等に基づき、紙戸籍の記載を完了したときは、その記載事項の末尾に戸籍事務管掌者である市区町村長の認印を押さなければならない（戸規32条1項）。これを文末認印と呼ぶ。

　文末認印は、当該記載事項について戸籍事務管掌者の責任を明確にするとともに、後日恣意的な加筆を防止するため記載の完了の趣旨を明らかにするためのものである。なお、戸籍事務管掌者である市区町村長が長期出張等で不在になるため、その職務を代理する者を置いた場合は、代理者が代理資格を記載してその者の認印を押すことになる（戸規32条2項）。

　文末に押すために使用する認印は、管轄法務局長等に報告することになっている（標準準則4条）。

　なお、磁気ディスクをもって調製された戸籍については、戸籍の記録をするごとに、市区町村長又はその職務を代理する者は、その識別番号を記録することになる（戸規77条）。この識別番号が紙戸籍における文末認印に当たる。

▌掛紙（けいし／かけがみ／かけし）

　一つの紙戸籍の各葉の用紙中にある欄の記載事項が多くなって余白がないときは、当該事項欄と同じ大きさの用紙を作って、当該部分にこれを貼付し、これに戸籍の記載をすることができる（戸規2条2項前段）。この貼付した紙を掛紙という。

　掛紙は、主として戸籍事項欄と身分事項欄に用いられる。掛紙をする方法は、当該事項欄と同じ大きさで、かつ、同じ様式の丈夫な用紙を用いてこれを貼付することになる。ただし、戸籍事項欄の掛紙については、上段と下段にわたっている欄の用紙を全部貼付すると長過ぎるため、上段に相当する部分のみの寸法の掛紙を便宜用いることが認められている（昭39・4・6民事甲1497号回答）。

　掛紙をしたときは、掛紙と本紙とにかけて戸籍事務管掌者である市区町村長の職印で契印をしなければならない（戸規2条2項後段）。この契印は、本

紙と掛紙のつながりを明らかにし、かつ、一つの戸籍として一体であること
を表示するためにするものである。また、掛紙がはがれて紛失した場合に、
紛失したことを発見することを容易にさせる目的でもある。

▌本籍欄（ほんせきらん）

　本籍欄は、戸籍法施行規則附録第1号様式で定められている紙戸籍の様式
中に設けられている。戸籍の編製単位は、市区町村の区域内に本籍を定める
一の夫婦及びこれと氏を同じくする子ごとに編製するものとされている（戸
6条）。したがって、本籍は、一つの戸籍内に在る全員に共通するものであ
るから、各人について各別に本籍を記載する必要はないので、筆頭者氏名欄
とともに戸籍用紙の初葉の一番前に設けられている（「戸籍記載のひな形」78頁
参照）。

　本籍は、行政区画、土地の名称及び地番号をもって表示することとされて
いるが、住居表示の街区符号（住居表示に関する法律2条）の番号によることも
できる（戸規3条）。本籍欄には、上記によって表示される本籍を記載するこ
とになる（戸規33条）。

　行政区画は、通常、都道府県名から記載するが、政令指定都市（大阪・名
古屋・京都・横浜・神戸・北九州・札幌・川崎・福岡・広島・仙台・千葉・さいたま・静
岡・堺・新潟・浜松・岡山・相模原及び熊本の各市（地自252条の19第1項））及び県庁
所在地の市で県名と同名の市については、県名の記載を要せず市名から記載
してよいとされている（昭30・4・5民事甲603号通達、昭46・11・17民事甲3408号
回答）。

　土地の名称・地番号は土地登記簿の記載によってこれを記載する。例え
ば、土地登記簿記載の地番が12番3のように枝番になっているときは「12番
地3」のように記載する。

　行政区画、土地の名称、地番号又は街区符号の番号に変更があったとき
は、戸籍の記載は訂正されたものとみなされる（戸規45条本文）が、規定上は
更正を妨げないとされている（同条ただし書）ので、実務上は更正をしている。

　なお、行政区画、土地の名称、地番号又は街区符号の番号に変更があった

ときは、紙戸籍の場合は、その変更事項を戸籍事項欄に記載することを要しないが（戸規46条1項、昭33・12・20民事甲2612号通達）、戸籍簿の表紙に記載した名称を更正した場合には、表紙の裏面にその事由を記載すべきものとされている（戸規46条2項）。これに対し、磁気ディスクによる戸籍の場合は戸籍事項欄に変更事項を記録することになる（戸規78条）。なお、戸籍が磁気ディスクをもって調製されている場合（コンピュータ戸籍）については、左側に「本籍」の項目名が、右側に当該戸籍の本籍が記載される（戸規付録第24号参照）。

▌筆頭者氏名欄（ひっとうしゃしめいらん）

筆頭者氏名欄は、紙戸籍の様式（戸規附録第1号様式）中に定められているもので、本籍を表示する欄（本籍欄）の下に、「氏名」と表示されている欄をいう（「戸籍記載のひな形」78頁参照）。

戸籍を編製する場合に、例えば、婚姻の届出に際して、夫婦はいずれかの氏を称するものとされている（民750条）が、戸籍の筆頭に記載する者は、夫の氏を称するときは夫、妻の氏を称するときは妻とされている（戸14条1項）。また、自己が同一の氏を称する子又は養子を有するに至ったため新戸籍を編製する場合（戸17条）は、その者が戸籍の筆頭に記載される。

以上のように、この欄には、戸籍の一番最初に記載された者（戸籍の筆頭者）の氏名を記載することになるが、この欄に記載された筆頭者の氏は、当該戸籍内の全員に共通する氏である。したがって、各人の名欄には、氏は記載せず名のみを記載することになる。

筆頭者氏名欄の記載は、本籍欄の記載とともに当該戸籍を表示するものとして、戸籍のインデックスとしての機能を持っているので、「戸籍の表示」という場合には、本籍欄及び筆頭者氏名欄の双方の記載をもって表示することになる。また、この欄は上記のとおり戸籍のインデックスとしての機能を有するため、筆頭者が除籍（死亡又は他籍に入籍した場合等）になっても、同欄は消除されない。なお、コンピュータ戸籍については、左側に「氏名」の項目名が、右側に当該戸籍に係る筆頭者氏名が記載される（戸規付録第24号参照）。

▌ 戸籍事項欄 (こせきじこうらん)

　戸籍事項欄は、紙戸籍の様式（戸規附録第1号様式）中に定められているもので、本籍欄と筆頭者氏名欄の次に上・下段で4行ずつ合計8行の欄が設けられている（「戸籍記載のひな形」78頁参照）。この戸籍事項欄には、一つの戸籍内の各人に共通するその戸籍全体に関する事項が記載される（戸規34条）ので、この欄には、戸籍法施行規則第34条において、(1)新戸籍の編製に関する事項、(2)氏の変更に関する事項、(3)転籍に関する事項、(4)戸籍の全部の消除に関する事項、(5)戸籍の全部に係る訂正に関する事項、(6)戸籍の再製又は改製に関する事項を記載することとされている。なお、これらの事項についての同欄の記載は、同規則附録第7号に規定されている記載例（法定記載例）及び参考記載例（平2・3・1民二600号通達）に従ってこれをしなければならない。

　旧法戸籍の様式（明治31年式戸籍、大正4年式戸籍等）には、戸籍事項欄は設けられていなかったので、戸籍全体に関する事項は、戸主の事項欄に記載するものとされていた（戸籍法施行細則12条以下、同細則附録第1号様式附属雛形参照）。なお、コンピュータ戸籍には、左側に「タイトル」として、戸籍編製、転籍等の事項が、右側に【編製日】、【転籍日】、【消除日】といった項目（インデックス）及びその内容（「○年○月○日」等）が記載される（戸規付録第24号参照）。

▌ 身分事項欄 (みぶんじこうらん)

　身分事項欄は、紙戸籍の様式（戸規附録第1号様式）中に定められているもので、名欄の上部に設けられている（「戸籍記載のひな形」78頁参照）。この身分事項欄には、届出、報告、申請、請求等に基づく各種の身分事項が記載される。すなわち、(1)戸籍に入った原因及び年月日（戸13条3号）、(2)戸籍から除かれる場合は、除かれた原因及び年月日（戸23条、戸規40条）、(3)他の戸籍から入った者については、その戸籍の表示（戸13条7号）、(4)戸籍法施行規則第30条に定められている事項（戸13条8号）などである。これらの記載事項につ

いては、戸籍法施行規則附録第6号「戸籍の記載のひな形」を参照されたい。

　また、身分事項欄の記載は、前記のとおり届出、報告、申請、請求等に基づいてされるが、その記載がどの者の身分事項欄にすべきかについては、同規則第35条において具体的に規定している。また、それ以外の配偶者の死亡・国籍に関する事項については同規則第36条に、入籍又は除籍における入籍に関する事項及び従前の戸籍の表示は同規則第38条に、除籍の場合は同規則第40条に、戸籍訂正の場合は同規則第44条に、それぞれ規定されている。

　なお、一つの戸籍から除かれて他の戸籍に入り、又は新戸籍が編製される場合において、従前戸籍の身分事項を新戸籍に移記することになるが、この場合に移記すべき事項は、同規則第39条に規定されており、この事項を「重要な身分事項」と称している。なお、コンピュータ戸籍には、左側に「タイトル」として、出生、婚姻等の事件の種別が、右側に【出生日】、【婚姻日】、【届出人】といった項目（インデックス）及びその内容（「○年○月○日」等）が記載される（戸規付録第24号参照）。

父母欄（ふぼらん）

　父母欄は、紙戸籍の様式（戸規附録第1号様式）中に定められているもので、名欄の右側に設けられている（「戸籍記載のひな形」78頁参照）（戸13条4号）。この欄には、実父母の氏名を記載することになるが、父母が婚姻継続中で氏が同じである場合には、氏は父のみ記載して、母の氏は省略する取扱いである（戸規附録第6号。「戸籍の記載のひな形」参照）。また、父母の一方が外国人である嫡出子については、戸籍法第107条第1項・第2項の届出により父母が同一の氏の表記となった場合、及び、外国人父又は母がその本国法の効果により日本人の氏に変更し戸籍に更正の旨記載された場合には、母の氏を省略して差し支えないとされる（昭59・11・1民二5500号通達第2の4(1)キ、昭55・8・27民二5218号通達）。なお、コンピュータ戸籍には、【父】、【母】といった項目（インデックス）とともにその氏名が記載され、父母欄の記載は双方とも氏名が記載される（戸規付録第24号参照）。

　嫡出でない子で、父が認知をしていない子については、父の氏名欄は空欄となるが、父が認知したときは、父の氏名が記載される。

　父母の氏名が、離婚その他の事由により、あるいは、戸籍法第107条、第107条の2の規定又は戸籍訂正により変わった場合には、父母欄の父母の氏名の記載を更正又は訂正することができるが、その場合は、申出又は職権に基づいてすることになる（昭26・12・20民事甲2416号回答、昭27・2・13民事甲133号回答、昭29・9・1民事甲1791号回答）。

▊ 父母との続柄欄（ふぼとのつづきがららん）

　父母との続柄欄は、紙戸籍の様式（戸規附録第1号様式）中に定められているもので、父母欄の下部に設けられている（「戸籍記載のひな形」78頁参照）。この欄には実父母との続柄を記載する。

　続柄の記載は、嫡出子であれば、出生の順に「長男・長女、二男・二女、三男・三女」のように定められる（昭22・10・14民事1263号通達）が、嫡出でない子又は養子はこれに算入されない。双生子については従前から出生の前後によって定めることとされている（明31・11・10民刑1857号回答）。

　父母との続柄は、同一の夫婦ごとにその間の子のみについて数えるので、父又は母の一方のみを同じくする子は、別に数える。例えば、先妻との間に「長男」と「長女」が出生し、その後に再婚して入籍した妻との間に男1人と女1人が出生した場合は、やはりそれぞれ「長男」、「長女」となるから、結果的には一つの戸籍に長男が2人、長女が2人いることになる。父母との続柄は、戸籍を同じくするか異にするかによって数え方に影響することはない。

　嫡出でない子については、従前、男女の別によって「男」、「女」とのみ記載されていたが、平成16年11月1日施行の改正戸籍法施行規則により、父の認知の有無にかかわらず、母との関係のみにより認定し、母が分娩した嫡出でない子の出生の順により、「長男・長女、二男・二女」等と記載するものとされた（平16法務省令76号）。また、既に戸籍に記載されている嫡出でない子であって、父母との続柄欄に「男・女」と記載されている場合には、事件

本人又はその母からの申出に基づき、市区町村長限りで更正するものとされている（平16・11・1民一3008号通達）。

名欄 (ならん)

　名欄は、紙戸籍の様式（戸規附録第1号様式）中に定められているもので、身分事項欄の下部に設けられている（「戸籍記載のひな形」78頁参照）。この欄を氏名欄と呼ぶこともあるが、同一戸籍内の者は全て呼称上の氏を同じくし、その氏は筆頭者氏名欄に記載されるから、この欄に氏は記載せずに各人の名のみを記載することとされているので、名欄と呼ばれる。

　名は、出生届書に記載されたものが戸籍に記載されるが、子の名に用いる文字は、現行法施行前においては制限がなかったため難解なものが多く、社会生活上、自他共に不便があった。そこで現行法は子の名に用いる文字を制限し、これを簡明にすることとした（戸50条）。当初はその文字の範囲を、当用漢字、人名用漢字、片仮名、平仮名（変体仮名を除く。）としていた（改正前戸規60条）が、昭和56年10月1日に当用漢字表が廃止され常用漢字表が制定されたことに伴い、これを改正し（昭56法務省令51号）、①常用漢字表に掲げる漢字（括弧書きが添えられているものについては、括弧の外のものに限る。）、②人名用漢字別表第二に掲げる漢字、③片仮名又は平仮名（変体仮名を除く。）とした（戸規60条）。

　出生の届出に際し、名未定の子については未定のまま届出されるが、この場合追完届があるまでは一時空欄にしておくことになり（大3・12・9民1684号回答）、身分事項欄に「名未定」である旨を記載する（参考記載例3）。また、出生届出前に死亡した子が命名されていないため、届書に無名である旨が記載されているときは、戸籍の名欄には「無名」と記載される（明32・1・26民刑1788号回答）。

配偶者区分 (はいぐうしゃくぶん)

　婚姻によって、それぞれ配偶者になった者については、夫又は妻であるこ

とを戸籍に記載しなければならない（戸13条6号）。具体的には、戸籍様式（戸規付録第24号様式）において、各人の生年月日の右側に、【配偶者区分】のインデックスを設け、夫又は妻の別を記載することとしている。離婚又は配偶者の死亡等によって婚姻が解消したときには、このインデックスは表示しない。

　なお、紙戸籍においては、名欄の上部に横線を引いて名欄と区画して「配偶欄」を設けて「夫」又は「妻」と記載していた（「戸籍記載のひな形」78頁参照）。婚姻が解消したときには、この欄に記載されている「夫」又は「妻」の文字は朱線を引いて消除する。もっとも、婚姻の解消と同時に除籍される一方については、名欄とともに朱線を交さして消除するので、配偶欄だけの消除をする必要はない。

　おって、外国人と婚姻した日本人配偶者については、昭和59年法律第45号により「国籍法及び戸籍法の一部を改正する法律」が昭和60年1月1日から施行された後は、婚姻の届出によって、その者について新戸籍を編製する取扱いになったので、その際に配偶欄を設けることにされた（戸13条6号、16条3項、昭59・11・1民二5500号通達第2の2(1)）。改正前の取扱いにより、外国人と婚姻をしても配偶欄が設けられていない者のうち、戸籍の筆頭者となっていない者については、その後にその者につき新戸籍が編製される際（婚姻以外の事由で）、当然に配偶欄を設けることになる（前掲民二5500号通達第2の2(2)）。また、既に筆頭者となっている者で配偶欄が設けられていない場合は、その者の申出があったときに配偶欄を設けることになる（前掲民二5500号通達第2の2(3)）。

生年月日（せいねんがっぴ）

　コンピュータ戸籍において、戸籍様式（戸規付録第24号様式）において、各人の「名」の下に【生年月日】のインデックスを設け、出生の年月日を記載することとしている。出生の時刻については、出生の届書には記載することとされているが、戸籍には記載されない。

　なお、紙戸籍においては、戸籍様式（戸規附録第1号様式）中に出生年月日

欄が名欄の左側に設けられている（「戸籍記載のひな形」78頁参照）。この欄に年月日を記載するには、「壱」、「弐」、「参」、「拾」の文字を用いることとされている（戸規31条2項）。

養父母欄（ようふぼらん）

　養父母欄は、紙戸籍の様式（戸規附録第1号様式）中に定められていない。しかし、養子縁組により養子になった者については、養親の氏名を記載することになるので（戸13条5号）、父母欄の左側に養父母欄を設けて養父母の氏名を記載する（「戸籍記載のひな形」80頁参照）。

　養親が養父又は養母だけのときは、その一方だけの欄を設けることになる。また、養子が、数回縁組（転縁組）して養親が数人いる場合は、養父母欄には、最後の養父母についてだけ記載すれば足りるとされている（ただし、身分事項欄に記載する縁組事項については、継続する縁組について全部記載する。戸規39条1項3号、大3・12・28民1125号回答）。

　養親が死亡しても、離縁（死後離縁）しない限り親族関係は終了しないので、養父母欄の記載はそのままである。また、養子が他の戸籍に入籍するときは移記を要する（戸規39条1項3号）。

　なお、嫡出でない子が実父母の養子となったときも、養親の氏名の記載は省略できないので、この欄を設けて記載することになる。

養父母との続柄欄（ようふぼとのつづきがららん）

　養父母との続柄欄は、紙戸籍の様式（戸規附録第1号様式）中に定められていない。しかし、養子縁組により養子になった者については、養親との続柄を記載することになるので（戸13条5号）、養父母欄の下部にこの欄を設けて記載することになる（「戸籍記載のひな形」80頁参照）。

　この欄は、養父母欄を設けるときに共に設け、養子が男であるときは「養子」、女であるときは「養女」と記載する（大3・12・28民1125号回答第7項）。

　なお、旧法当時の婚養子については、養父母との続柄を「婚養子」と記載

していたが、現行法では新戸籍を編製するとき又は他の戸籍に入るときは、単に「養子」と移記することになっている（昭24・4・6民事甲3189号回答）。

戸籍の訂正・更正（こせきのていせい・こうせい）

　戸籍の訂正とは、戸籍の記載が当初から不適法又は真実に合致しない記載がされている場合に、これを適法、かつ、真実に合致する記載に改める手続をいうものである。戸籍に訂正すべき記載がされる原因には、届出人の故意又は過失により誤った届出をしたため、戸籍の記載も誤っている場合、又は届出そのものは正しいが市区町村長の過誤によって誤った記載がされている場合とがある。これを是正するための戸籍の訂正は、家庭裁判所の許可（戸113条、114条）又は確定判決によるもの（戸116条）、あるいは管轄法務局長等の許可によるもの（戸24条2項）、さらには、市区町村長限りの職権訂正が認められるもの（戸24条3項）とがある。この戸籍訂正の手続を分類すると次のとおりである。

戸籍訂正

申請による訂正

1　戸籍法第113条による家庭裁判所の戸籍訂正の許可を得てするもの

2　戸籍法第114条による家庭裁判所の戸籍訂正の許可を得てするもの

3　戸籍法第116条による確定判決を得てするもの

4　戸籍法第59条による棄児を引き取って出生届をした後にするもの

職権による訂正

5　戸籍法第24条第2項による管轄法務局長等の許可を得てするもの

6　戸籍法第24条第3項による市区町村長限りでするもの

　戸籍の更正とは、記載の当初は正しいものであったが、その後発生した事由によって、従前の記載を変更後のものに正すものである。例えば、本籍の表示について行政区画、土地の名称又は地番号に変更があった場合（戸規45条、46条）、あるいは、戸籍の氏又は名の文字の記載を更正する場合（平2・10・20民二5200号通達第3）などである。

戸籍の職権訂正 （こせきのしょっけんていせい）

　戸籍は、国民の身分関係を登録し、これを公証するもので、その権利義務に大きく影響するものであるから、その記載の訂正は慎重にしなければならない。したがって、戸籍の訂正は原則として裁判所の関与の下に関係当事者の申請に基づいて行うこととされている（戸113条、114条、116条）。これに対し、管轄法務局長等の関与の下に市区町村長の職権による訂正が許される場合（戸24条2項）、又は市区町村長限りで訂正する場合（戸24条3項）があるが、これを戸籍の職権訂正と呼んでいる。

　戸籍の職権訂正手続は、まず届出人又は届出事件本人に誤りのある旨を通知して訂正申請（裁判所の関与の下に）を促し（戸24条1項本文、戸規47条）、その上で、訂正申請がないときは、市区町村長は管轄法務局長等の許可を得て職権で戸籍の訂正をする（戸24条2項）。もっとも、戸籍の記載、届書の記載その他の書類から市区町村長において訂正の内容及び訂正の事由が明らかであると認める場合は、関係者に通知するまでもなく、直ちに管轄法務局長等の許可を得て訂正することができる（同条1項ただし書・2項）。

　また、戸籍の訂正の内容が軽微であって、かつ、戸籍に記載されている者の身分関係についての記載に影響を及ぼさないものについては、管轄法務局長等の許可を得ることなく、市区町村長限りで職権で訂正することができる（戸24条3項）。

氏又は名の誤字・俗字の訂正 （うじまたはなのごじ・ぞくじのていせい）

　戸籍に氏又は名が誤字によって記載されている場合は、新戸籍を編製する等の際に職権により正字で記載する（平6・11・16民二7005号通達別紙2の第1の2、平2・10・20民二5200号通達第1）ほか、本人等の申出によって訂正することができる（前掲民二5200号通達第2）。

　従前は、本人等からの申出がなされない限り訂正しない取扱いであったが（昭56・9・14民二5537号通達）、前掲民二5200号通達により平成3年1月1日以後においては、新戸籍編製等の際に従前戸籍から氏又は名を移記する場合又

は戸籍に新たに氏又は名を記載する場合は、従前戸籍等に誤字で記載されているとしても、申出なしに正字で記載する取扱いをすることになった。この場合は事前又は事後に本人に対する告知を要する（前掲民二7005号通達別紙2の第1の2(3)）。また、従前のとおり申出によって訂正をすることも認められている（前掲民二5200号通達第2）。

　戸籍の氏又は名が俗字で記載されている場合は、新戸籍を編製する場合又は他籍に入籍する場合は、いずれも原則として、そのまま移記することになる（前掲民二7005号通達別紙2第1の1）。また、従前のとおり申出によって訂正することも認められている（前掲民二5200号通達第2）。

　戸籍に記載する文字は、字画を明瞭にして略字又は符号を用いることはできない（戸規31条）とされているから、誤字や俗字はないものと考えられるが、記載の際の書き誤り、書きぐせあるいは届出の際の錯覚等から誤字・俗字が発生しているといわれている。

　戸籍に氏又は名が誤字・俗字で記載されている場合は、これをできる限り解消すべきであるとの民事行政審議会の答申がされ（平元・2・13法務大臣から同大臣の諮問機関である民事行政審議会に対して諮問がされ、平2・1・16同審議会から答申がされた。）、この答申を受けて前掲5200号通達がされているが、その後俗字についての取扱いが前掲民二7005号通達によって変更されている。

▌戸籍の誤記訂正（こせきのごきていせい）

　ここにいう戸籍の誤記訂正とは、戸籍の記載完了前に、誤って記載された文字を訂正する場合のことをいう（戸規31条3項）。戸籍の記載は、届出、報告、申請、請求若しくは嘱託、証書若しくは航海日誌の謄本又は裁判によってすることになる（戸15条）が、記載を完了したときは、その記載に誤りがあるか否かを確認した上、その文末に市区町村長の認印を押さなければならない（戸規32条）。文末認印を押す前に記載の誤りを発見した場合は、この誤記訂正の方法によってすることになる。

　誤記訂正の方法は、誤って記載した文字そのものは改変してはならない（戸規31条3項）ので、誤った文字について朱線を引いて削除し、正しい文字

に訂正する。この場合は、その訂正、追加又は削除の字数を欄外に記載し、市区町村長がこれに認印を押し、また、削除された文字については、なお明らかに読むことができるようにその字体を存しておかなければならないとされている（戸規31条4項）。

なお、戸籍の記載が完了して文末認印が押された後に訂正する場合は、この誤記訂正はできないので、戸籍の訂正手続（戸113条、114条、116条、24条2項）によらなければならない。

このように欄外訂正された戸籍については、当該戸籍に記載されている者から、当該訂正、追加又は削除の事項の記載のない戸籍の再製申出があったときは、その再製をすることができる（戸11条の2第2項、平14・12・18民一3000号通達第2の2）。

▌ 正字・誤字・俗字（せいじ・ごじ・ぞくじ）

戸籍簿は正しい文字で記載されることが前提となる。戸籍の記載をするには、略字又は符号を用いず、字画を明らかにしなければならないとされており（戸規31条1項）、外国文字も使用することができない（大12・2・6民事328号回答）。

もっとも、公簿である戸籍には、正しい文字（正字）で記載されるべきであるが、従来、戸籍に記載された手書きの文字の中には、戸籍に記載した者の書きぐせや文字の省略などにより、誤字が多く存在し、これが本人のみならず関係者に少なからず社会生活上の不便を生じさせていた。

そこで、戸籍に記載されている氏又は名の誤字・俗字の解消について、平成2年に法務大臣の諮問機関である民事行政審議会から「戸籍に氏又は名が誤字又は俗字によって記載されている場合は、これをできる限り解消すべきである」等の答申がされ、これを受けて法務省から通達が発出され（平2・10・20民二5200号通達）、誤字の解消が図られてきた。

しかし、戸籍事務の電算化に伴う改正法案の審議過程において、氏名は社会生活上極めて重要な意味を有し、戸籍に記載されている字が誤字・俗字であっても既に戸籍に記載されている氏名の文字に対する愛着という国民感情

を行政上配慮すべきとする指摘がされたことから、俗字は電算化戸籍において
もそのまま記載し、誤字については対応する正字に引き直して記載する
が、この場合は事前に本人に通知し、本人から正字による入力を欲しない旨
の申出がある場合には、戸籍を紙のまま取り扱うこととされた（平6・11・16
民二7000号通達）。

　正字・俗字・誤字の概念を整理すると、以下のとおりということができ
る。

　正字　社会一般において正しいとされている文字を正字という。正しいと
　　されている文字は常用漢字表などの公的裏付けがなければならない。康
　　熙字典や一般の漢和辞典で正しいとされている文字を正字という。

　俗字　習慣により用いられている文字で、康熙字典や漢和辞典で俗字とし
　　て掲げられている文字を俗字という。

　誤字　正字、俗字に属さない文字を誤字という。

▌字種・字体・字形（じしゅ・じたい・じけい）

　戸籍の記載をするには、略字又は符号を用いず、字画を明らかにしなけれ
ばならないとされている（戸規31条1項）が、同じ文字の種類（字種）であっ
ても、異なる書き方（例えば、簡易であるか複雑であるか、線をとめるかはらうか、
といった相違）をすることがあり、これらが異なる文字として認識されること
がある。前記例示の前者について字体の違いといい、後者について字形の違
いということがある。

　字種・字体・字形の概念を整理すると、以下のとおりということができ
る。

　字種　原則として同じ音訓を持ち、語や文章を書き表す際に文脈や用途に
　　よっては相互に入替えが可能なものとして用いられてきた漢字の集合体
　　としてのまとまりのこと。「学」と「學」、「桜」と「櫻」、「竜」と「龍」
　　などは、それぞれ同じ字種の漢字として一つにまとめることができる。

　字体　文字の骨組みのこと。上記の例は、同一の字種であるが、別の字体
　　である。

字形　個々の印刷の形状のこと。別の文字であるということがはっきりと識別できるような違いから、長短、方向、つけるか、はなすか、はらうか、とめるか、はねるか、といった細かな違いまで、様々なレベルでの文字の形の相違を字形（又はデザイン）の違いという。

氏名の振り仮名 （しめいのふりがな）

　令和5年6月2日に成立した番号利用法等の一部改正法（令和5年法律第48号）の一部として、戸籍法の一部が改正され、氏名の振り仮名が戸籍の記載事項として追加されることとなった（改正後戸13条2項）。従来、戸籍に記載された氏名には、振り仮名は記載されておらず、出生届の標準様式（昭59・11・1民二5502号通達）には子の名の「よみかた」を記載する欄は設けられているものの、当該事項は住民基本台帳事務の便宜のために記入を求めていた。今般の法改正により、行政のデジタル化を推進するに当たって、氏名の振り仮名について個人を特定する事項の一つとして位置付けた上で、戸籍、住民基本台帳及びマイナンバーカードにそれぞれ記載することとされたものである。

　氏名の読み方については、「氏名として用いられる文字の読み方として一般に認められているもの」（改正後戸13条2項）である必要があるとされるところ、これに該当するかどうかは、我が国の命名文化や、通常の音訓とは異なる人名特有の読み方である、いわゆる「名乗り訓」が多用されてきた歴史的経緯も踏まえた運用をすることが予定されており、戸籍窓口における具体的な事務の取扱いについては、今後、法務省民事局長通達等で明らかにされる予定である。

既に戸籍に記載されている者に係る氏の振り仮名
（すでにこせきにきさいされているものにかかるうじのふりがな）

　令和5年改正法の施行時に既に戸籍に記載されている者に関し、戸籍の筆頭者は施行の日から1年以内に限り、氏の振り仮名の届出をすることができ

る（改正法附則6条1項）。もっとも、氏の振り仮名等の届出は報告的届出であると整理されるところ（櫻庭倫「一問一答戸籍法」108頁）、現在使用している氏の読み方は、振り仮名として定義されるところの「氏名として用いられる文字の読み方として一般に認められているもの」であるとは限らないことから、一般の読み方以外の読み方を使用している場合であっても、当該氏の読み方が通用していることを証する書面を添付した上で、現に使用している氏の読み方を届け出ることができる（改正法附則6条2項・4項）。

　改正法の施行日から1年以内にこの届出がされない場合には、本籍地の市町村長は、管轄法務局長等の許可を得て、戸籍に氏の振り仮名を記載することとなる（改正法附則9条1項）が、当該戸籍の筆頭者は、一度に限り、その氏の振り仮名を変更する届出をすることができることとされる（改正法附則10条1項）。

▌既に戸籍に記載されている者に係る名の振り仮名
（すでにこせきにきさいされているものにかかるなのふりがな）

　令和5年改正法の施行時に既に戸籍に記載されている者は、施行の日から1年以内に限り、名の振り仮名の届出をすることができる（改正法附則8条1項）。もっとも、名の振り仮名等の届出は、報告的届出であると整理されるところ（櫻庭倫「一問一答戸籍法」108頁）、現在使用している名の読み方は、振り仮名として定義されるところの「氏名として用いられる文字の読み方として一般に認められているもの」であるとは限らないことから、一般の読み方以外の読み方を使用している場合であっても、当該名の読み方が通用していることを証する書面を添付した上で、現に使用している名の読み方を届け出ることができる（改正法附則8条2項・3項）。

　改正法の施行日から1年以内にこの届出がされない場合には、本籍地の市町村長は、管轄法務局長等の許可を得て、戸籍に名の振り仮名を記載するものとされる（改正法附則9条2項）が、当該戸籍に記載されている者は、一度に限り、その名の振り仮名を変更する届出をすることができることとされる（改正法附則12条1項）。

戸籍記載のひな形

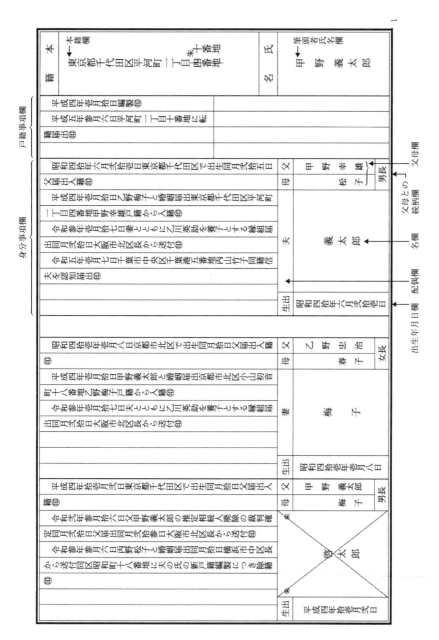

2

| 父 | 甲野　義太郎 | 長女 |
| 母 | 　　　梅　子 | |
平成六年弐月拾五日東京都千代田区で出生同月拾九日父届出入籍㊞
平成拾壱年拾月七日特別養子となる縁組の裁判確定同月拾弐日養父母届出同月弐拾六日大阪市北区長から送付東京都千代田区平河町一丁目十番地に丙山の氏の新戸籍編製につき除籍㊞
平成拾八年拾弐月九日特別養子離縁の裁判確定同月拾五日父母届出大阪市北区西天満三丁目六番地に甲野の氏の新戸籍編製㊞

名　ゆり
生出　平成六年弐月拾五日

| 父 | 甲野　義太郎 | 次女 |
| 母 | 　　　梅　子 | |
平成九年七月九日千葉市中央区で出生同月拾参日父届出同月拾五日同区長から送付入籍㊞
平成弐拾八年拾月参日乙原喜吉と婚姻届出東京都千代田区平河町一丁目八番地乙原喜吉戸籍に入籍につき除籍㊞

二字追加㊞

名　さち
生出　平成九年七月九日

| 父 | | 長女 |
| 母 | 甲野　梅　子 | |
昭和六拾弐年参月拾七日横浜市中区で出生同月拾八日母届出同月弐拾日同区長から送付入籍㊞
平成拾七年参月弐拾日母の氏を称する入籍届出京都市北区小山初音町十八番地乙野梅子戸籍から入籍㊞
平成拾八年四月拾弐日乙野忠治同人妻春子の養子となる縁組届出同月拾八日京都市北区長から送付同区小山初音町十八番地乙野忠治戸籍に入籍につき除籍㊞

名　英子
生出　昭和六拾弐年参月拾七日

| 父 | 甲野　義太郎 | 次男 |
| 母 | 　　　梅　子 | |
平成拾八年壱月六日千葉市中央区で出生同月拾日母届出同月弐拾日同区長から送付入籍㊞
平成弐拾四年拾弐月参日午後八時参拾分東京都千代田区で死亡同月拾五日親族甲野義太郎届出除籍㊞

名　芳次郎
生出　平成拾八年壱月六日

甲野　義太郎

79

養父母欄

3

事項	父母・続柄	氏名
平成弐拾四年五月壱日東京都千代田区で出生同月六日父届出入籍㊞	父　乙川孝助　男二	甲野英助郎大義
令和参年拾七日甲野義太郎同人妻梅子の養子となる縁組届出（代諾者親権者父母）同月弐拾日大阪市北区長から送付京都市北区小初音町三十番地乙川孝助戸籍から入籍㊞	母　冬子 養父　甲野義太郎 養母　梅子　養子	英　助
	生出　平成弐拾四年五月壱日	

養父母との続柄欄

平成九年七月九日千葉市中央区で出生同月拾参日父届出同月参拾日同区長から送付入籍㊞	父　甲野義太郎　女二	
令和参年五月五日夫乙原信吉と協議離婚届出同月七日横浜市中区長から送付同区本町一丁目一番地乙原信吉戸籍から入籍㊞	母　梅子	さち（×）
令和参年八月弐日分籍届出東京都中央区日本橋室町一丁目一番地に新戸籍編製につき除籍㊞	夫	
	生出　平成九年七月九日	

令和四年六月壱日東京都千代田区で出生同月参日母届出同月拾日同区長から送付入籍㊞	父　甲野義太郎　男長	
令和五年壱月七日甲野義太郎認知届出同月拾日東京都千代田区長から送付㊞	母　丙山竹子	信　夫
令和五年壱月拾五日父の氏を称する入籍届出親権者母届出千葉市中央区千葉港五番地丙山竹子戸籍から入籍㊞		
令和五年壱月弐拾日親権者を父と定める旨父母届出㊞		
	生出　令和四年六月壱日	

平成参拾四年参月参日名古屋市中区で出生同月七日母届出入籍㊞	父　甲野義太郎　男三	
令和五年弐月弐拾弐日民法八百十七条の二による裁判確定同月拾五日父母届出名古屋市中区三の丸四丁目三番地甲野啓二郎戸籍から入籍㊞	母　梅子	啓二郎
	生出　平成参拾四年参月参日	

戸籍記載のひな形（コンピュータ戸籍の場合）

（6の1）　全部事項証明

本　籍	東京都千代田区平河町一丁目１０番地
氏　名	甲野　義太郎
戸籍事項 戸籍編製 転籍	【編製日】平成４年１月１０日 【転籍日】平成５年３月６日 【従前の記録】 【本籍】東京都千代田区平河町一丁目４番地
戸籍に記録されている者	【名】義太郎 【生年月日】昭和４０年６月２１日　【配偶者区分】夫 【父】甲野幸雄 【母】甲野松子 【続柄】長男
身分事項 出　生	【出生日】昭和４０年６月２１日 【出生地】東京都千代田区 【届出日】昭和４０年６月２５日 【届出人】父
婚　姻	【婚姻日】平成４年１月１０日 【配偶者氏名】乙野梅子 【従前戸籍】東京都千代田区平河町一丁目４番地　甲野幸雄
養子縁組	【縁組届出日】令和３年１月１７日 【共同縁組者】妻 【養子氏名】乙川英助 【送付を受けた日】令和３年１月２０日 【受理者】大阪市北区長
認　知	【認知日】令和５年１月７日 【認知した子の氏名】丙山信夫 【認知した子の戸籍】千葉市中央区千葉港５番地　丙山竹子
戸籍に記録されている者	【名】梅子 【生年月日】昭和４１年１月８日　【配偶者区分】妻 【父】乙野忠治 【母】乙野春子 【続柄】長女
身分事項 出　生	【出生日】昭和４１年１月８日

発行番号００００００１

以下次頁

（6の2）　全部事項証明

婚　姻 養子縁組	【届出地】京都市北区 【届出日】昭和４１年１月１０日 【届出人】父
	【婚姻日】平成４年１月１０日 【配偶者氏名】甲野義太郎 【従前戸籍】京都市北区小山初音町１８番地　乙野梅子
	【縁組届出日】令和３年１月１７日 【養子氏名】乙川英助 【送付を受けた日】令和３年１月２０日 【受理者】大阪市北区長
戸籍に記録されている者 除　籍	【名】啓太郎 【生年月日】平成４年１１月２日 【父】甲野義太郎 【母】甲野梅子 【続柄】長男
身分事項 出　生	【出生日】平成４年１１月２日 【出生地】東京都千代田区 【届出日】平成４年１１月１０日 【届出人】父
推定相続人廃除	【推定相続人廃除の裁判確定日】令和２年３月１６日 【被相続人】父　甲野義太郎 【届出日】令和２年３月２０日 【送付を受けた日】令和２年３月２３日 【受理者】大阪市北区長
婚　姻	【婚姻日】令和３年３月６日 【配偶者氏名】丙野松子 【送付を受けた日】令和３年３月１０日 【新本籍】横浜市中区和田町１８番地 【称する氏】夫の氏
戸籍に記録されている者 除　籍	【名】ゆり 【生年月日】平成６年２月１５日 【父】甲野義太郎 【母】乙野梅子 【続柄】長女
身分事項 出　生	【出生日】

発行番号００００００１

以下次頁

（6の3） 全部事項証明

身分事項 出 生	【出生日】平成6年2月15日 【出生地】東京都千代田区 【届出人】母
特別養子縁組	【特別養子縁組の裁判確定日】平成11年10月7日 【届出日】平成11年10月12日 【届出人】養父母 【送付を受けた日】平成11年10月16日 【受理者】大阪市北区長 【新本籍】東京都千代田区平河町一丁目10番地 【縁組後の氏】丙山
特別養子離縁	【特別養子離縁の裁判確定日】平成18年12月9日 【届出日】平成18年12月15日 【届出人】父母 【送付を受けた日】平成18年12月15日 【新本籍】大阪市北区西天満二丁目6番地 【離縁後の氏】甲野
戸籍に記録されている者 除 籍	【名】みち 【生年月日】平成9年7月9日 【父】甲野義太郎 【母】甲野梅子 【続柄】二女
身分事項 出 生	【出生日】平成9年7月9日 【出生地】千葉市中央区 【届出日】平成9年7月13日 【届出人】父 【送付を受けた日】平成9年7月15日 【受理者】千葉市中央区長
婚 姻	【婚姻日】平成28年10月3日 【配偶者氏名】乙原信吉 【入籍戸籍】東京都千代田区平河町一丁目8番地 乙原信吉
戸籍に記録されている者 除 籍	【名】英子 【生年月日】昭和62年3月17日 【父】 【母】甲野梅子 【続柄】長女
身分事項	

発行番号0000001
以下次頁

（6の4） 全部事項証明

出 生	【出生日】昭和62年3月17日 【出生地】横浜市中区 【届出人】母 【送付を受けた日】昭和62年3月20日 【受理者】横浜市中区長
入 籍	【届出日】平成17年3月20日 【入籍事由】母の氏を称する入籍 【従前戸籍】京都市北区小山初音町18番地 乙野梅子
養子縁組	【縁組日】平成18年4月12日 【養父氏名】乙野忠治 【養母氏名】乙野梅子 【送付を受けた日】平成18年4月16日 【受理者】京都市北区長 【入籍戸籍】京都市北区小山初音町18番地 乙野忠治
戸籍に記録されている者 除 籍	【名】芳次郎 【生年月日】平成18年1月6日 【父】甲野義太郎 【母】甲野梅子 【続柄】二男
身分事項 出 生	【出生日】平成18年1月6日 【出生地】千葉市中央区 【届出人】母 【送付を受けた日】平成18年1月20日 【受理者】千葉市中央区長
死 亡	【死亡日】平成24年12月13日 【死亡時分】午後8時30分 【死亡地】東京都千代田区 【届出日】平成24年12月15日 【届出人】親族 甲野義太郎
戸籍に記録されている者	【名】英助 【生年月日】平成24年5月1日 【父】乙川孝助 【母】乙川冬子 【続柄】三男 【養父】甲野義太郎 【養母】甲野梅子

発行番号0000001
以下次頁

（6の5）　全部事項証明

身分事項
出　生
【出生日】平成２４年５月１日
【出生地】東京都千代田区
【届出日】平成２４年５月６日
【届出人】父

養子縁組
【縁組日】令和３年１月１７日
【養父氏名】甲野義太郎
【養母氏名】甲野梅子
【代諾者】親権者父母
【送付を受けた日】令和３年１月２０日
【受理者】大阪市北区長
【従前戸籍】京都市北区小山初音町２０番地　乙川孝助

【名】もら
【生年月日】平成９年７月９日
【父】甲野義太郎
【母】甲野梅子
【続柄】二女

戸籍に記録されている者

除　籍

身分事項
出　生
【出生日】平成９年７月９日
【出生地】千葉市中央区
【届出日】平成９年７月１３日
【届出人】父
【送付を受けた日】平成９年７月１５日
【受理者】千葉市中央区長

離　婚
【離婚日】令和３年７月５日
【配偶者氏名】乙原信吉
【送付を受けた日】令和３年７月７日
【受理者】横浜市中区長
【従前戸籍】横浜市中区本町一丁目８番地　乙原信吉

分　籍
【分籍日】令和４年８月１日
【新本籍】東京都中央区日本橋室町一丁目１番地

【名】信夫
【生年月日】令和４年６月１日
【父】甲野義太郎
【母】丙山竹子
【続柄】長男

戸籍に記録されている者

発行番号０００００１

以下次頁

（6の6）　全部事項証明

身分事項
出　生
【出生日】令和４年６月１日
【出生地】東京都千代田区
【届出日】令和４年６月３日
【届出人】母

認　知
【認知日】令和５年１月７日
【認知者氏名】甲野義太郎
【送付を受けた日】令和５年１月１０日
【受理者】東京都千代田区長

入　籍
【入籍日】令和５年１月１５日
【入籍事由】父の氏を称する入籍
【届出人】親権者母
【従前戸籍】千葉市中央区千葉港５番地　丙山竹子

親　権
【親権者を定めた日】令和５年１月２０日
【親権者】父
【届出人】父母

戸籍に記録されている者
【名】啓二郎
【生年月日】平成３０年４月３日
【父】甲野義太郎
【母】甲野梅子
【続柄】三男

身分事項
出　生
【出生日】平成３０年４月３日
【出生地】名古屋市中区
【届出日】平成３０年４月７日
【届出人】母

民法８１７条の２
【民法８１７条の２による裁判確定日】令和５年２月１２日
【届出日】令和５年２月１５日
【届出人】父母
【従前戸籍】名古屋市中区三の丸四丁目３番　甲野啓二郎

戸籍に記録されている者

発行番号０００００１
これは、戸籍に記録されている事項の全部を証明した書面である。
令和何年何月何日

何市町村長氏名　職印

以下余白

4 証明関係

戸籍の謄本・抄本（こせきのとうほん・しょうほん）

　戸籍の記載の全部を原本と同一の様式によって転写したものを戸籍謄本といい、戸籍の記載の一部を請求により抜粋して転写したものを戸籍抄本という。戸籍実務において、戸籍謄本又は戸籍抄本と称する場合には、紙で調製された戸籍原本の写しを指す。

　抄本を作成する場合において、特定の文字や特定の身分事項の一部などを省略することによって、記載の意味内容が異なることになるものは省略できない（昭34・8・28民事甲1870号回答、昭34・12・11民事甲2786号回答）。

　戸籍に記載されている者又はその配偶者、直系尊属若しくは直系卑属（以下「本人等」という。）は、戸籍謄本・抄本の請求をすることができ（戸10条1項）、その際は請求の事由を明らかにする必要はないが、市区町村長において請求が不当な目的によることが明らかなときは、請求を拒むことができる（同条2項）。

　また、本人等による請求以外に、①第三者請求（本人等以外の者が、自己の権利を行使し、又は自己の義務を履行するために戸籍の記載事項を確認する必要がある場合などに認められる請求。戸10条の2第1項）、②公用請求（国又は地方公共団体の機関が、法令に定める事務を遂行するために必要がある場合に認められる請求。同条2項）、③職務上請求（弁護士、司法書士、土地家屋調査士、税理士、社会保険労務士、弁理士、海事代理士又は行政書士が一定の事由に該当する場合に認められる請求。同条3項〜5項）が認められる。

　偽りその他不正の手段により謄抄本の交付を受けた者は、30万円以下の罰金に処せられる（戸135条）。

　なお、法務大臣の指定する市区町村長は、戸籍事務を電子情報処理組織に

より取り扱うものとするとされている（戸118条）が、これが、いわゆる戸籍
のコンピュータ化である。このコンピュータ化された戸籍の証明について
は、紙戸籍における戸籍の謄本に該当するものが、戸籍の全部事項証明書で
ある（戸120条1項、戸規73条1項、戸規付録第22号様式第一）。また、戸籍の抄本に
該当するものが、戸籍の個人事項証明書である（同様式第二）。コンピュータ
化された証明書の請求手続は、紙戸籍の場合と同様である。

▌除籍の謄本・抄本（じょせきのとうほん・しょうほん）

　除かれた戸籍は、年ごとにわけて除籍簿につづられ、除籍された翌年から
起算して150年間保存される（戸規5条4項）。

　除籍の謄本は、原本と同一の様式によって、全部を転写したものであり、
除籍の抄本は、原本と同一様式によって、請求部分だけを抜粋して転写した
ものである。戸籍実務において、除籍謄本又は除籍抄本と称する場合には、
紙で調製された除籍原本の写しを指す。これは、戸籍の謄本・抄本と同様で
ある。

　除かれた戸籍は、請求によって除籍の謄本又は抄本として交付される（戸
12条の2）。除籍の謄本又は抄本を請求できる者は、戸籍の謄本・抄本の規定
を準用することとされている（戸12条の2）。すなわち、除籍に記載されてい
る者又はその配偶者、直系尊属若しくは直系卑属による請求（本人等請求）の
ほか、①第三者請求（本人等以外の者が、自己の権利を行使し、又は自己の義務を履
行するために戸籍の記載事項を確認する必要がある場合などに認められる請求）、②公
用請求（国又は地方公共団体の機関が、法令に定める事務を遂行するために必要がある
場合に認められる請求）、③職務上請求（弁護士、司法書士、土地家屋調査士、税理
士、社会保険労務士、弁理士、海事代理士又は行政書士が一定の事由に該当する場合に認
められる請求）が認められる。

　偽りその他不正の手段により、謄抄本の交付を受けた者は、30万円以下の
罰金に処せられる（戸135条）。

　なお、除かれた戸籍がコンピュータ化された場合の証明については、紙戸
籍における除籍の謄本に該当するものが、除かれた戸籍の全部事項証明書で

ある（戸120条１項、戸規73条１項、戸規付録第22号様式第四）。また、除籍の抄本に
該当するものは、除かれた戸籍の個人事項証明書である（同様式第五）。コン
ピュータ化された除かれた戸籍の証明書の請求手続は、紙戸籍の場合と同様
である。

▌戸籍・除籍の記載事項証明書
（こせき・じょせきのきさいじこうしょうめいしょ）

　戸籍又は除籍に記載されている事項のうち、請求者の必要とする部分のみ
をそのまま書き写し、その記載がある旨の証明をした書面が記載事項証明書
である（戸10条１項、戸規14条）。この制度は、戦時中、戸籍担当職員の減少に
伴い、謄本・抄本の作成手続の簡素化を図るために認められたもの（昭16法
律75号をもって、旧戸籍法の一部が改正され、同法14条の３が新設された。）で、これ
が現行戸籍法においてもこれが引き継がれたものである。

　この記載事項証明書は、戸籍の記載そのものを証明するものであるから、
戸籍の記載から判断して得られる事項を証明することはできない（例えば、
乙は甲の相続人であるなど）。

　この証明は、戸籍又は除籍の謄本・抄本とは形式は違うが、その証明力は
何ら優劣がない。また、この証明書の請求については、戸籍又は除籍の謄
本・抄本の請求の場合と同様の制限がある（戸10条、10条の２、12条の２）。

　なお、戸籍又は除かれた戸籍がコンピュータ化されている場合において
は、紙戸籍の記載事項証明書に該当するものが、戸籍の場合であれば戸籍の
一部事項証明書であり（戸120条１項、戸規73条１項、戸規付録第22号様式第三）、除
籍の場合であれば、除かれた戸籍の一部事項証明書である（同様式第六）。

　また、コンピュータ化された戸籍又は除籍の一部事項証明書の請求手続
は、紙戸籍の場合と同様である。

▌戸籍の全部事項証明書（こせきのぜんぶじこうしょうめいしょ）

　法務大臣が指定する市区町村長においては、戸籍は、磁気ディスク（これ

に準ずる方法により一定の事項を確実に記録することができる物を含む。）に記録して調製するものとされる（戸119条1項）。これが、いわゆるコンピュータ戸籍である。この場合、磁気ディスクをもって調製された戸籍を蓄積したものが戸籍簿とされ、除かれた戸籍を蓄積したものが除籍簿とされる（同条2項）。

　戸籍の全部事項証明書は、磁気ディスクに記録された戸籍の証明書の一つであり、紙戸籍における戸籍謄本に当たる。同証明書の様式は、戸籍法施行規則付録第22号様式「第一　戸籍の全部事項証明書」に定められ（戸規73条1項）、その雛形は同規則付録第24号に示されている（同条6項）。

　戸籍の全部事項証明書の請求については、戸籍法に定められているが、例えば、ある市区町村が戸籍を磁気ディスクによって調製している場合において、戸籍法第10条第1項による戸籍の謄本の交付請求がされたときは、これに代えて磁気ディスクをもって調製された戸籍に記録されている事項の全部を証明した書面によってすることができるとされている（戸120条1項）。その書面が、戸籍の全部事項証明書である。

　なお、分籍又は転籍の届出の際は戸籍謄本を添付することとされ（戸100条2項、108条2項）、あるいは旅券法又はその他の法令の規定において、戸籍又は除かれた戸籍の謄本・抄本を添付することとされているが、これらの場合においても、磁気ディスクによって調製された戸籍又は除かれた戸籍の全部又は一部を証明したものが、戸籍又は除かれた戸籍の謄本・抄本とみなすとされている（戸120条2項）。もっとも、届出地及び転籍地又は分籍地の市区町村長が電子情報処理組織によって戸籍事務を取り扱う指定市町村長である場合には、戸籍謄本の添付を要しないこととされている（令和元年改正法施行（令6・3・1）後戸120条の7、120条の8）。

戸籍の個人事項証明書（こせきのこじんじこうしょうめいしょ）

　戸籍の個人事項証明書は、磁気ディスクに記録された戸籍の証明書の一つであり、紙戸籍における戸籍抄本に当たる。同証明書の様式は、戸籍法施行規則付録第22号様式「第二　戸籍の個人事項証明書」に定められている（戸規73条1項）。

　戸籍の個人事項証明書の請求については、戸籍法に定められているが、例えば、ある市区町村が戸籍を磁気ディスクによって調製している場合において、戸籍法第10条第1項による戸籍の抄本の交付請求がされたときは、これに代えて磁気ディスクをもって調製された戸籍に記録されている事項の一部を証明した書面によってすることができるとされている（戸120条1項）。その書面が、戸籍の個人事項証明書である。

　なお、「戸籍の全部事項証明書」の項を参照のこと。

戸籍の一部事項証明書（こせきのいちぶじこうしょうめいしょ）

　戸籍の一部事項証明書は、磁気ディスクに記録された戸籍の証明書の一つであり、紙戸籍における戸籍の記載事項証明書に当たる。同証明書の様式は、戸籍法施行規則付録第22号様式「第三　戸籍の一部事項証明書」に定められている（戸規73条1項）。

　戸籍の一部事項証明書の請求については、戸籍法に定められているが、例えば、ある市区町村が戸籍を磁気ディスクによって調製している場合において、戸籍法第10条第1項による戸籍に記載した事項に関する証明書の交付請求がされたときは、これに代えて磁気ディスクをもって調製された戸籍に記録されている事項の一部を証明した書面によってすることができるとされている（戸120条1項）。その書面が、戸籍の一部事項証明書である。

　なお、「戸籍の全部事項証明書」の項を参照のこと。

除かれた戸籍の全部事項証明書
（のぞかれたこせきのぜんぶじこうしょうめいしょ）

　法務大臣が指定した市区町村長において、戸籍は、磁気ディスク（これに準ずる方法により一定の事項を確実に記録することができる物を含む。）に記録して調製するものとされる（戸119条1項）。これが、いわゆるコンピュータ戸籍である。この場合、磁気ディスクをもって調製された戸籍を蓄積したものが戸籍簿とされ、除かれた戸籍を蓄積したものが除籍簿とされる（同条2項）。

　除かれた戸籍の全部事項証明書は、磁気ディスクに記録された戸籍の証明書の一つであり、紙戸籍における除籍謄本に当たる。同証明書の様式は、戸籍法施行規則付録第22号様式「第四　除かれた戸籍の全部事項証明書」に定められ（戸規73条1項）、その雛形は同規則付録第26号に示されている（同条7項）。

　除かれた戸籍の全部事項証明書の請求については、戸籍法に定められているが、例えば、ある市区町村が除かれた戸籍を磁気ディスクによって調製している場合において、戸籍法第12条の2第1項による除かれた戸籍の謄本の交付請求がされたときは、これに代えて磁気ディスクをもって調製された除かれた戸籍に記録されている事項の全部を証明した書面によってすることができるとされている（戸120条1項）。その書面が、除かれた戸籍の全部事項証明書である。

　なお、旅券法又はその他の法令の規定において、戸籍又は除かれた戸籍の謄本・抄本を添付することとされているが、これらの場合においても、磁気ディスクによって調製された戸籍又は除かれた戸籍の全部又は一部を証明したものが、戸籍又は除かれた戸籍の謄本・抄本とみなすとされている（戸120条2項）。

除かれた戸籍の個人事項証明書
（のぞかれたこせきのこじんじこうしょうめいしょ）

　除かれた戸籍の個人事項証明書は、磁気ディスクに記録された戸籍の証明書の一つであり、紙戸籍における除籍抄本に当たる。同証明書の様式は、戸籍法施行規則付録第22号様式「第五　除かれた戸籍の個人事項証明書」に定められている（戸規73条1項）。

　除かれた戸籍の個人事項証明書の請求については、戸籍法に定められているが、例えば、ある市区町村が除かれた戸籍を磁気ディスクによって調製している場合において、戸籍法第12条の2第1項による除かれた戸籍の抄本の交付請求がされたときは、これに代えて磁気ディスクをもって調製された除かれた戸籍に記録されている事項の一部を証明した書面によってすることが

できるとされている（戸120条1項）。その書面が、除かれた戸籍の個人事項証明書である。

なお、「除かれた戸籍の全部事項証明書」の項を参照のこと。

除かれた戸籍の一部事項証明書
（のぞかれたこせきのいちぶじこうしょうめいしょ）

除かれた戸籍の一部事項証明書は、磁気ディスクに記録された戸籍の証明書の一つであり、紙戸籍における除籍の記載事項証明書に当たる。同証明書の様式は、戸籍法施行規則付録第22号様式「第六　除かれた戸籍の一部事項証明書」に定められている（戸規73条1項）。

除かれた戸籍の一部事項証明書の請求については、戸籍法に定められているが、例えば、ある市区町村が除かれた戸籍を磁気ディスクによって調製している場合において、戸籍法第12条の2第1項による除かれた戸籍の記載事項証明書の交付請求がされたときは、これに代えて磁気ディスクをもって調製された除かれた戸籍に記録されている事項の一部を証明した書面によってすることができるとされている（戸120条1項）。その書面が、除かれた戸籍の一部事項証明書である。

なお、「除かれた戸籍の全部事項証明書」の項を参照のこと。

届書類の記載事項証明書（とどけしょるいのきさいじこうしょうめいしょ）

市区町村長が受理した届書類は、原則として非公開とされている。しかし、特別の事由がある場合に限り、利害関係人に公開される（戸48条2項）。利害関係人とは、①届出事件本人又は届出人、②届出事件本人の家族又はその親族、③官公吏（職務の執行に関係のある場合に限る。）に限る取扱いである（昭22・4・8民事甲277号通達、昭23・9・9民事甲2484号回答）。したがって、単に財産上の利害関係を持つにすぎない者の請求は認められない（昭58・9・28民二5717号回答）。

特別の事由とは、戸籍又は除籍に記載されていない届出事項で、届書類及

びその添付書類の証明を得なければ判明しない事項であって、これを利用しなければ、利害関係人として意図する権利行使ができない場合をいうものと解されている（戸籍誌898号14頁）。公開の方法は、届書類の閲覧と届書類に記載した事項についての証明書によってする（戸48条2項）が、後者を届書類の記載事項証明書という。

　届書類について、特別の事由がある場合以外は非公開とされているのは、届書類の記載事項のうちには個人の秘密に係る事項も多く記載されているので、その秘密を保持し、かつ、届出人が公開をおもんぱかって、正確な記載をちゅうちょすることのないように配慮する必要があるためである。

　記載事項証明書の請求が許容される場合として、例えば、民営化前の郵便局に係る簡易生命保険金の請求のために死亡届書の記載事項証明書を請求するときが挙げられる。

　令和元年改正法の施行（令6・3・1）前の取扱いは、市区町村長が受理した届書類は、戸籍の記載後に管轄法務局等に送付されるので、送付された届書類の記載事項証明は、管轄法務局等ですることとされていたが、令和元年改正法の施行後は、届書等を受理した市区町村において、届書等をスキャニングすることによって画像情報（届書等情報）を作成し、これを法務大臣に提供することとされる（令和元年改正法施行（令6・3・1）後戸120条の4）ことから、改正法施行後に受理された届書類に係る記載事項証明は、原則としてこの届書等情報の内容を証明することにより行うこととなる（改正後戸120条の6第1項、戸規78条の5第2項）。

　なお、従前から市区町村長において保存する届書類（戸籍の記載を要しないもの～外国人のみに関する届書類等。戸規50条）を市区町村長が証明することについては、改正法の施行前後で取扱いに変更はない。

　届書類の記載事項証明書の書式及び作成方法は、戸除籍の記載事項証明と同様である（戸規67条、14条）。

▌届書類の閲覧（とどけしょるいのえつらん）

　戸籍の届書類は、その添付書類を含めて原則として非公開とされている。

しかし、特別の事由がある場合に限って、利害関係人に対して公開される（戸48条2項）。利害関係人とは、①届出事件本人又は届出人、②届出事件本人の家族又はその親族、③官公吏（職務の執行に関係のある場合に限る。）に限る取扱いである（昭22・4・8民事甲277号通達、昭23・9・9民事甲2484号回答）。したがって、単に財産上の利害関係を持つにすぎない者の請求は認められない（昭58・9・28民二5717号回答）。

特別の事由とは、戸籍又は除籍に記載されていない届出事項で、届書類及びその添付書類の閲覧をしなければ判明しない事項であって、これを利用しなければ、利害関係人として意図する権利行使ができない場合をいうものと解されている（戸籍誌898号14頁）。

届書類の閲覧が原則として非公開とされ、制限されているのは、届書類には個人の秘密にかかる事項が多く記載されており、もしこれを無制限に公開することになれば、個人の名誉を傷つけることになるため、これを保護する必要があること、また、公開されるのが原則となれば、届出人は公開されることをおもんぱかって、届書に正確な記載をすることをためらうことになりかねないからである。

届書類の閲覧は、担当職員の面前で行わせることを要する（戸規66条の2）。

令和元年改正法の施行（令和6年3月1日）前の取扱いは、市区町村長が受理した届書類は、戸籍の記載後に管轄法務局等に送付されるので、送付された届書類の閲覧は、管轄法務局等ですることとされていたが、令和元年改正法の施行後は、届書等を受理した市区町村において、届書等をスキャニングすることによって画像情報（届書等情報）を作成し、これを法務大臣に提供することとされる（令和元年改正法施行（令6・3・1）後戸120条の4）ことから、改正法施行後に受理された届書類に係る閲覧は、原則としてこの届書等情報の内容を表示したものの閲覧により行うこととなる（改正後戸120条の6第1項、戸規78条の5第1項）。

なお、従前から市区町村長において保存する届書類（戸籍の記載を要しないもの～外国人のみに関する届書類等。戸規50条）について市区町村長に対して閲覧の請求があった場合については、改正法の施行前後で取扱いに変更はない。

▎受理証明書（じゅりしょうめいしょ）

　戸籍の届出等がされた場合、市区町村長は、その届出が民法及び戸籍法等の関係法令に定める実質的要件及び形式的要件を備えているか否かを審査し、適法なものと認められるときはこれを受理することになる（「受附と受理・不受理」の項参照）。受理証明は、その受理処分がなされたことの証明であるが、受理証明書は、届出人からの請求により交付する（戸48条１項、戸規66条）ものとされており、それ以外の者からの請求は認められない。

　戸籍法は、戸籍の届出を受理した場合、これを積極的に届出人に告知する建前をとっていない。しかし、届出人においては創設的届出について、届出の受理によって身分関係の形成されたことを明らかにする必要が生じたときなどには、受理証明書を請求することになる。ただし、戸籍の記載後は、戸籍の謄本・抄本によって証明することができるから、受理証明書は、届出の受理後、戸籍の記載前の場合に利用されることが多い。また、この受理証明は、届出等を受理した市区町村長が証明するものであるから、届書の送付を受けた市区町村長に受理証明書の請求はできない。

　なお、日本国内に居住する外国人が、日本において出生又は死亡等による報告的届出をした場合、あるいは外国人同士の婚姻又は養子縁組等の創設的届出をした場合は、戸籍に記載がなされないので、専らこの受理証明書又は届書類の記載事項証明書によってその身分関係を証明することになる。

　また、戸籍の記載手続は、届出、報告、申請、請求、嘱託、証書の謄本、航海日誌の謄本、裁判によってされる（戸15条）が、受理証明書は、届出のほかに戸籍訂正申請についても請求することができる（戸117条）。その他の報告・請求・証書の謄本等の提出に関しては、実益がないので認められないが、戸籍法第41条に規定する証書の謄本が提出された場合において、請求に基づき行政証明書を発行することは差し支えないとされている（戸籍誌546号38頁、547号123頁）。

　なお、郵便等による請求や代理人による請求も認められている（戸48条３項、10条３項、10条の３、戸規11条、11条の２、11条の３、11条の４）。

▌不受理証明書（ふじゅりしょうめいしょ）

　戸籍の届出等がされた場合、市区町村長はその届出が、民法及び戸籍法等の関係法令に定める実質的要件及び形式的要件を備えているか否かを審査し、届出が適法なものと認められないときは、その届出を受理しないこと、すなわち、不受理処分とすることになる（「受附と受理・不受理」参照）。不受理証明は、その届出の不受理処分がなされたことの証明である。

　不受理証明書は、届出人が届出の不受理処分を不当として、家庭裁判所に不服の申立てをするとき（戸122条）などの場合に利用されるが、この証明書は、届出人からの請求により交付される（戸48条１項、戸規66条）。

　なお、郵便等による請求や代理人による請求も認められている（戸48条３項、10条３項、10条の３、戸規11条、11条の２、11条の３、11条の４）。

▌（日本人が外国で婚姻等をする場合の）要件具備証明書（独身証明書）
（（にほんじんががいこくでこんいんとうをするばあいの）ようけんぐびしょうめいしょ（どくしんしょうめいしょ））

　日本人が外国人との間で、外国において婚姻、縁組等の身分行為を行う場合に、その身分行為を行うに当たって日本法上何らの法律的障害がない旨の証明書を提出するよう、当該外国の政府機関に求められる場合がある。

　これに対応するため、本籍地市区町村長は、当事者からの申請に基づき、戸籍の記載等から婚姻等の要件を満たしているかを審査して、要件を具備していることを証明する書面（要件具備証明書（又は独身証明書））を発行することができる。また、法務局又は地方法務局若しくはその支局の長、大使、公使等においても、当事者が自己の戸籍謄本等を提示した上で申請がされた場合には、この証明書を発行することができる（昭31・11・20民事甲2659号回答、昭35・9・26民事二発392号回答、平14・5・24民一1274号通知、平21・9・1民一2012号通知）。

　なお、上記証明書とは用途を異にするが、独身証明書として、結婚情報サービス・結婚相談業者が提供するサービスに入会を希望する者が、同事業

者に対して、自らが独身であること（民法の重婚規定（民732条）に抵触しないこと）に係る公的な証明を得るため、本籍地市町村長に対して独身証明書の交付申請をすることができる（平12・4・10民二945号依命通知、平20・9・30民一補佐官事務連絡）。

　これらの証明書は、いずれも戸籍法令に根拠を持たないものであり、一般行政証明として発行されるものである。

現に請求の任に当たっている者
（げんにせいきゅうのにんにあたっているもの）

　戸籍謄本等の交付請求の任に当たっている者のことであり、窓口請求の場合は市区町村の戸籍窓口に出頭した者、郵送請求の場合は交付請求書上に請求者として記載されている者をいう。現に請求の任に当たっている者は、市町村長に対し、運転免許証等を提示する等の方法（戸規11条の2）により、氏名など当該者を特定するために必要な事項（戸規11条の3）を明らかにしなければならないとされている（戸10条の3第1項）。

　運転免許証等を提示する等の方法として、法務省令で定める方法として、下記(1)又は(2)の方法によらなければならない（戸規11条の2）が、本籍地の市区町村以外の市区町村長に対する戸籍謄本等の交付請求（いわゆる広域交付）については、下記(1)によらなければならないとされる（戸規73条の2第1項）。

　(1)　1点の提示で足りるもの

　　運転免許証、旅券、在留カード、特別永住者証明書、マイナンバーカード、戸籍法施行規則の別表第一に掲げる免許証、許可証、資格証明書等（船員手帳、身体障害者手帳、無線従事者免許証、海技免状、小型船舶操縦免許証、宅地建物取引士証、航空従事者技能証明書、耐空検査員の証、運航管理者技能検定合格証明書、動力車操縦者運転免許証、猟銃・空気銃所持許可証、教習資格認定証、運転経歴証明書（平成24年4月1日以後に交付されたものに限る。）、電気工事士免状、特種電気工事資格者認定証、認定電気工事従事者認定証、療育手帳、戦傷病者手帳、警備業法第23条第4項に規定する合格証明書）

　　国若しくは地方公共団体の機関が発行した身分証明書で写真を貼り付

けたもの

(2)　2点の提示が必要となるもの（下記イ及びロの書類それぞれ1点ずつ。ロの書類を提示できないときはイの書類を2点）

　　イ　国民健康保険、健康保険、船員保険若しくは介護保険の被保険者証、共済組合員証、国民年金、厚生年金保険若しくは船員保険に係る年金証書、共済年金若しくは恩給の証書、戸籍謄本等の交付を請求する書面に押印した印鑑に係る印鑑登録証明書又はその他市町村長がこれらに準ずるものとして適当と認める書類

　　ロ　学生証、法人が発行した身分証明書（国若しくは地方公共団体の機関が発行したものを除く。）若しくは国若しくは地方公共団体の機関が発行した資格証明書（第一号に掲げる書類を除く。）で、写真をはり付けたもの又はその他市町村長がこれらに準ずるものとして適当と認める書類

　上記によることができないときは、当該請求を受けた市町村長が窓口に出頭した者の戸籍を管理している場合に、その者の戸籍の記載事項について質問することによって確認する方法（聴聞）によることができる。その他の市町村長が適当と認める方法とは、面識を利用する方法などが考えられる。

　また、請求に際しては、請求の任に当たっている者を特定するために、以下の事項を明らかにしなければならない（戸規11条の3）。

(1)　公用請求

　　氏名、所属機関、住所又は生年月日

(2)　弁護士等請求

　　氏名、住所、生年月日又は請求者の事務所の所在地

(3)　上記以外の請求

　　氏名、住所又は生年月日

▌弁護士等請求（べんごしとうせいきゅう）

　弁護士、司法書士、土地家屋調査士、税理士、社会保険労務士、弁理士、海事代理士及び行政書士の各士業者は、受任している事件又は事務に関する業務を遂行するために必要がある場合には、戸籍謄本等の交付請求をするこ

とができる（戸10条の2第3項）。これは、各士業者は、その職務上他人の戸籍謄本等を必要とする場合が多い上、法律上一定の資格が要求され、かつ、職務上の守秘義務が定められていることなどから、制度として認められているものとされる（戸籍誌373号3頁）。

■（戸籍証明書の）広域交付（（こせきしょうめいしょの）こういきこうふ）

戸籍謄本等の交付の請求は、当該戸籍を管理する市区町村長に対して行うものとされるところ、令和元年改正戸籍法の施行により、本人等請求については、全国いずれの市町村長に対しても戸籍証明書の交付請求をすることができることとされた（戸120条の2第1項）。このように本籍地の市区町村以外の市区町村長に対して戸籍証明書の交付請求ができるようになる制度（いわゆる広域交付）が令和6年3月1日に導入された。

この制度の導入により、複数の戸籍を一括して請求において交付を認める戸籍の範囲が広がるため、厳格な本人確認等の手続が必要となることから、郵送による請求は認められず、窓口交付に限ることとされ、代理請求も認められない（戸120条の2第2項）。また、本人確認を厳格に行う観点から、写真付き身分証明書によって本人確認することとしている（戸規73条の2第1項）。

■アポスティーユ（あぽすてぃーゆ）

アポスティーユとは、外国の機関等に対して日本の官公署、自治体等が発行する公文書を提出するに当たって取得する、「外国公文書の認証を不要とする条約（略称：認証不要条約）」（1961年10月5日のハーグ条約）に基づく付箋（アポスティーユ）による外務省の証明のことをいう。提出先となる国は、原則としてハーグ条約締約国に限られ、外国の機関が求めている場合に申請するものとされる。

アポスティーユを取得すると、その書類が確かに日本の公的機関から認証されて発行された公文書であることについて日本にある外国公館の領事による認証（領事認証）があるものと同等のものとして、提出先の国において使

用することができるとされる。

▌公印確認（こういんかくにん）

　公印確認とは、外国の機関等に対して日本の官公署、自治体等が発行する公文書を提出するに当たり、日本にある外国公館の領事による認証（領事認証）を取得するために事前に必要となる外務省の証明のことをいう。公文書上に押印されている公印について、外務省においてその公文書上に証明を行っている。外務省において公印確認を受けた後、駐日の外国公館の領事認証を取得する手順となる。

▌オンラインによる戸籍証明書の交付請求
（おんらいんによるこせきしょうめいしょのこうふせいきゅう）

　平成16年に戸籍法施行規則が改正され（平16法務省令28号）、戸籍証明書をオンラインで請求できることとされている（戸規79条の2第1項）。すなわち、戸除籍の謄抄本等の交付請求については、請求者から市区町村に対して、請求に係る情報を送信することによりできるものであり（戸規79条の3第1項前段、戸規別表第3）、この場合に添付・提出すべき書面があるときは、この書面に代わる情報を併せて送信しなければならないものとされる（戸規79条の3第1項後段）。

　また、市区町村から戸籍証明書等を交付する場合には、市区町村から交付を受ける者に対して情報を送信することによりできるものとされる（戸規79条の5第1項、戸規別表第五）。

　なお、この仕組みを導入するか否かについては、戸籍事務管掌者である市区町村長の判断に委ねられており、交付請求の対象である戸除籍に係る本籍地市区町村がこの仕組みを導入している場合に限って、交付の請求をすることができるものである。

▌コンビニ交付 （こんびにこうふ）

　マイナンバーカードを用いて、コンビニエンスストア等の店舗に設置されたキオスク端末（マルチコピー機）を操作することにより、戸籍証明書を取得することができる。

　戸籍情報システムに接続された証明発行サーバと、地方公共団体情報システム機構（J-LIS）が運営する証明書交付センターとをLGWANで接続し、さらに、証明書交付センターとキオスク端末とが専用回線で接続された構成で構築されている。

　この取扱いは、本籍地市区町村と住所地市区町村が同一である場合においてキオスク端末による戸籍証明書の交付の取扱いが認容され（平22・12・27民一3277号回答）、その後本籍地市区町村と住所地市区町村が異なる場合にも、その取扱いが認容されている（平27・11・13民一1337号通知）。

　なお、この仕組みを導入するか否かについては、戸籍事務管掌者である市区町村長の判断に委ねられており、交付請求の対象である戸籍に係る本籍地市区町村がこの仕組みを導入している場合に限って、交付の請求をすることができるものである。

▌学術研究のための戸籍（除籍）に関する情報の提供
（がくじゅつけんきゅうのためのこせき（じょせき）にかんするじょうほうのていきょう）

　管轄法務局長等は、①統計の作成又は学術研究であって、②公益性が高く、かつ、③その目的を達成するために戸籍の情報を利用する必要があると認められるもののため、その必要の限度において、その情報を提供することができることとされている（戸126条）。

　この取扱いは、かつては、通達（昭57・2・17民二1282号通達）に基づき実施され、主として、医療機関が、特定の疾病に係る患者の生存率等を統計的に調査する目的で、戸籍情報により生存又は死亡の事実を確認し、死亡している場合には、死亡の届書に添付された死亡診断書に記載された事項に係る情報により、その死因を確認する場合に、法務局長等の判断により、情報の利

用が認められていた。

　平成19年の戸籍法改正によって、第三者が戸籍謄本等の交付請求ができる場合を制限した結果、学術研究を目的による交付請求は、改正後の法第10条の2（第三者請求）のいずれの要件にも該当しないこととなったが、このような学術研究の目的での調査については、今後も全国的に統一された基準によって必要な情報を研究機関等に提供する取扱いをする必要があり、各市区町村の個人情報保護条例に委ねることは適当ではないと考えられたため、平成19年改正法において、法律に根拠規定が明記されたものである。

　なお、具体的な事務の取扱いについては、法務省民事局長通達（平20・4・7民一1000号通達第8）で示されている。

マイナンバー制度に基づく情報連携
（まいなんばーせいどにもとづくじょうほうれんけい）

　戸籍情報の公開は、戸籍謄本等の交付や戸籍届書の開示によって行っていたところ、戸籍法の一部を改正する法律（令元法律17号）により、マイナンバー制度に基づく戸籍情報の他の行政機関等への情報提供を可能とする仕組みについて、令和6年3月1日から導入された。

　マイナンバー制度に基づく情報連携の実施に当たって用いる情報提供ネットワークシステムにおいては、個人情報保護の観点から、情報連携の対象となる特定個人情報には、氏名、生年月日、性別及び住所といった個人を特定し得る情報を含めない運用とされており、戸籍謄本等の情報をそのまま情報連携に用いることが困難であったことから、この情報連携に用いるため、戸籍の副本情報を用いて、情報連携のための情報である戸籍関係情報（「戸籍関係情報」の項参照）を作成し、これを情報連携の用に用いることとされたものである。

戸籍電子証明書（こせきでんししょうめいしょ）

　コンピュータ化された戸籍に記録された事項の全部（一部）を証明した電

磁的記録を戸籍電子証明書という（戸120条の3第1項）。

　請求者から、一定の行政機関等に提供するとして戸籍電子証明書の請求があった場合、請求を受けた市区町村長は、戸籍情報連携システムを利用して請求された戸籍を特定し、請求者に対して、戸籍情報を必要とする行政機関等が戸籍電子証明書の情報を閲覧するために必要となる戸籍電子証明書提供用識別符号（いわゆるワンタイムパスワード）を発行することとしている（戸120条の3第2項）。

　戸籍電子証明書提供用識別符号の発行を受けた者は、行政機関等に戸籍情報を提供する必要がある場合において、戸籍証明書の提供に代えて、戸籍電子証明書提供用識別符号を行政機関等に提供することになる。この仕組みを用いるものとしては、旅券手続や運転免許の更新手続の場面で利用されることが想定されている。

5 戸籍の諸帳簿関係

▌ 戸籍簿 (こせきぼ)

　戸籍は、市区町村の区域内に本籍を定める一の夫婦及びこれと氏を同じくする子ごとに編製される（戸6条本文）が、日本人でない者と婚姻した者又は配偶者がない者について新たに戸籍を編製するときは、その者及びこれと氏を同じくする子ごとに編製される（戸6条ただし書）。戸籍を編製する場合は、日本産業規格B列4番又は美濃判の丈夫な用紙を用いなければならないものとされており（戸規1条）、戸籍の様式は一定されている（戸規附録第1号様式）。

　なお、法務大臣の指定する市区町村長は、戸籍事務を電子情報処理組織によって取り扱うこととされ（戸118条）、戸籍を磁気ディスクに記録し、これをもって調製することとされた（戸119条（戸籍のコンピュータ化））。平成6年法律第67号による戸籍法改正（平6・12・1施行）によって戸籍のコンピュータ化が可能となって以降、各市区町村において順次導入され、令和2年9月28日、全国全ての市区町村において戸籍のコンピュータ化が完了した。

▌ 除籍簿 (じょせきぼ)

　一つの戸籍内の全員が除かれた場合には、これを戸籍簿から取り除いて別つづりの帳簿に保存することになる。この帳簿を除籍簿という（戸12条）。

　ある戸籍に在籍する者について、新戸籍が編製されるとその戸籍から除かれ、また、他の戸籍に入籍すると従前の戸籍から除かれる。さらには、死亡、失踪宣告、国籍の喪失があったときも、その者はその在籍する戸籍から除かれる（戸23条）。このような事由によって、その戸籍の全員が除かれ、在籍者がいなくなると、その戸籍は除籍簿に移し替えられる。また、他の市区

町村に転籍したとき、戸籍訂正により戸籍の全部が抹消されたときも同様である。

　除籍簿の保存期間は、除籍された年度の翌年から起算して150年とされている（戸規5条4項）。従前は50年とされ、昭和36年法務省令第57号に基づく改正（昭37・1・1施行）によって80年に延長されたが、平成22年法務省令第22号に基づく改正（平22・6・1施行）によって更に延長された。

　なお、保存期間を経過したものは廃棄することができるが、その場合は市区町村長において廃棄決定書を作成するなどの手続をして廃棄することになる（標準準則54条2項。付録第42号書式）。

改製原戸籍 （かいせいげんこせき）

　戸籍の様式や編製基準は、法令等の改正により変更されることがある。この場合には、従前の戸籍を新たな様式や編製基準に適合するよう書き換えることになる。これを戸籍の改製といい、この改製によって除かれた従前の戸籍を改製原戸籍という。

　明治31年式戸籍又は大正4年式戸籍が、昭和32年法務省令第27号（戸128条第1項の戸籍の改製に関する省令）により戸籍が改製された場合は、従前の明治31年式戸籍又は大正4年式戸籍は、改製原戸籍である。この場合の改製原戸籍（いわゆる昭和改製原）には、本籍欄の右肩上部欄外に［改製原戸籍］と表示され、改製事項は、例えば改製原戸籍の戸主（筆頭者）の事項欄に「昭和32年法務省令第27号により昭和34年4月2日本戸籍改製㊞」と記載され、さらに「昭和32年法務省令第27号により昭和36年6月15日あらたに戸籍を編製したため本戸籍消除㊞」の例により記載されている。また、前記の場合は、改製後の戸籍の戸籍事項欄には「昭和32年法務省令第27号により昭和34年4月2日改製につき昭和36年6月15日本戸籍編製㊞」の例により記載されている。

　また、平成6年法律第67号による改正戸籍法（平6・12・1施行）に基づき、戸籍事務をコンピュータで処理することができるようになり、従来、紙媒体で調製されていた戸籍は、磁気ディスクに記録して調製することができ

ることとされた。この改製の場合は、従前の紙戸籍が改製原戸籍（いわゆる平成改製原）となるが、この場合は、例えば、改製原戸籍の本籍欄の右肩上部欄外に「平成 6 年法務省令第51号附則第 2 条第 1 項による改製につき平成15年 5 月10日消除㊞」と改製事項が記載され、同じ欄外に［改製原戸籍］と表示される。この場合、コンピュータ化後の全部・一部事項証明書の戸籍事項欄の戸籍改製の項目は、【改製日】平成15年 5 月10日、【改製事由】平成 6 年法務省令第51号附則第 2 条第 1 項による改製、と記載されることになる。

　改製原戸籍と、転籍や全員除籍によって消除された「除籍」とは、消除された原因が異なるのみであり、その公証力において異なる点はない。

▌ 再製原戸籍・再製原除籍 （さいせいげんこせき・さいせいげんじょせき）

　戸籍又は除籍の全部又は一部が滅失したとき、又は滅失のおそれがある場合には、法務大臣の命令により戸籍又は除籍の再製をしなければならない（戸11条、12条 2 項、戸規 9 条、10条）。

　また、虚偽の届出等若しくは錯誤による届出等又は市区町村長の過誤によって記載され、その記載につき戸籍訂正された戸籍等について再製の申出がされた場合も、同様に再製しなければならない（戸11条の 2 、戸規 9 条、10条）。

　滅失のおそれがある戸籍又は除籍の再製の場合は、原本に記載されている事項を従前の戸籍と同一の様式による新たな用紙に、そのまま移記することになるが、申出による再製の場合は、訂正に係る事項の記載のない戸籍に再製されることになる（「申出による戸籍の再製」の項参照）。その移記によって調製されたものが戸籍又は除籍の原本となり、従前の戸籍又は除籍（滅失のおそれのあった戸籍又は除籍及び申出によって再製される前の戸籍又は除籍）は、再製原戸籍又は再製原除籍として保存される。

　再製原戸籍・再製原除籍は戸籍としての効力はないので、謄抄本の請求には応じられないが、一般行政証明として取り扱うことは認められている（昭37・11・ 2 民事甲3175号回答、昭38・ 9 ・12民事甲2604号回答、平14・12・18民一3000号通達第 7 の 2 ）。

　上記のとおり再製後の戸籍又は除籍には、申出による再製の場合を除き、

再製原戸籍又は再製原除籍と同じ内容のものが、そのまま移記されているので、相続登記等のため相続人探索をする上で再製原戸籍又は再製原除籍の調査をする必要は少ないものと考えられる。したがって、上記の一般行政証明が請求されることは少ないと考えられる。

　これら再製原戸籍又は再製原除籍の保存期間は、再製の翌年から1年である（戸規10条の2第1項・3項）が、申出による再製のうち虚偽の届出等による記載を訂正した戸籍で再製原戸籍となったもの（戸11条の2第1項）は、再製の翌年から150年である（戸規10条の2第2項）。

▌戸籍の正本・副本（こせきのせいほん・ふくほん）

　戸籍は、原本である正本のほかに、その写しである副本を設けることとされる（戸8条1項）。正本については、市区町村役場に備え（同条2項）、副本については、戸籍が磁気ディスクをもって調製されている場合（戸119条）には、法務大臣が保存する（戸119条の2）。

　市区町村長は、戸籍等に記録した後遅滞なく、戸籍の副本を電気通信回線を通じて法務大臣の使用に係る電子計算機に送信しなければならない（戸規75条1項）。具体的には、副本の情報は、市区町村長の管理に係る戸籍情報システムから、法務大臣の管理に係る戸籍情報連携システムに送信することとなる。法務大臣は、市区町村長から送信を受けた副本を保存し、この場合には、前に送信を受けた副本の情報は消去することができる（戸規75条の2第1項）。

　副本を設ける目的は、正本が災害等によって滅失した場合の再製資料とするためであるほか、副本に記録された情報を利用して、戸籍関係情報（番号9条3項参照）を作成し（戸121条の3）、マイナンバー制度に基づく情報連携の仕組み（番号19条8号・9号参照）によって行政機関等に情報提供することができるようするためである。また、法務省の地方支分部局である管轄法務局において副本の情報を調査し、戸籍の記載等に不備があれば助言等を行うなど、戸籍事務処理の適正化を図るための目的をも有している。

　なお、戸籍が紙で調製されている場合には、戸籍の副本は1か月ごとに管

轄法務局に送付の上、そこで保存するものとされている（戸8条2項、戸規15条1項）。戸籍の副本の作成は、①新たに戸籍を編製したとき、②戸籍編製の日から25年を経過したとき、③戸籍の全部を消除したときにする（戸規15条1項）ほか、管轄法務局等から送付の要求があったときにも作成しなければならない（同条2項）。

▎ 戸籍の附票（こせきのふひょう）

戸籍の附票は、市区町村の区域内に本籍を有する者について、その戸籍を単位として作成することとされ（住基16条1項）、磁気ディスクをもって調製することができることとされる（同条2項）。

戸籍の附票には、戸籍の表示（本籍、戸籍の筆頭者の氏名）、在籍者の氏名、住所、住所を定めた年月日、出生の年月日、男女の別等を記載する（住基17条）。戸籍の附票の制度は、附票と戸籍とを結び付けることによって、住民票の正確性を担保するとともに、戸籍の附票の整備によって、本籍を有する者の住所を把握することができ、戸籍の記載や訂正に当たって対象者に通知をするなどの所要の措置が容易となり、戸籍の公証力の増大にも資することとなる。そのため、住所地の市区町村長は、住民票の記載等をした場合に、本籍地において戸籍の附票の記載を修正すべきときは、本籍地の市区町村長へ通知するものとされている（住基19条1項）。また、通知を受けた事項が戸籍の記載又は記録と合致しないときは、本籍地の市区町村長は、その旨を住所地の市区町村長へ通知することになる（同条2項）。さらには、転籍したときは、原籍地の市区町村長は、戸籍の附票に記載をしてある事項を新本籍地の市区町村長に通知しなければならない（同条3項）。

戸籍の附票については、その写しの交付を請求することができ（住基20条）、戸籍の附票の除票についても、その写しの交付を請求することができる（住基21条の3）。

身分登記簿（みぶんとうきぼ）

　身分登記簿は、明治31年戸籍法（明31法律12号、明31・7・16施行）において採用された制度で、身分に関する届出等があった場合は、その届出事項の全部をまず身分登記簿に登記し、その後にその登記事項のうち、主要事項のみを戸籍簿に転記する取扱いであった（明31戸15条、18条、178条）。

　身分登記簿は、本籍人と非本籍人とに分けて調製し、これを更に出生、死亡、婚姻、離婚などの各届出事件ごとに区別し、1年ごとに別冊として編製されていた（明31戸7条、8条）。

　この身分登記簿の制度は、登記した事項を更に戸籍簿に転記するという二重の手続を要すること及びその利用度が低いことなどもあって、大正3年の戸籍法改正の際に廃止された。

　身分登記簿の正本の保存期間は、大正3年戸籍法施行の日（大4・1・1）から3年とされていた（大3戸籍法施行細則49条）。しかし、身分登記簿の正本は、大正4年式戸籍の記載を補充するものとして、その後も廃棄しないで保存すべきものとされ（大3・12・28民1669号回答）、戸籍の身分事項の補記、閲覧、謄抄本の交付に利用されていた（昭51法務省令48号による改正前戸規77条）。しかし、この身分登記簿の保存期間は既に経過していること等から、その閲覧及び謄抄本の交付の制度は廃止された。

戸籍受附帳（こせきうけつけちょう）

　戸籍受附帳は、毎年市区町村長が調製し、その年度内に受理した事件、又は他の市区町村長から送付を受けた事件について、受附の順序に従って記載する帳簿である（戸規21条1項）。戸籍受附帳への記載は、届書等を受理し、又は他の市区町村長からその送付を受けたときにするとされているから、受理の決定をする前に受附帳への記載はできない（大3・11・17民1599号回答第10項、「受附と受理・不受理」の項参照）。戸籍について磁気ディスクをもって調製している場合には、戸籍受附帳も磁気ディスクをもって調製するが、その記録されている事項の全部を記載した書面を保存することをもって、戸籍受附帳の保存に代えるこ

とができる（戸規76条）。戸籍受附帳は、市区町村長が相当と認めたときは、本籍人と非本籍人とに区別して調製することができる（戸規21条2項）。また、本籍人の受附帳については受理事件と送付事件に分けて調製することが認められている（昭43・5・16民事甲1663号回答）。さらには、戸籍窓口事務の分化に伴い戸籍受附帳を分冊することも認められている（昭44・3・28民事甲522号回答）。

　なお、市区町村内において、支所又は出張所が設置され、本庁以外でも戸籍事務を取り扱っている場合は、その事務所ごとに戸籍受附帳を備え付けることになる。この場合に同一市区町村内において重複して戸籍受附帳に登載することを防止するため、市区町村の内部規程により戸籍受附補助簿を備えて記載することとされている（昭30・7・1民事甲1345号通知）。

　戸籍受附帳は、重要な帳簿であるから、保存期間は当該年度の翌年から150年とされている（戸規21条3項）。

　戸籍情報システムにおける処理については、「戸籍情報システムにおける処分決定」の項参照のこと。

▌届書類の保存（とどけしょるいのほぞん）

　従前、市区町村において受理した戸籍届書のうち、本籍人に関するものは、1か月ごとに、遅滞なく管轄法務局等に送付し、当該年度の翌年から27年保存し、非本籍人に関するものは、当該年度の翌年から1年保存することとされている（戸規48条、49条）が、届書等情報を作成する取扱いとする戸籍法施行規則の改正により、本籍人に関するものと非本籍人に関するものとを区別することなく、保存期間は当該年度の翌年から5年とされた（戸規48条3項）。もっとも、戸籍の副本の送付を受けたときは、当該戸籍に関する届書類は、送付を受けた年度の翌年から5年を経過したものは、これを廃棄するか、又は市区町村長の申出を受けて市区町村役場に移管することができることとされている（戸規49条の2第1項）。

　なお、外国人に関する届書等の戸籍の記載を要しない届書等については、届書等情報は作成しない取扱いとされるところ（戸120条の4、戸規78条の2）、届出によって効力が生じるものについては、当該年度の翌年から50年、その他のも

のは10年とされているが（戸規50条2項）、在日朝鮮人の戸籍届書については、当分の間そのまま保管することとされている（昭41・8・22民事甲2431号通達）。

改製不適合戸籍（かいせいふてきごうこせき）

　改製不適合戸籍とは、電子情報処理組織による取扱いに適合しない戸籍をいう（戸規69条）。指定市町村長（「指定市町村長」の項参照）は、戸籍事務を電子情報処理組織によって取り扱うものとされるが、電子情報処理組織によって取り扱うことが相当ではない戸籍については、この限りではないとされ（戸118条1項ただし書）、改製不適合戸籍（戸規69条）については、引き続き紙媒体で管理することとされる。

　具体的には、紙で調製されている戸籍について、①出生年月日欄の出生の年月日と出生事項中の出生の年月日の表記が異なっている場合、②年月日の表記として存在しない年月日の表記がされている場合、③同一人につき複数の戸籍が作成されている場合、④氏又は名の文字が誤字（「誤字・俗字」の項参照）で記載されており、磁気ディスクをもって調製する戸籍の筆頭者氏名欄又は名欄にこれに対応する正字等で記録する取扱いを欲しない旨の申出がある場合には、磁気ディスクをもって調製する戸籍に移記することを要しないものとされる（平6・11・16民一7000号通達第1、2）。

戸籍関係情報（こせきかんけいじょうほう）

　マイナンバー制度に基づく情報連携に用いるため、戸籍の副本に記録されている情報の電子計算機処理等を行うことにより作成することができる戸除籍の副本に記録されている者についての他の戸籍等記録者との身分関係の有無等の情報であって、情報提供用個人識別符号（いわゆる機関別符号）をその内容に含むものを戸籍関係情報という（番号9条3項）。別表第二に基づき提供を求めた場合において、情報提供ネットワークシステムを使用して特定個人情報を提供することとされ（番号19条8号・9号）、提供に関する事務の処理に関し、法務大臣は、戸籍関係情報を作成するため、磁気ディスクをもって

調製された戸除籍の副本情報を利用することができることとされている（戸121条の3）。

なお、戸籍関係情報の具体的な内容は、以下のとおりである（行政手続における特定の個人を識別するための番号の利用等に関する法律第9条第3項の法務省令で定める情報を定める省令（令和元年法務省令3号））。

① 親子関係の存否及び形成に関する情報
② 婚姻関係の存否及び形成に関する情報
③ 未成年後見関係の存否及び形成に関する情報
④ 死亡の事実に関する情報
⑤ 国籍の存否に関する情報
⑥ 戸籍の異動に関する情報

同一の事項の記録 （どういつのじこうのきろく）

電算化された戸籍簿又は除籍簿の全部又は一部が滅失した場合に、この回復の用に備えるため、市区町村長は、戸籍の正本とは別に、戸籍の正本と同一の事項の記録を備えることとされる（戸規72条1項・2項）。市区町村長が備える同一の事項の記録は、日ごとに記録の更新がされているもの、又は電子情報処理組織により異動データを確保する場合には、相当の期間ごとに記録の更新がされているものであっても差し支えないものとされる。電算化戸籍が滅失した場合には、同一の事項の記録をもって回復することができ、この場合には、法11条の指示によること及び告示をすることを要しないこととされている（戸規72条2項）。

届書等情報 （とどけしょとうじょうほう）

届出を受理した市区町村長において、届書やその添付書類（届書類）をスキャナで読み取ることにより作成する画像情報をいう（戸120条の4）。

戸籍の届出は、届出人の所在地の市区町村など、本籍地以外の市区町村においてもすることができるとされており（戸25条1項、51条、88条等）、届出を

受理した市区町村長は、戸籍の記載をすべき本籍地の市区町村長に届書類を送付しなければならない（戸規25条、26条）。このような送付のやりとりを紙媒体の郵送により行うことは、事務の負担となる上、郵送事故の事案を生じさせており、これを改善するため事務の合理化を図る必要があった。

　そこで、令和元年改正により、届書類を受理した市区町村においては、その届書類を画像データ化して届書等情報を作成し、市区町村のシステムと国のシステムとを接続した電子情報処理組織を利用して法務大臣に提供し、法務大臣がその届書等情報を磁気ディスクに記録することとされた（戸120条の4）。その上で、届書等情報の提供を受けた法務大臣は、戸籍の記載をすべき市町村長に通知することとし（戸120条の5）、通知を受けた市区町村においては、届書等情報を参照して戸籍の記載をすることとされた。

　こうした届書等情報の取扱いにより、届出を受理した市区町村においては、戸籍の記載をすべき市区町村に対して届書類を郵送する事務が不要となるだけでなく、迅速に戸籍に記載し、正確な親族的身分関係を公証することも可能になるなどしている。

6 出生届関係

▌出生（しゅっしょう）

　民法には「私権の享有は、出生に始まる。」（民3条1項）と規定されているが、これは、全ての自然人は、出生によって権利能力を取得することを表している。いつの時点を出生の標準とするかについて、民法では、胎児が生きて母体から全部露出すれば出生としている（全部露出説）。これに対して刑法では、一部でも露出すれば出生であるとしている（一部露出説）から、その後に殺害すれば堕胎罪ではなく、殺人罪であるとされる（大判8・12・13、刑録25輯1367頁）。

　出生があったときは、出生の日から起算して14日以内（国外で出生があったときは、3か月以内）に、原則として、出産に立ち会った医師、助産師などの出生証明書を添付して届出をしなければならない（戸49条）。届出義務者は、嫡出子のときは父又は母であり、子の出生前に父母が離婚をした場合は母である（戸52条1項）。また、嫡出でない子のときは母である（同条2項）。これらの父又は母が届出をすることができない場合には、出生当時に同居していた者が届出しなければならないが、その者も届出できないときは、出産に立ち会った医師、助産師又はその他の者が届出義務を負うことになる（同条3項）。

　なお、上記の届出義務者らが届出をすることができない場合には、その者以外の法定代理人も届出をすることができる（同条4項）。ただし、この法定代理人は届出資格を付与されたものであって、届出義務を負うものではなく、第一順位の父母又は母が出生届をすることができない場合に限って届出資格を認めることとされたものである。

▌嫡出子（ちゃくしゅつし）

　嫡出子とは、一般的には法律上の婚姻関係にある父母の間に生まれた子をいうものである。令和4年法律第102号による改正民法の施行（令6・4・1）前においては、民法上、推定される嫡出子（民772条）と推定されない嫡出子（大連判昭15・1・23民集19巻54頁）との区別があった（「推定される嫡出子」、「推定されない嫡出子」の各項参照）が、同法施行以後は、推定されない嫡出子は生じないこととなる。また、嫡出子には生まれたときからの嫡出子（生来の嫡出子）のほか、嫡出でない子として生まれた後、父母の婚姻及び父の認知の要件を備えて、嫡出子の身分を取得する準正嫡出子（民789条。「準正嫡出子」の項参照）があるが、いずれも嫡出子であることに変わりはない。

　これに対し、法律上の夫婦でない男女間に生まれた子は嫡出でない子という。出生の届書においては、「父母との続き柄」欄において「□嫡出子」「□嫡出子でない子」のチェック欄が設けられている。

　嫡出子は、父母の氏を称し（民790条）、父母の戸籍に入り（戸18条1項）、その子が未成年の間は、父母の親権に服することになる（民818条1項）。父母の婚姻及び父の認知によって準正嫡出子の身分を取得した子が父母の氏を称するには、戸籍法第98条に規定する入籍の届出を要する（昭62・10・1民二5000号通達第5の3）。

　なお、昭和62年法律第101号による改正（昭63・1・1施行）前は、準正嫡出子について、準正嫡出子の身分を取得したとき（婚姻準正の場合は、父母の婚姻の届出のとき、認知準正の場合は、認知の届出のとき）に、直ちに父母の氏を称し、父母の戸籍に入籍する（昭35・12・16民事甲3091号通達）とされていたが、この取扱いは前記のとおり入籍の届出を要することに改められた（前掲民二5000号通達第5の3参照）。

▌推定される嫡出子（すいていされるちゃくしゅつし）

　民法第772条の規定に該当する子を一般に「推定される嫡出子」又は「推定を受ける嫡出子」と呼んでいる。すなわち、妻が婚姻中に懐胎した子は、

夫の子と推定し（民772条1項）、婚姻成立の日から200日後又は婚姻の解消若しくは取消しの日から300日以内に生まれた子については、婚姻中に懐胎したものと推定している（同条2項）。

この点、令和4年法律第102号による改正民法の施行日（令6・4・1）以後に生まれた子について、母が婚姻前に懐胎した子であって、婚姻が成立した後に生まれた子である場合には、夫の子と推定するものとされた（改正後民772条1項前段、改正民法附則3条）。また、母が子を懐胎した時から子の出生までの間に、複数の婚姻をしていることがあり得るが、この場合には、子の出生時点から遡って直近の婚姻における夫の子と推定することとされる（改正後民772条3項）。

嫡出子であることの第一の要件は、その子の母が婚姻関係にあることであるが、これは婚姻の届出の有無により容易に判断できる。しかし、第二の要件である母がその夫によって懐胎したか否かについては容易に判断することができないので、この推定規定が設けられている。

この推定規定は、夫婦が正常な婚姻関係にある場合の子の懐胎に関する蓋然性を基盤として設けられたものであるから、夫が長期不在であったり、夫婦が事実上離婚している場合等において、妻が出生した子については、これを適用すべきでないとされている（最判昭44・5・29民集23巻1064頁、最判昭44・9・4集民96号485頁）。

戸籍実務においては、妻が夫の子を懐胎し得ないことが、客観的に明白であることが裁判上明確にされている場合、例えば、①母又は母の夫が子の出生前後において7年間生死不明の理由で失踪宣告を受けている場合（昭39・2・6民事甲276号回答）、②夫の生死が3年以上不明の理由で離婚の裁判が確定した場合（民770条1項3号。昭2・10・11民事7271号回答、昭28・7・20民事甲1238号回答）、③夫の悪意の遺棄を原因とする離婚の裁判が確定した場合（民770条1項2号。昭38・7・1民事甲1837号回答）、④子の出生届出前に、子と表見上の父との間に親子関係不存在確認の裁判が確定した場合（昭40・9・22民事甲2834号回答）、⑤子の出生届出前に、その子と事実上の父との間に認知の裁判が確定している場合（昭41・3・14民事甲655号回答）、⑥子の出生届出前に、嫡出否認の裁判が確定している場合（昭48・10・17民二7884号回答）には、当該

裁判の謄本を添付して、嫡出でない子又は後婚の嫡出子としての出生の届出がされたときは、当該届出はこれを受理する取扱いである。

　推定を受ける嫡出子が母の夫によって懐胎したものでない場合に嫡出性の推定を覆すには、嫡出否認の訴え（「嫡出否認の訴え」の項参照）によることになる（民774条、775条）。

▌推定されない嫡出子（すいていされないちゃくしゅつし）

　令和4年法律第102号による改正民法の施行日（令6・4・1）以前において、父母の婚姻成立後200日以内に出生した子は、民法上の規定による嫡出の推定を受けないが、母の夫によって懐胎された子であれば、生来の嫡出子と解されている（大連判昭15・1・23民集19巻54頁）。このような子を推定されない嫡出子又は推定を受けない嫡出子と称される。

　なお、令和6年4月1日以後に生まれた子について、母が婚姻前に懐胎した子であって、婚姻が成立した後に生まれた子である場合には、夫の子と推定するものとされることから（改正後民772条1項前段、改正民法附則3条）、推定される嫡出子となる。

　令和4年改正法の施行前に生まれた子に係る取扱いとして、推定されない嫡出子は、母の夫によって懐胎された子でないとして、母から嫡出でない子の出生届がされた場合は、これを受理して差し支えないとされていた（昭26・6・27民事甲1332号回答）が、令和4年改正法の施行以後に生まれた子については、出生子は嫡出推定がされることから、嫡出推定が排除されない限り、嫡出でない子としての出生届は受理されないこととなる。

▌準正嫡出子（じゅんせいちゃくしゅつし）

　嫡出でない子に対して嫡出子たる身分が与えられることを準正といい、その身分を取得した子を一般に準正嫡出子又は準正子という。

　嫡出でない子が準正嫡出子となるためには、血縁上の父母との間に法律上の親子関係を確定すること（認知）と、その父母が婚姻していることの二つ

の要件が備わっていることが必要である。すなわち、嫡出でない子を血縁上の父が認知した後にその父母が婚姻すれば、その子は嫡出子たる身分を取得する（民789条1項。「婚姻準正」の項参照）。また、嫡出でない子の血縁上の父母が婚姻した後に、その父が子を認知すれば、その子は嫡出子の身分を取得する（民789条2項、「認知準正」の項参照）。

なお、準正は、子が既に死亡している場合にも認められる（民789条3項、783条2項）。

準正の効力の発生時期については、学説は分かれているが、婚姻準正の場合は、一般に婚姻成立の時から生ずると解されており、また、認知準正の場合も認知のときではなく婚姻成立の時から生ずると解されている（昭42・3・8民事甲373号回答）。

準正嫡出子は、認知準正、婚姻準正いずれの場合も、当然には父母の氏を称することにはならないので、父母の氏を称するには、戸籍法第98条に規定する入籍の届出をする必要がある。この場合、父母が婚姻中であるときに限り、家庭裁判所の許可は要しないとされている（民791条2項、昭62・10・1民二5000号通達第5の1(1)）。

なお、昭和62年法律第101号による改正（昭63・1・1施行）前は、認知準正又は婚姻準正によって嫡出の身分を取得した子は、その身分を取得すると同時に父母の氏を称するものとして、認知の届出又は婚姻の届出によって直ちに父母の戸籍に入籍する取扱いであった（昭35・12・16民事甲3091号通達）が、この取扱いは前記のとおり入籍の届出を要することに改められた（前掲民二5000号通達第5の3参照）。

▎嫡出でない子（ちゃくしゅつでないこ）

法律上の婚姻関係にない男女の間に生まれた子を「嫡出でない子」という。これに対し、婚姻関係にある父母の間に生まれた子を「嫡出子」という。

嫡出でない子と母との間の親子関係は、原則として母の認知を要せず、分娩の事実によって当然に発生すると解されている（最判昭37・4・27民集16巻7

号1247頁）が、父との親子関係は、父に認知されなければ、父子関係は発生しない。

　嫡出でない子は、母の氏を称し（民790条2項）、母の戸籍に入る（戸18条2項）が、父に認知された後に、家庭裁判所の許可を得た場合は、父の氏を称することができる（民791条1項）。また、嫡出でない子が未成年の間は母の親権に服することになる（民818条）が、子が父に認知されている場合において、これを父母の協議又は審判によって、父を親権者とすることができる（民819条4項・5項）。

　なお、嫡出でない子も父に認知された後、父母が婚姻した場合（婚姻準正）、又は父母が婚姻した後、父に認知された場合（認知準正）は、準正によって、嫡出子たる身分を取得する（民789条。「準正嫡出子」の項参照）が、父母の戸籍に当然には入籍しない。父母の戸籍に入籍する場合は、戸籍法の規定する入籍届によって入籍することになる（戸98条。昭62・10・1民二5000号通達第5の3）。ただし、この場合は家庭裁判所の許可を要しない（民791条2項）。

父未定の子（ちちみていのこ）

　民法第772条の規定により、複数の男性の嫡出推定が重複して、出生子の父を定めることができない場合には、父を定める訴え（人訴43条）に基づいて裁判所が父を定めるものとしている（民773条）が、この定めがされるまでの間、当該出生子は「父未定の子」とされる。

　このような父未定の子に係る出生届は、届書の父欄は空欄とし、「その他」欄に「父未定」である事由を記載して母が届出をしなければならない（戸54条）。父未定の子は、父を定める裁判により、その氏も確定されるが、それまでの間は一応出生当時の母の氏を称し、母の戸籍に入籍し、父欄は空欄とされる。その後に父を定める裁判が確定し父が定まった場合は、改めて出生届をするものではなく、その裁判に基づく戸籍法第116条の訂正申請により、戸籍記載の相違する部分について訂正がされる（大3・12・28民1962号回答第12項）。

　なお、父未定の子となる場合は、令和4年法律第102号による民法改正の

前後で差異が生じる。

(1) 令和4年改正法施行前（令6・3・31以前）の取扱い

　　女性が再婚する場合は、前婚の解消又は取消しの日から100日を経過した後でなければならないとされている（民733条1項。この期間を「再婚禁止期間」（又は「待婚期間」）という。）が、この期間を経過しない女性を当事者とする婚姻届が誤って受理されたときは、重複して父性の推定を受ける子（推定される嫡出子）が出生する場合がある。例えば、前婚の解消後300日以内で、かつ、後婚成立後200日以上を経過して生まれた子は、前夫の子とも後夫の子とも推定される（民772条2項）。また、婚姻中の女性の婚姻届を誤って受理して重婚（民732条）となった場合において、当該女性に子が出生したときも、同様のことが生じる（昭26・1・23民事甲51号回答(3)、昭39・9・5民事甲2901号回答）。

(2) 令和4年改正法施行後（令6・4・1以後）の取扱い

　　婚姻中の女性の婚姻届を誤って受理したため重婚となった場合において、当該女性に子が出生したときには、当該出生子は、改正前と同様、父未定の子となる。

　なお、令和4年改正法によって、再婚禁止期間の規定（改正前民733条）は廃止され、上記(1)のような場合であっても、女性は離婚後直ちに再婚することができるようになった。また、再婚後に出生した子であっても、子の懐胎時から子の出生までの間に複数の婚姻をしていたときは、子の出生時点から遡って直近の婚姻における夫の子と推定されることとなった（改正後民772条3項）ことから、父性の推定は重複しないこととなった。

▌ 棄児（きじ）

　棄児とは、父母又は保護責任者にすてられた子のことをいい、「すてご」ともいう。すなわち、子の父母が不明又は身元が判明せず、出生の届出もしているかどうか明らかでなく、かつ、届出義務者がいないか、又はその所在が不明である場合の子のことをいう（明31・9・22民刑972号回答第三項、平5・3・9民二2393号回答）。棄子は日本で生まれたものと認められる限り日本国籍

を取得する（国2条3号）。

　棄児の発見者又は発見の申告を受けた警察官は、24時間以内にその旨を市区町村長に申し出ることを要する（戸57条1項）。申出を受けた市区町村長は、氏名を付け、本籍を定め、かつ、発見の状況及び出生の推定年月日、男女の別などを調書に記載しなければならない。この調書は届書とみなされ（同条2項）、これに基づき棄児について新戸籍の編製がされる（戸22条）。

　その後に棄児の父又は母が棄児を引き取ったときは、父母は1か月以内に改めて出生の届出をし、先の棄児発見調書によって編製された新戸籍を消除する戸籍の訂正を申請しなければならない（戸59条）。なお、棄児について、棄児発見調書によって新戸籍を編製したところ、当該棄児は既に出生届により戸籍の記載がされていて、複本籍となっている場合には、戸籍訂正申請（戸113条）により棄児発見調書に基づく戸籍の記載を消除することになる（昭2・8・5民事6488号回答）。

▌命名 （めいめい）

　命名とは、生まれてきた子に名付けをすることをいう。子に名を付ける者は、法律に別段の定めがないので、その法的根拠については、親権者説、父母説、親権者による子の権利の代位行使説などがある。一般的には慣習によることになる（大6・8・25民924号回答参照）が、通常は父母が命名する例が多い。

　子の名には常用平易な文字を用いなければならないとされており（戸50条1項）、その常用平易な文字の範囲は、戸籍法施行規則第60条において「常用漢字表」（平22内閣告示2号）に掲げる漢字（括弧書きが添えられているものについては、括弧の外のものに限る。）、「別表第二に掲げる漢字」（人名用漢字別表）及び「片仮名又は平仮名」（変体仮名を除く。）とされている。

　戸籍に記載されている「氏」又は「名」の文字が誤字・俗字等である場合の取扱いについては、平成2年10月20日付け民二第5200号通達、同日付け第5201号通達、同日付け民二第5202号依命通知、平成6年11月16日民二第7005号通達、同日付け民二第7006号依命通知及び同日付け第7007号通達を参照さ

れたい。

名未定の子（なみていのこ）

　出生届には、子の名を記載して届出しなければならない（戸29条、49条）。しかし、子の命名権者（通常は父母）に事故があり、その者から出生届をすることができないときは、同居者あるいは出産に立ち会った医師、助産師又はその他の者が出生の届出をすることになる（戸52条）。この場合、子の名が決まっていないときは、これらの者は、一般的に名を決める権限がないから（「命名」の項参照）、名未定の子として出生届をすることになる。

　名未定の子の出生届には、子の氏名欄に名未定と記載し、「その他」欄に「出生子の父は外国出張中であり、母も出産後病気のため、子の名は未定であって父母からの出生届をすることができない。」などと、その理由を記載して届出することになり、戸籍の記載としては、身分事項欄に「名未定」の旨を記載する取扱いである（参考記載例3）。

名の傍訓（なのぼうくん）

　従来、名の傍訓は、出生、帰化、就籍、氏名変更等の各届出によって、戸籍に名が初めて記載される場合、その届出に際して、戸籍上の名の漢字に傍訓（振り仮名）を付すことについて特に申出があれば、これを認めることとされていた。この傍訓を付す取扱いは、明治31年の戸籍法施行以来実施されてきたものであった（明33・10・24民刑1484号回答）が、これは、戸籍法上の規定によるものではなく、届出人の申出に基づき、名の読み方の誤読を避ける趣旨の便宜的なものであった。したがって、名の漢字と傍訓とが一体となって名を表すものではなく、単に名の読み方を明らかにするものにすぎないから、傍訓は名の一部をなすものではないとされていた（大11・4・5民事995号回答）。その趣旨から、戸籍上の名に傍訓が付されている者について戸籍の届出、登記の申請、公正証書、私署証書の作成など各種の書面において名を表示するに当たって、常に傍訓を付す必要はないとされていた（昭50・7・17

民二3742号通達5、昭56・9・14民二5537号通達五の2）。

　しかし、名の傍訓を戸籍に記載する取扱いは、平成6年11月16日付け民二第7005号通達により廃止された（同通達第3）。この取扱いの廃止により、従前戸籍に記載されている傍訓が付された名を新戸籍編製、他戸籍への入籍、戸籍の再製・改製により移記する場合には、名の傍訓は移記しないものとされた（前掲民二7005号通達）。また、従前の取扱いにより名の傍訓が記載されている場合において、その消除の申出がされたときは、市区町村長限りの職権で消除して差し支えないとされた（前掲民二5537号通達5の3、平2・10・20民二5200号通達）。

　なお、出生届書等の用紙中の氏名欄に設けられた「よみかた」欄の記載は、戸籍法上の規定によるものではなく、住民基本台帳事務等の処理の便宜のためのもので、届出人の協力を得てされるものであるから、従来の名の傍訓とは異なるものであることに留意する必要がある（戸籍誌309号72頁参照）。また、令和5年法律第48号による戸籍法改正（令5・6・9公布、施行日は公布後2年以内の政令で定める日）に基づき、戸籍の記載事項として氏名に振り仮名が追加されることとなるが、この振り仮名と傍訓とは、制度を異にするものであり、新たに戸籍に記載される振り仮名として傍訓が使用されるものではない。

▌子の名に用いる文字 （このなにもちいるもじ）

　子の名に用いる文字は、常用平易な文字を用いなければならないとされ、常用平易な文字の範囲は、法務省令で定めるとされている（戸50条）。これを受けて戸籍法施行規則第60条において、常用平易な文字の範囲を次のとおり定めている。

(1)　常用漢字表（平22内閣告示2号）に掲げる漢字（括弧書きが添えられているものについては、括弧の外のものに限る。）

(2)　別表第二（人名用漢字別表）に掲げる漢字

(3)　片仮名又は平仮名（変体仮名を除く。）

　「ヰ、ヱ、ヲ」、「ゐ、ゑ、を」は片仮名又は平仮名に含まれる。ま

た、同字の繰り返しに用いられる「々」については、直上の文字の繰り返しに用いる場合に限り用いることができ、同音の繰り返しに用いる「ゝ」、「ゞ」（いわゆる「おどり字」）についても直上の文字の繰り返しのために用いるものは差し支えないとされている。さらに、「エミー」の「ー」のような長音符号については、直上の音を引き延ばす場合に限り使用することが認められている（昭56・9・14民二5536号通達）。

　子の名に用いることができる漢字は、常用漢字2,136字、人名用漢字別表863字の合計2,999字である。

　なお、出生子が日本国籍を取得しない外国人であるときは、子の氏名の表記について、次のとおり取り扱うこととされている（前掲民二5337号通達）。

(1)　片仮名で表記し、その下にローマ字を付記させなければならない（平24・6・25民一1550号通達第2の1）。ただし、届出人がローマ字を付記しないときであっても、便宜その届出を受理して差し支えない。

(2)　出生した子が中国人、朝鮮人等本国法上氏名を漢字で表記する外国人である場合には、出生届書に記載する子の氏名は、正しい日本文字としての漢字を用いるときに限り、片仮名による表記をさせる必要はない。

認知の届出の効力を有する出生届
（にんちのとどけでのこうりょくをゆうするしゅっしょうとどけ）

　父母の婚姻前に出生した子は、一般的には母の嫡出でない子であるから、その出生の届出は、母がしなければならない（戸52条2項）。しかし、その出生届をする前に、母が出生子の血縁上の父と婚姻し、その後、その父から嫡出子出生届をしたときは、その届出には認知の届出の効力が認められ、その子は準正嫡出子となる（戸62条、民789条2項）。

　この出生届は、一般の出生届と異なり、父の認知の届出の効力が与えられるので、届出は必ず父からする必要があるほか、認知についての要件を備えていなければならない。したがって、この届出は、出生についての報告的届出と認知についての創設的届出の性質を併有するものである。

　なお、この出生届を戸籍の実務上「62条の出生届」と呼ぶことがある（戸

62条に該当する出生届という意味である。)。

　この届出がされた子は、父母の氏を称し、直ちに父母の戸籍に入籍する（昭23・1・29民事甲136号通達）。

▎受理照会を要する出生届（じゅりしょうかいをようするしゅっしょうとどけ）

　戸籍の各種届出は、市区町村長において審査の上、受理するか不受理にするかを決することになるが、その受否に疑義がある届出については、市区町村長は管轄法務局長等に対し、その届出の受否について照会し、その指示を得て処理することができるとされている（戸3条、戸規82条）。

　ところで、次に掲げる出生届については、受理照会をした上で処理することとされている（標準準則23条1項）。

- (1)　出生証明書の添付がない出生届（昭23・12・1民事甲1998号回答7）──出生届には原則として出生証明書を添付すべきものとされている（戸49条3項）が、その添付がない場合である。

- (2)　50歳以上の母から出生した子の出生届（昭36・9・5民事甲2008号通達）──女性の一般的出産可能年齢から見て、その届出の実体に疑義が生じることがあるからである。

　　なお、出生の届書に添付された出生証明書により、子を出生した施設が医療法に規定する病院であることが確認することができるときは、受理照会をすることなく受理して差し支えないとされる（平26・7・3民一737号通達）。また、在外公館で受け付けた出生届について、外国官憲発行の出生証明書及び病院発行の書類が添付され、これらの内容が整合している場合には、在外公館限りで受理して差し支えないとされる（令3・3・29民一633号依頼）。

- (3)　出生子が学齢に達した後にされた出生届（昭34・8・27民事甲1545号通達）──出生後長期間を経過し、事実関係の真否に疑問が生じることがあるからである。例えば、重複の届出、国籍又は親子関係についての虚偽の届出など。

- (4)　無国籍者を父母として日本で出生した嫡出子出生届又は無国籍者を母

として日本で出生した嫡出でない子の出生届（昭57・7・6民二4265号通達）——無国籍者の中には、本来ある国の国籍を有しながらその国籍を有することを証明できないため単に外国人登録上「無国籍」として登録されているにすぎない者があり、子の国籍の認定に支障があるからである。

(5)　出生の届出にかかる事実に疑義がある場合——例えば、届出人である父が証明した出生証明書（いわゆる自己証明）が添付されている場合において、その証明書の信ぴょう性に疑義が生じた場合など（戸規82条、昭54・9・27～28第33回高知県連戸協決議参照）。

代理出産により出生した子の出生届
（だいりしゅっさんによりしゅっしょうしたこのしゅっしょうとどけ）

　子の出産を第三者に委託する生殖補助医療（代理懐胎）を総称して代理出産と称することがある。代理出産は、夫の精子を第三者の子宮に注入することにより第三者が懐胎し、この第三者が妻の代わりに妊娠・出産するということで血縁上の母と出産する母とが一致する代理母出産（サロゲートマザー）と、一般に、妻の卵子を体外に取り出し、夫の精子と受精させ胚となったものを第三者の子宮に移植することにより第三者が懐胎し、この第三者が妻の代わりに妊娠・出産するということで血縁上の母と出産する母とが一致しない代理出産（ホストマザー）の2種に大別されるところ、いずれの場合であっても、我が国の民法では、母子関係は分娩の事実により当然成立することとされており（最判昭37・4・27民集16巻7号1247頁）、仮に代理母が外国人であって、外国の裁判所において代理出産を依頼した日本人女性を法的な母であることを認める判決がある場合であっても、当該外国判決は民事訴訟法第118条3号（「判決の内容及び訴訟手続が日本における公の秩序又は善良の風俗に反しないこと」）を満たさないため、その効力は認められない（最判平19・3・23民集61巻2号619頁、戸籍誌968号92頁、984号54頁）。

　他方、父子関係については、代理母が未婚であるか、代理母の夫との関係で嫡出推定が排除されたものと解することができる場合には、認知の成立が認められる余地があるものと考えられる（戸籍誌927号101頁、939号26頁参照）。

7 認知届関係

▌認知 (にんち)

　嫡出でない子と、その血縁上の父との間の親子関係の成立については、父が自己の子であることを承認することによって、初めて父と子との間に法律上の父子関係を発生させるとするのが認知制度である。我が国は認知の法制をとっているが、認知には、父が自らの意思表示で、自分の子として認める任意認知（民779条）と子の側から裁判所に認知の訴えをして、その裁判の確定によって父子関係が成立する強制認知（民787条）とがある。

　任意認知には、届出により効力を生ずるもの（民781条1項、戸60条）と、遺言によって効力を生ずるもの（民781条2項、戸64条）とがある。

　また、父が任意に認知をしない場合には、子、その直系卑属又はこれらの法定代理人が、裁判所に対し認知の訴えを提起し（民787条）、その裁判の確定によって父子関係が認められたときは、父の意思にかかわらず認知の効力が生じる。これを強制認知又は裁判認知と称するが、この強制認知には、父が生存中にする生前認知（同条本文）と、父の死亡後にする死後認知（同条ただし書）がある。

　我が国は、前記のとおり認知制度をとっているが、嫡出でない子とその母との母子関係については、原則として、母の認知を待つまでもなく、分娩の事実によって明白であるから、子の出生により当然に発生するものとし（最判昭37・4・27民集16巻7号1247頁）、事実主義の立場をとっている。

　なお、事実主義とは、親子関係の成立について、父又は母が自己の子であるということを承認（認知）するまでもなく、その間に血縁関係が客観的に存在すれば、法律上も親子関係を認めようとする法制のことである（「認知主義と事実主義」の項参照）。

任意認知 (にんいにんち)

　任意認知とは、血縁上の父が自らの意思によって嫡出でない子を自己の子として認める行為をいう（民779条）。認知による親子関係の成立は、出生の時に遡ってその効力が生ずる（民784条）。

　任意認知には、届出により効力を生ずる生前認知（民781条1項）と遺言により効力を生ずる遺言認知（同条2項）がある。遺言認知も届出を要するが、その届出は報告的届出である（戸64条）。また、生前認知及び遺言認知は、子の出生後の認知届（戸60条1号）、胎児に対する認知届（戸61条）、死亡した子に対する認知届（戸60条2号）の3種に区別される。

　任意認知の成立要件として、以下のものが挙げられる。

1　実質的要件
　(1)　認知者が真実の父であること（民779条）
　(2)　認知者に認知の意思があること（民781条）
　(3)　認知される子は、他人が認知していない嫡出でない子であること（民779条）
　(4)　認知される子が成年者であるときは、その者の承諾があること（民782条）
　(5)　死亡した子を認知するには、その子に直系卑属があること及びその直系卑属が成年者であるときは、その者の承諾があること（民783条2項）
　(6)　胎児を認知するには、母の承諾があること（同条1項）

2　形式的要件
　任意認知は、戸籍法の定めるところにより市区町村長に届け出ることを要する（民781条、戸60条、61条）が、その届出とは、認知届の形式によるのが原則である。しかし、例外的に認知によって嫡出子となるべき者（民789条2項）について、父からの嫡出子出生の届出がされたときは、その届出は認知の届出の効力を有するとされている（戸62条。「認知の届出の効力を有する出生届」の項の項参照）。

　なお、認知によって父子関係が成立した場合に、子が父の氏を称し父の戸籍に入籍するには、家庭裁判所の許可を得て入籍の届出をしなければならな

い（民791条1項・3項、戸98条1項）。

強制（裁判）認知 （きょうせい（さいばん）にんち）

　血縁上の父が自らの意思で嫡出でない子を認知しない場合は、子、その直系卑属又はこれらの法定代理人が、子の血縁上の父を相手方として認知の訴えを提起し、その裁判の確定によって親子関係を確定させることができる（民787条）。これを強制認知又は裁判認知という。認知の裁判が確定したときは、出生の時に遡って当事者間に法的な父子関係が発生する（民784条）。

　認知の訴えは、父の生存中はいつでもできるが、父が死亡した後は死亡の日から3年以内に限って検察官を被告として提起することができる（民787条ただし書、人訴42条1項）。生存する父を相手に認知の訴えを提起するには、まず家庭裁判所に調停の申立てをしなければならない（家事257条。「調停前置主義」の項参照）。

　調停の申立人又は訴えを提起した者は、裁判確定の日から10日以内に審判又は判決の謄本及び確定証明書を添えて、届出人の所在地又は事件本人である認知する父又は認知される子の本籍地の市区町村長に認知の届出をしなければならない（戸63条1項）。訴えを提起した者が上記期間内に届出をしないときは、その相手方も届出をすることができる（同条2項）。

遺言認知 （いごんにんち）

　嫡出でない子を血縁上の父が遺言の方式によって認知することを遺言認知という（民781条2項）。遺言認知も任意認知の一方式である。遺言認知は、父が生存中に認知することができない事情がある場合、例えば、父の死後に相続権を与える等のためにすることが多い。この認知は遺言に関する要件及び方式（民960条以下）に従ってされることを要するほか、認知に関する要件（民779条ほか。「任意認知」の項参照）を備えていなければならない。

　遺言認知の効力は、遺言者である父の死亡の時に生じる（民985条1項）。その効力が生じたときは、遺言執行者は、その就職の日から10日以内に、認知

に関する遺言書の謄本を添付して、任意認知又は胎児認知の届出に関する規定に従い、届出人である遺言執行者の所在地又は事件本人（認知する父又は認知される子）の本籍地の市区町村長に届出をしなければならない（戸64条）。

　遺言認知の届出は、既に遺言によって生じた認知の効力を届け出るものであるから、報告的届出である。

▍胎児認知（たいじにんち）

　母の胎内にある子を、血縁上の父が子の出生前に、母の承諾を得て認知することができる。これを胎児認知という（民783条1項）。胎児認知も任意認知の一方式であり、戸籍の届出によって成立する（民781条1項、戸61条）。また、遺言によっても成立する（民781条2項）。

　胎児に対する認知は、子の出生後では任意認知が期待できないとき、又は出生と同時に父子関係を確定する必要がある場合に実益がある。例えば、父に死亡の危険が迫っている場合又はそのおそれがある場合のように、子の出生を待っていると任意認知をすることが不可能となるおそれがある場合、あるいは、外国人女が出生する子が嫡出でない子となる場合において、日本人男が認知することにより、出生と同時に日本国籍を取得させたい場合（国2条1号）などがある。

　胎児認知の届出は、母の本籍地の市区町村長にしなければならない（戸61条）。母が外国人の場合は、母の所在地の市区町村長に届出することになるが、母が外国に所在する場合の届出地については、戸籍法第25条が適用される（戸籍誌488号68頁）。この場合には、届書の謄本を日本人男の本籍地の市区町村長に送付することになる（昭29・3・6民事甲509号回答）。胎児認知に関する戸籍の記載は、子の出生の届出がされたときに、これと併せてされる。

　なお、外国人女の胎児を日本人男が認知する届出がされた場合において、外国人女が婚姻中であって、当該胎児が出生した際には明らかに嫡出子の推定が及ぶというときは、当該胎児認知届出は、一旦これを受付した後、不受理処分をすることになる。その後胎児が出生した後に、その子について嫡出の推定を排除する裁判が確定し、その裁判の謄本及び確定証明書を先に不受

理処分とした胎児認知の届書に添付して受理の申出が届出人からされたときは、市区町村長は先の不受理処分を撤回し、胎児認知届をした日をもって受理する取扱いになる（戸籍誌642号84頁、653号72頁、658号73頁、693号69頁参照）。

　なお、胎児には認知請求権はないことから、胎児認知の判決や、胎児を認知する旨の合意に相当する審判をすることはできない（昭25・1・7民事甲22号回答）。

■ 認知準正（にんちじゅんせい）

　嫡出でない子の血縁上の父母が婚姻した後に、その父が、嫡出でない子を認知すれば、その子は嫡出子たる身分を取得する。これを認知準正という（民789条2項）。

　認知準正の効果が発生する時期は、条文上は、「認知の時から」と明示されているが、この規定を文字どおり解すると、母の死亡後に父が任意認知した場合、又は父の死亡後に強制認知（裁判認知）があった場合には、父又は母の死亡時には嫡出子たる身分を取得していないという不整合が生じる。そこで、認知準正の場合にも婚姻準正（民789条1項）と同じく、「婚姻の時から」準正の効果が生ずるものと解すべきであるとしている（我妻榮「親族法」252頁、中川善之助ほか編「新版注釈民法23(3)(1)」585頁以下）。戸籍先例も同様に、婚姻成立のときから生ずるものと解している（昭42・3・8民事甲373号回答）。

　認知準正による戸籍の記載については、従来、準正嫡出子は父母の氏を称し、原則として直ちに父母の戸籍に入る取扱いであった（昭35・12・16民事甲3091号通達）。しかし、昭和62年法律第101号により民法の一部が改正され、同法第791条が改正され、同条第2項が新設されたことに伴い、従前の取扱いを改め、準正嫡出子は、当然には父母の氏を称しないものとされた。当該子が父母の氏を称し、父母の戸籍に入籍しようとする場合には、父母が婚姻中のときは家庭裁判所の許可を得ないで、戸籍法第98条に規定する入籍の届出によることになる（昭62・10・1民二5000号通達第5の3）。

┃ 認知の無効 （にんちのむこう）

　令和4年法律102号による改正民法の施行（令6・4・1）前においては、事実に反する認知、すなわち血縁関係がない者による認知は無効とされ、子その他の利害関係人が無効を主張することができることとされていた（令和4年改正前民786条）。

　この規定については、主張権者が広範で、無効主張の期間制限もないことから、子の身分関係がいつまでも安定せず、嫡出否認の訴えについて厳格な制限が設けられていることとの均衡を欠くとの問題点が指摘されていた。

　そこで、令和4年改正民法においては、認知された子の身分関係の安定を図るため、無効を主張することができる主張権者の範囲を、子、子の法定代理人、認知をした者、子の母に限定するとともに、これらの主張権者は、認知の時あるいは認知を知った時から7年間が経過した後は、認知の効力を争うことができないこととされた（令和4年改正後民786条）。

　もっとも、日本国民である父により認知された子の日本国籍の取得の可否は、公法における認知の効力の問題として、別途考慮する必要があるところ、我が国の国籍を取得することを目的とする虚偽の認知が行われることがあってはならないことを踏まえ、令和4年改正法による改正後の国籍法においては、認知による国籍の取得に関する規定は、認知について反対の事実があるときは適用しないこととして、虚偽の認知がされた場合には国籍の取得は認められないとの従前からの取扱いは変更されないこととされている（令和4年改正後国3条3項）。

　認知無効の裁判が確定した場合は、調停の申立人（家事257条、「調停前置主義」の項参照）又は訴えを提起した者は、裁判確定の日から1か月以内に裁判の謄本及び確定証明書を添付して届出人の所在地又は事件本人（認知する父又は認知される子）の本籍地の市区町村長に戸籍の訂正の申請をしなければならない（戸116条1項）。なお、訴えを提起した者が上記期間内にその申請をしないときは、訴えの相手方からもその申請をすることができる（戸117条、63条2項）。

▌ 認知の取消し（にんちのとりけし）

　認知の取消しについては、民法上に規定はないが、人事訴訟法第2条第2号には認知の取消しの訴えが規定されている。民法は「認知をした父又は母は、その認知を取り消すことができない。」（民785条）と規定しているが、従来からの通説は、その趣旨は、撤回することができないとする趣旨と解し、詐欺・強迫によって認知した者は、瑕疵ある意思表示としてこれを取り消すことができると解していた。しかし、認知が詐欺・強迫によってされた場合に取り消すことができるとしたとしても、血縁上の親子関係が存在する以上、それが取り消された場合、いずれまた認知の訴えによって認知の効力を生ずることになるから、認知の取消しは認めるべきではないとし、もし、認知はされているが事実上の親子関係がない場合は、認知無効の問題であるとするのが近時の通説とされる。この通説によれば、認知の取消しは全くあり得ないという考え方と、認知について一定の者の承諾を要する場合、例えば成年者の認知におけるその者の承諾（民782条）、胎児認知における胎児の母の承諾（民783条1項）、死亡した子の認知におけるその子の直系卑属で成年者のときの承諾（同条2項）については、その承諾を欠く認知の届出が誤って受理されたときは、承諾権者が取り消すことができるとする考え方に分かれる（二宮周平編「新注釈民法(17)(1)」625頁以下）。

　認知取消しの判決が確定したときは、申立人は、判決確定の日から1か月以内に、判決の謄本及び確定証明書を添付して戸籍訂正を申請しなければならない（戸116条）。申立人が訂正申請しない場合には、相手方も申請することができる（戸117条、63条2項）。

▌ 認知主義と事実主義（にんちしゅぎとじじつしゅぎ）

　嫡出でない子と血縁上の父との親子関係について、父が自己の子であることを承認する意思を表明して親子関係を成立させるのが認知制度であり、これを認知主義という。これに対して、親子関係は、自己の子であることを承認する意思を表明するまでもなく、血縁関係が客観的に存在すれば、法律上

も親子関係を認めるとするのが事実主義である。

　我が国は認知主義の法制をとっているが、母子関係については分娩の事実によって当然に発生するから、認知は要しないとされ（最判昭37・4・27民集16巻7号1247頁）、事実主義がとられている。事実主義の法制をとる国としては、中国、フィリピン、ニュージーランド等がある。事実主義の法制の下では、日本の任意認知のように認知の届出という積極的な意思表示は要しないが、父の承認や裁判所等の公的機関の承認等が必要とされる場合が多いとされている。

8

養子縁組届関係

養子縁組 (ようしえんぐみ)

養子縁組は、嫡出親子関係にない両当事者の間に、嫡出親子と同一の法律関係を創設することを目的として行われるものである（民727条、809条）。養子縁組は、戸籍法の定める届出によって成立する（民799条、739条）。

養子縁組の成立に関する実質的要件は、以下のとおりである。

(1) 当事者間に縁組をする意思の合致があること（民802条1号）。

(2) 養親となるべき者は、20歳以上であること（民792条）。

(3) 養子となる者は、養親の嫡出子又は養子でないこと（昭23・1・13民事甲17号通達）。

(4) 養子が養親の尊属又は年長者でないこと（民793条）。

(5) 後見人が被後見人（未成年被後見人及び成年被後見人をいう。）を養子とするときは、家庭裁判所の許可を要すること（民794条）。

(6) 配偶者のある者が、未成年者を養子とするには、配偶者とともに縁組をすること。ただし、配偶者の嫡出子を養子とする場合又は配偶者が意思を表示することができないときは、単独で縁組できる（民795条）。

(7) 配偶者のある者が縁組をするには、その配偶者の同意を得て縁組をすること。ただし、配偶者と共同で縁組する場合又は配偶者が意思を表示することができないときは、同意は不要である（民796条）。

(8) 15歳未満の子が養子となるときは、その法定代理人が代わって縁組の承諾をすること（民797条1項）。なお、この場合、養子となる者の父母で、その者の監護をすべき者が他にあるときは、その同意を要する（同条2項）。

(9) 未成年者を養子とするときは、家庭裁判所の許可を要すること。ただ

し、自己又は配偶者の直系卑属を養子とする場合は、許可を要しない（民798条）。形式的要件としては、戸籍法の定める届出をし、これが市区町村長に受理されることが必要であり、これによって縁組は成立する（民799条、739条、797条、戸66条、68条）。

養子縁組が有効に成立した場合における戸籍の変動は、以下のとおりである。

(1) 養子は、原則として、養親の氏を称し（民810条）、養親の戸籍に入籍する（戸18条3項）。

(2) 養親が戸籍の筆頭者及びその配偶者でないときは、養親について新戸籍を編製し、養子は原則としてその新戸籍に入籍する（戸17条）。

(3) 夫婦で養子となる場合には、養子夫婦は養親の戸籍には入籍せず、養子夫婦につき養親の氏で新戸籍を編製する（戸20条）。

(4) 夫婦の一方のみが養子となる場合において、その者が自己の氏を称して婚姻した者であるときは、養親の氏を称してその者につき新戸籍を編製し、縁組当事者でない配偶者は、その者に従ってその新戸籍に入籍する（戸20条）。

なお、養子となる者が婚姻によって氏を改めた者であるときは、その者について、婚姻中は婚姻の際に定めた氏を称することになることから、養親の氏を称しない（民810条ただし書）。したがって、その場合には戸籍の異動はなく、その者の身分事項欄に縁組事項が記載されるにとどまる。

▌ 夫婦共同縁組 （ふうふきょうどうえんぐみ）

配偶者のある者が未成年者を養子とする場合には、配偶者とともに縁組をしなければならない（民795条本文）。ただし、配偶者の嫡出である子を養子とする場合（いわゆる連れ子養子）又は配偶者がその意思を表示することができない場合には、単独で縁組をすることができることとされる（同条ただし書）。

この規定に関して、昭和62年法律第101号による改正（昭63・1・1施行）前は、配偶者のある者は、養子となる場合であっても養親となる場合であっても、その配偶者とともにしなければ、養子縁組をすることができないものと

されていた（改正前民795条本文）。

　夫婦共同縁組に違反した縁組の効力については、一定の事情のある場合に限り有効とするのが判例である（最判昭48・4・12民集27巻3号500頁）。戸籍実務の取扱いでは、夫婦共同縁組の実体があるにもかかわらず届書に夫婦の一方の記載を遺漏したことを理由とする追完届が認められている（昭30・4・15民事甲710号回答、昭44・8・25民事甲1723号回答）が、追完届がない場合には、戸籍の記載はそのままとする取扱いである（昭37・2・21民事甲349号回答、昭39・10・30民事甲3560号回答）。

▌代諾縁組（だいだくえんぐみ）

　養子となる者が15歳未満であるときは、その法定代理人が本人に代わって養子縁組の承諾をすることができる（民797条1項）。この養子縁組を代諾縁組という。

　この場合の法定代理人は、親権者である父母（民818条、819条）であるが、親権者がない場合は後見人である（民838条1号）。また、親権者である父又は母は、たとえ財産上の管理権を有しないときでも、縁組は子の身上に関する行為であるから、代諾する権利を有する（昭28・11・24民事甲2207号回答）。

　次に、特殊な場合における代諾権者を列挙する。

⑴　父母共同親権の場合において、父母の一方が所在不明その他の事由によって意思表示ができないときは、他の一方が単独で代諾する（民818条3項ただし書、昭23・11・12民事甲3579号回答）。

⑵　15歳未満の子の母が未成年であるときは、その親権代行者である母の親権者、又は未成年後見人が代諾する（民833条、867条1項）。

⑶　親権者である父又は母が、その親権に服する自己の嫡出でない子を養子とするには、利益相反行為として特別代理人を選任し（民826条、家事39条別表第一65項）、その者が代諾する。ただし、自己の15歳未満の嫡出でない子を配偶者とともに養子とする縁組の場合に限って、民法第795条の趣旨に照らし、特別代理人の選任をすることなく親権者が代わって届出ができる（昭63・9・17民二5165号通達）。

⑷　後見人が15歳未満の被後見人を養子とするときは、後見監督人があれ
　　ば、その者が代諾し（民851条4号）、これがないときには、特別代理人を
　　選任し（民860条、826条）、その者が代諾者になる。

　なお、代諾縁組の場合に、その法定代理人のほかに監護者である父又は母
（養父母を含む。）が他にあるときは、その代諾をするについて監護者の同意を
得ることを要する（民797条2項前段）。例えば、父母離婚後に親権者（父）と
監護者（母）とを異にする子（民766条）が養子となる場合、子が15歳未満で
あれば、代諾は親権者（父）がするが、その際に監護者（母）の同意も要す
る。この場合は、届書の「監護すべき者の有無」欄の記載によって、監護者
の有無を審査するものとされている。なお、同意を要する監護者がある場合
には、届書にその同意書を添付するか、又は届書の「その他」欄に同意する
旨を付記し、署名をすることでも差し支えないとされている（昭62・10・1民
二5000号通達第1の2）。

　また、代諾縁組については、縁組後に代諾権を有しない者の代諾によって
養子縁組の届出がされていることが判明した場合、その縁組の効力が問題に
なる。例えば、他人夫婦の子として虚偽の出生の届出がされ、その父母の代
諾により子が他の者の養子になった後、戸籍上の父母と子の間に親子関係不
存在確認の裁判が確定した場合、従前はその裁判に基づく戸籍訂正申請に
よって、当該養子縁組も当然に無効として訂正する取扱いであった（昭12・
5・17民事甲587号回答、昭24・9・5民事甲1942号回答）。しかし、その後最高裁判
所において、当該縁組は、民法総則の無権代理の追認に関する規定及び取り
消し得べき縁組についての追認に関する規定の趣旨を類推適用し、養子が15
歳に達した後、自ら養親に対し追認の意思表示をしていると認められるとき
は、縁組届出の当初に遡って有効である旨の判決がされた（最判昭27・10・3
民集6巻9号753頁）。

　戸籍実務の取扱いも、上記判決の趣旨に沿って、養子縁組の記載について
は、これを無効とする裁判に基づく戸籍訂正申請がない限りそのままとする
こととされた（昭30・8・1民事甲1602号通達）。

▌縁組における監護者の同意（えんぐみにおけるかんごしゃのどうい）

　養子となる者が15歳未満で、その法定代理人が本人に代わって縁組の承諾をする場合に、養子となる者の父母でその監護をすべき者が他にあるときは、その者の同意を得なければならないとされている（民797条2項）。

　例えば、父母離婚後に親権者（父）と監護者（母）とを異にする子が養子になる場合は、子が15歳未満であれば、代諾は親権者である父がするが、監護者である母の同意をも要することになる。なお、監護者が父母以外の者であるときは、同意は要しない。また、養子が15歳以上で、自ら縁組の届出をする場合も、当然、同意は要しない。

　監護者の同意を要するとされたのは、父母の一方が親権者で他の一方が監護者である場合において、親権者の代諾によって子が養子縁組をすると、縁組により養親が親権者として子を監護すべきこととなり（民818条2項、820条）、従来の監護者はその地位を失うことになる。その場合には、従来の監護者も縁組につき発言権を与え、親権者のみの意思で子の監護に関する父母の合意が変更されるのを防止するのが妥当であるとの考慮がされたものである。

　監護者の同意は、縁組の届出に際し、同意書を添付してすることになるが、戸籍の実務上は、届書の「その他」欄に同意の旨を付記して署名する方法でも差し支えないとされている（昭62・10・1民二5000号通達第1の2）。

　監護者の同意のない縁組は、同意をしていない者から、その取消しを裁判所に請求することができるが、その者が追認したとき、又は養子が15歳に達した後6か月を経過したとき、若しくは養子が追認したときは、もはやこの請求はできない（民806条の3第1項）。

▌縁組における配偶者の同意（えんぐみにおけるはいぐうしゃのどうい）

　配偶者のある者が、単独で縁組する場合には、配偶者の同意を得なければならない。ただし、配偶者とともに共同縁組する場合又は配偶者が行方不明などでその意思を表示することができない場合は、同意を要しない（民796

条)。

　昭和62年法律第101号による改正（昭63・1・1施行）前は、配偶者のある者
は、養親となる場合も養子となる場合も、配偶者とともにしなければ養子縁
組をすることができないものとされていた（改正前民795条）が、この改正に
よって、夫婦共同縁組は、未成年者を養子とする場合に限ることとされた
（改正後民795条本文）。これにより、単独で縁組をする場合においては配偶者
の同意を得ることとされた。これは、夫婦の一方が縁組すると、相続、扶養
等に関して配偶者の法的地位に影響を及ぼすこと、夫婦の氏に変更をもたら
す場合もあることから、配偶者の利益を保護する必要があるためである。

　縁組は、戸籍の届出により成立するので、単独縁組の場合の配偶者の同意
は、届出の際に同意書を添付しなければならないが、戸籍の実務上はこの書
面に代えて、届書の「その他」欄に同意の旨を付記して署名する方法でも差
し支えないとされている（昭62・10・1民二5000号通達第1の1(1)ア)。

　配偶者の同意のない縁組は、同意をしていない者から、縁組を知った後6
か月以内に、その取消しを裁判所に請求することができるが、その者が縁組
を知った後6か月を経過し、又は追認をしたときは、もはやこの請求はでき
ない（民806条の2第1項)。

特別養子縁組 （とくべつようしえんぐみ）

　特別養子縁組とは、縁組によって養子となった者が、実方の血族との親族
関係が終了することになる縁組をいう（民817条の2、817条の9）。この特別養
子縁組の制度は、昭和62年法律第101号による民法改正（昭63・1・1施行）に
より新設されたものである。

　特別養子縁組は、父母による養子となる者の監護が著しく困難又は不適当
であること、その他特別の事情がある場合において、子の利益のため特に必
要があるとき（民817条の7）に、養親となる者の請求により、家庭裁判所に
おいて成立させるものである（民817条の2)。

　特別養子縁組が成立するための要件は、(1)養親となる者は、配偶者のある
者であること（民817条の3）、(2)養親の年齢が25歳に達していること（民817条

の4）、(3)養子となる者の年齢が15歳に達していないこと（民817条の5）、(4)父母の同意があること（民817条の6）等である（もっとも例外がある。）。

　特別養子縁組による戸籍上の取扱いは、普通養子と異なる。すなわち、特別養子縁組の届出がされると、原則として実親の本籍地に、養親の氏で特別養子を筆頭者とする単独戸籍が編製される（戸20条の3、30条3項）。特別養子は、この戸籍から養親の戸籍に入籍し（戸18条3項）、単独戸籍は除籍される。また、養親の戸籍においては、特別養子の父母欄には、実父母の氏名は記載されず、養父母の氏名のみが記載され、養父母欄及び養父母との続柄欄は設けられない。そして、父母との続柄欄には、実子と同様に、長男、二男と同様に記載される。さらに、縁組事項は、養親の身分事項欄には記載されず、特別養子の身分事項欄のみに記載される。

　戸籍において、このように取り扱う理由は、養親のみが法律上の父母であることを明らかにし、養親子の心理的安定に資するためである。また、戸籍の記載を手掛かりにして、第三者が養親子関係に介入したり、不用意に養子が養子であることを知ることを防止するためであるとされている。

　なお、特別養子縁組によって、養子になった者と実方の血族との親族関係は終了する（民817条の9）ことから、実方との相続関係は生じないことになる。

■ 転縁組（てんえんぐみ）

　養子は、現在の縁組を継続したまま更に他の者の養子となる縁組をすることができる。この縁組を転縁組と称する。

　例えば、Aの養子甲が、Aと養子離縁をしないままB、C夫婦の養子になり、更にDの養子になるような場合、あるいは、Eの養子乙が、E死亡後、Eとの死後離縁をしないままFの養子となるような場合である。

　このように、数次にわたって縁組している養子は、数人の養父（母）がいることになる。前記の事例の場合では、甲には、A、B、C、Dの4人の養親がいることになり、また、乙にはEとFの養親がいることになる。転縁組の場合、養父母の氏名及び養父母との続柄を戸籍に記載するときは、最後の

養父（母）についてだけ記載すれば足りるので、養親全部について養父母欄及び養父母との続柄欄を設ける必要はない。ただし、身分事項欄には、継続している養子縁組事項は全て記載することになる（戸規39条1項3号）。

　なお、転縁組の場合は、従前の縁組を解消しない限り縁組は継続することになるので、第一の養方をはじめ数次の転縁組における縁組先の相続関係は、それぞれ生じることになる。もちろん、実方についての相続関係も生じることになる。

養方と実方（ようかたとじつかた）

　養子は、縁組の日から、養親の嫡出子たる身分を取得し（民809条）、養親の血族との間にも法定血族関係を生じる（民727条）。他方、養子は、縁組によって実親及び実親を通じての親族関係から離脱するものではないから、その自然血族関係もそのまま継続する（特別養子縁組を除く。）。この場合、縁組によって生じた法定血族関係を養方の親族と呼び、実親を通じての自然血族関係を実方の親族と呼ぶ（民806条、807条）。また、養子は原則として養親の氏を称し（民810条）、養親の戸籍に入る（戸18条3項）が、この戸籍を養方戸籍と呼び、縁組前に在籍していた実親の戸籍を実方戸籍と呼ぶ場合がある。

　なお、特別養子縁組においては、縁組によって養子と実方の父母及びその血族との親族関係は終了する（民817条の9本文）。したがって、実方との相続関係は生じないので、相続に関する規定の適用はない。

養子縁組の無効（ようしえんぐみのむこう）

　養子縁組は、人違いその他の事由によって当事者間に縁組をする意思がないときは、無効とされる（民802条1号）。また、民法の規定では、当事者が縁組の届出をしないときも無効とされている（民802条2号）が、縁組の届出をしない場合は、無効というよりは、むしろ縁組の不成立と解される。

　縁組の意思がないとして無効になる例としては、(1)当事者が知らない間に第三者が虚偽の届出をした場合。この場合は、人違いではないが、当事者の

意思を欠くものとして無効である。また、当事者の一方（養親又は養子）のみが恣意的に縁組の届出をした場合。この場合も、当事者間の縁組意思を欠くものとして無効である。(2)縁組意思とは、当事者間に親子関係を創設しようとする意思であるから、何らかの方便又は仮装のための縁組は真の縁組意思によるものとはいえないので無効である。これに関し、氏を変更することを目的として縁組意思のない届出がされる事案が頻繁に発生していた状況を踏まえ、一定の類型に該当する縁組の届出については、その縁組意思の真正が疑われることから、その受理の可否について管轄法務局に受理照会をすることとしている（平22・12・27民一3200号通達、同日民一3201号依命通知）。

　なお、未成年者を養子とする場合の夫婦共同縁組に違反する縁組及び代諾権のない者の代諾による縁組は、縁組意思を欠くものとして原則として無効である。ただし、前者については、例外として特段の事情がある場合には単独縁組として有効とされる場合がある（最判昭48・4・12民集27巻3号500頁）。また、後者については、養子自らの追認により有効となる場合がある（最判昭27・10・3民集6巻9号753頁、昭34・4・8民甲624号通達。「追認的追完届」の項参照）。

▌**養子縁組の取消し**（ようしえんぐみのとりけし）

　養子縁組（特別養子縁組を除く）の取消しとは、一旦有効に成立した縁組を、成立当時の瑕疵、すなわち縁組の要件を欠くことを理由に、将来に向かって消滅させることをいう。したがって、当初から縁組の効果が生じない縁組の無効とは異なる。

　縁組取消しの対象とされる事例には、(1)養親が20歳未満のとき（民804条）、(2)養子が養親の尊属又は年長者であるとき（民805条）、(3)後見人が被後見人を養子とする場合に、家庭裁判所の許可を得ていないとき（民806条）、(4)配偶者の同意がないとき（民806条の2第1項）、(5)詐欺又は強迫によって、配偶者としての同意をしたとき（民806条の2第2項）、(6)監護者の同意がないとき（民806条の3第1項）、(7)詐欺又は強迫によって、監護者としての同意をしたとき（民806条の3第2項）、(8)養子が未成年者である場合に、家庭裁判所の許可を得ていないとき（民807条）、(9)詐欺又は強迫により縁組をしたとき（民

808条1項、747条)などがある。

　縁組を取り消すためには、取消権者（民804条〜807条）が裁判所に取消しの請求をしなければならない（「調停前置主義」の項参照）。縁組取消しの裁判が確定したときは、届出義務者（調停申立人又は訴えの提起者）は、裁判確定の日から10日以内に、裁判の謄本及び確定証明書を添えて「養子縁組取消届」をしなければならない（戸69条、63条1項）。届出義務者が、その期間内に届出をしないときは、その相手方も届出をすることができる（戸69条、63条2項）。

　縁組の取消しによって法定親子関係は消滅し（民808条1項本文、748条）、養子は縁組前の氏に復することになる（民808条2項、816条）。

9

養子離縁届関係

養子離縁（ようしりえん）

養子離縁とは、有効に成立した養子縁組の効果（養親子関係と養親族関係）を将来に向かって終了させる行為である。

養子離縁には、当事者の合意に基づく協議離縁（民811条）と裁判所が関与する裁判離縁（民814条）とがある。裁判離縁については、調停離縁、審判離縁及び判決離縁の3種がある。また、そのほかには、当事者の一方が死亡した場合の離縁、すなわち養親又は養子が死亡した後に家庭裁判所の許可を得て生存当事者からする死後離縁（民811条6項）がある。

離縁によって、養子は養親の嫡出子たる身分を失い、その当然の効果として、養子と養親の血族との間の法定血族関係及びそれに基づく姻族関係も一切消滅する。縁組後に婚姻した養子の配偶者、同じく縁組後に生まれた養子の直系卑属及びその配偶者と養親及びその血族との間の親族関係も同様に消滅する（民729条）。

養子は、離縁によって縁組前の氏に復するが、養親の一方とのみ離縁した場合は、他の一方との縁組が継続しているので、復氏しない（民816条）。復氏する場合は、原則として縁組前の戸籍に復籍するが、その戸籍が全員除籍で除かれているとき、又は新戸籍編製を申出したときは、その者について新戸籍が編製される。（戸19条）。

なお、縁組の日から7年経過した後に離縁した場合に、縁組中の氏を称したい場合は、離縁後3か月以内に戸籍法第73条の2の届をすることにより、離縁の際に称していた氏を称することができる（民816条2項。「縁氏続称届」の項参照）。

特別養子縁組における離縁については、養子の利益のため特に必要がある

と認めるときに、家庭裁判所が離縁の審判をすることになる（「特別養子縁組の離縁」の項参照）。

協議離縁 （きょうぎりえん）

協議離縁は、養子縁組の当事者が、その合意に基づき縁組関係を解消することである（民811条１項）。

離縁の協議は、養子及び養親の当事者自身ですることになるが、養子が15歳未満であるときは、その者の意思能力の有無にかかわらず、一律に離縁後に法定代理人となるべき者（多くの場合、実父母）が、養子に代わって協議することになる（同条２項）。

養父母が婚姻中に未成年者と離縁する場合には、その縁組を配偶者双方がともにしたものであるか個別にしたものであるかに関係なく、夫婦が共にしなければならない（民811条の２本文）。もっとも、夫婦の一方が心神喪失、行方不明などの事由によってその意思表示をすることができないときは、他の一方が単独で離縁することができる（同条ただし書）。この場合は、意思表示をすることができなかった者との縁組は継続していることになるので、その者と離縁するときは、裁判離縁によるほかない。なお、縁組の当事者が成年者である場合は、養親側又は養子側のいずれが夫婦共同縁組であったとしても、夫婦は各別に離縁することができる。

協議離縁が有効に成立するためには、協議離縁の届出が戸籍事務管掌者である市区町村長によって受理されなければならない（民812条、739条、戸70条、71条）。

なお、協議離縁の効果については「養子離縁」の項を参照のこと。

裁判離縁 （さいばんりえん）

裁判離縁（特別養子離縁を除く。）とは、法定の離縁原因（民814条）がある場合に、当事者の訴えの提起により裁判所の関与の下にする離縁をいう。

離縁の訴えは人事訴訟法によることになるが、この場合は、まず、相手方

の住所地又は当事者の合意で定める地の家庭裁判所に調停を申し立てること
を要する（家事257条。「調停前置主義」の項参照）。調停が成立しない場合におい
て、家庭裁判所は相当と認めるときは、職権で調停に代わる離縁の審判をす
ることができるとされている（家事284条）。しかし、調停が成立せず、また、
調停に代わる審判もなされず、あるいは審判をしても異議の申立てにより効
力を失った場合には、離縁の訴えを提起することができ、離縁が相当とされ
る場合には、判決によって離縁することになる。

　このように裁判上の離縁には、調停離縁、審判離縁、判決離縁の３種があ
る。

　特別養子縁組の離縁は、審判による（家事39条別表第一64項）が、縁組の継
続により養子の利益が著しく害されるなど所定の事由がある場合に限り、養
子、実父母又は検察官のみの請求により、家庭裁判所が審判によって離縁さ
せることができることとされており（民817条の10）、養親から離縁の審判を申
し立てることはできない（「特別養子縁組の離縁」の項参照）。

▌調停離縁（ちょうていりえん）

　調停離縁とは、家庭裁判所の調停によってなされる養子離縁（特別養子離縁
を除く。）である。離縁について当事者間で協議しようとしてもその協議が調
わないときは、協議離縁をすることができないことになる。その場合には、
家庭裁判所に調停離縁の申立てをすることになる（家事257条。「調停前置主義」
の項参照）。

　家庭裁判所の調停において当事者間に合意が成立し、これが調停調書に記
載されたときは、調停が成立したものとされ、その記載は確定判決と同一の
効力を生じる（家事268条１項）。なお、家庭裁判所は離縁の調停が成立しない
場合であっても、当事者の申立ての趣旨に反しない限度で離縁の審判をする
ことができる（家事284条１項）。

　離縁の調停が成立したときは、調停申立人は成立の日から10日以内に調停
調書の謄本を添付して離縁の届出をしなければならない。もし、その者が10
日以内に届出をしないときは、相手方も届出ができる（戸73条、63条）。

縁組当事者の一方死亡後の離縁
（えんぐみとうじしゃのいっぽうしぼうごのりえん）

　縁組当事者の一方（養親又は養子）が死亡後に、生存当事者が死亡した者と離縁をするには、家庭裁判所の許可を得て、養子離縁の届出をしなければならない（民811条6項、戸72条）。これを縁組当事者の一方死亡後の離縁という。また、単独離縁、死後離縁ともいう。

　この縁組当事者の一方が死亡した後の離縁については、昭和62年法律第101号による改正（昭63・1・1施行）前の民法においては、養親が死亡した場合にのみ、家庭裁判所の許可を得て、養子だけが離縁の届出をすることができるとされていた（改正前民811条6項、戸72条）が、改正後においては、養子が死亡した場合にも家庭裁判所の許可を得て、養親が離縁の届出をすることができることとされた（改正後民811条6項、戸72条）。

　縁組当事者の一方死亡後の離縁届は、創設的届出であり、その届出意思を確実に担保するため、離縁許可があっても成年の証人2人以上の署名を要し、届書の添付書類として、家庭裁判所の許可審判の謄本と確定証明書を要する（戸38条2項）。

　この場合の家庭裁判所への許可申立て及び離縁の届出人は、生存当事者の一方であり、養子が15歳未満の場合は、養子の現在の法定代理人が養子に代わって許可の申立て及び離縁の届出人となる（昭37・9・13民事二発396号依命通知）。

　生存養子がこの死後離縁の届出をした場合の復氏については、養子が死亡した養父母双方と離縁した場合、又は死亡養親との離縁と生存養親との離縁を同時にする場合は復氏する。これに対し、養親の一方のみとの離縁である場合は復氏しない（民816条1項、昭62・10・1民二5000号通達第2の3）。また、生存養親が死亡養子との離縁の届出をした場合の養子の復氏については、死後に氏が変動する余地はないことから、死亡養子が離縁によって復氏することはないので、戸籍の変動は生じない。なお、死後離縁についての戸籍の記載は、生存当事者である養親又は養子の戸籍にすれば足りるとされている（昭24・4・21民事甲925号回答、戸籍誌526号44頁参照）。さらには、養子夫婦の一

方死亡後に、養親が死亡養子と死後離縁し、同時に生存養子と協議離縁する場合、あるいは、養父母の一方死亡後に、養子が死亡養親と死後離縁し、同時に生存養親と協議離縁する場合は、生存する当事者の戸籍に双方と離縁した旨の記載がされる（昭37・11・29民事甲3439号回答）。

▌ 配偶者のある者の離縁 （はいぐうしゃのあるもののりえん）

1　養子が成年者の場合

養親が夫婦である場合において成年者である養子と離縁をするには、配偶者とともに養子をした場合であっても、養親夫婦が共同で離縁する必要はなく、夫婦の一方が単独で離縁することができる（民811条の2、昭62・10・1民二5000号通達第2の1(1)ア）。養子が夫婦である場合も、同様に、養子夫婦の一方のみで離縁することができる（前掲民二5000号通達第2の1(1)イ）。

2　養子が未成年者の場合

養親が夫婦である場合において、未成年者である養子と離縁するには、夫婦が共同で離縁しなければならない。ただし、夫婦の一方が心神喪失、行方不明等の事由によってその意思を表示することができないときは、他の一方が単独で離縁することができる（民811条の2ただし書、前掲民二5000号通達第2の1(2)イ）。この場合、意思を表示することができなかった一方との縁組は継続することになるので、その者と離縁するには裁判離縁をするほかない。なお、夫婦が離婚した後に未成年者の養子と離縁する場合は、個別に離縁することになる。

▌ 養子離縁の協議者 （ようしりえんのきょうぎしゃ）

協議離縁（特別養子離縁を除く。）は、当事者である養親と養子が自らするのが本則である（民811条1項）。未成年者であっても、15歳以上の者は親権者又は未成年後見人の同意を要しないで、自らの意思で協議離縁をすることができる。また、成年被後見人が意思能力を回復している場合についても同様である（民812条、738条、戸32条）。

　ただし、養子が15歳未満であるときは、その養子離縁は養親と養子の離縁後にその法定代理人となるべき者（多くの場合、実父母）との協議によってするものとされている（民811条2項）。法定代理人となるべき養子の実父母が離婚しているときは、その協議で、その一方を養子の離縁後にその親権者となるべき者と定めなければならない（同条3項）が、父母の間でその協議が調わない場合又は協議することができないときは、父若しくは母又は養親の請求によって、家庭裁判所が協議に代わる審判をすることになる（同条4項）。また、離縁後に法定代理人となるべき者がないときについても、養子の親族その他の利害関係人の請求によって、家庭裁判所が離縁後にその未成年後見人となるべき者を選任することになる（同条5項）。以上によって、養子の離縁後の法定代理人を定めた場合は、親権者指定届又は後見開始届を養子離縁届と同時にするか（昭37・6・29民事甲1837号回答）、又は養子離縁の届出後10日以内に届出をしなければならないとされている（昭37・6・29民事甲1839号回答）。

特別養子縁組の離縁 （とくべつようしえんぐみのりえん）

　特別養子縁組の離縁は、(1)養親による虐待、悪意の遺棄その他養子の利益を著しく害する事由があり、かつ、(2)実父母が相当の監護をすることができる場合において、(3)養子の利益のため特に必要があると認められるときに、養子、実父母又は検察官のみの請求により、家庭裁判所が審判によって当事者を離縁させることができるとされている（民817条の10第1項、家事39条別表第一64項）。それ以外の離縁の方法は認められない（民817条の10第2項）。

　特別養子縁組の離縁の申立ての管轄は、養親の住所地の家庭裁判所である（家事165条1項）。家庭裁判所は、特別養子縁組の離縁の審判をするに当たっては、養子（15歳以上のものに限る。）、養親、養子の実父母等の陳述を聴かなければならないとされている（家事165条3項）。

　特別養子縁組の離縁の審判が確定し、その効力が生じたときは、特別養子縁組の成立によって生じた親族関係は終了し、養子と実父母及びその血族との間においては、離縁の日から、特別養子縁組によって終了した親族関係と

同一の親族関係を生ずる（民817条の11）。したがって、離縁の日の前に開始した実方における相続関係には影響を及ぼさない。

　戸籍の届出は、離縁の請求をした養子又は実父母が裁判確定の日から10日以内に、その審判の謄本及び確定証明書を添付してしなければならない。その者がその期間にその届出をしないときは、その相手方もその届出ができる（戸73条、63条）。また、離縁の請求を検察官がしたときは、検察官は、審判が確定した後に、遅滞なく、戸籍記載の請求をしなければならない（戸73条2項、75条2項）。

　なお、離縁の審判が確定したときは、裁判所から本籍地の市区町村長に対し、その旨の通知がされる（家事規94条）。

▌養子離縁の無効（ようしりえんのむこう）

　養子離縁の無効について、民法には何ら規定はないが、無効になる場合とは、協議離縁の有効要件である当事者間に離縁意思を欠く場合、つまり、離縁の合意がないにもかかわらず離縁の届出が受理されている場合である。

　離縁意思を欠き無効とされる場合としては、(1)当事者の知らない間に他人が勝手に離縁の届出をしたときには、離縁をする意思がないものとして、離縁は無効である。また、(2)当事者間に届出意思はあるが、それが何らかの方便として離縁の届出をしたときも無効である。さらには、(3)離縁の届書類を作成したが、その届出が受理される前に、当事者の一方が離縁の意思を撤回したにもかかわらず、その後に届出が受理されているときも無効である。あるいは、(4)養子が15歳未満の場合は、離縁後の養子の法定代理人となるべき者が養子に代わって離縁の協議をすることになる（民811条2項）が、その者以外の代諾権のない者が離縁の協議をしたときも無効である。

　なお、正当な代諾権を有しない者から届け出た協議離縁について、後日追認による追完届があれば、当初から有効に離縁が成立したものとして取り扱う場合がある（昭31・10・17民事甲2354号回答、昭34・4・8民事甲624号通達。「追完届」、「追認的追完届」の各項参照）。

　養子離縁が無効である場合には、その無効を主張するについて利益を有す

る者は、離縁無効の訴えを提起することができる（人訴２条３号）。離縁無効
の裁判が確定したときは、裁判の謄本及び確定証明書を添付して戸籍訂正申
請（戸116条）により戸籍が訂正される。

養子離縁の取消し（ようしりえんのとりけし）

　詐欺又は強迫によって養子離縁をした者は、これを取り消すことができる
（民812条、747条）。ただし、当事者が詐欺を発見し又は強迫を免れた時から６
か月を経過するか若しくは追認したときは、その取消権は消滅する（民812
条、747条）。

　離縁の取消しの訴えは、人事訴訟法によることになる（同法２条３号）が、
この場合は、まず、家庭裁判所に調停の申立てをし、合意に相当する審判を
求めるか、又はそれができないときは、人事訴訟法による判決を求めること
になる（家事257条。「調停前置主義」の項参照）。

　離縁の取消しの裁判が確定するまでは、離縁は有効なものとして取り扱わ
れるが、取消しの裁判が確定すると、初めから離縁の効力は生じなかったこ
とになり、縁組関係が継続していたことになる。

　離縁の取消しの裁判が確定した場合は、離縁の取消しを請求した者（調停
申立人又は訴えの提起者）が、取消しの裁判が確定した日から10日以内に、裁
判の謄本及び確定証明書を添えて「離縁取消届」をしなければならない（戸
73条、63条）。この場合、取消しを請求した者が届出をしないときは、その相
手方も届出ができる。この届出によって、養子は離縁当時の戸籍に入籍す
る。

10 婚姻届関係

▌婚姻（こんいん）

　婚姻は、男女の合意に基づく、終生の共同生活を目的とする両性の結合である。婚姻の成立は、戸籍事務管掌者である市区町村長が戸籍法の規定に基づく届出を受理することによって成立する（民739条、戸74条）。したがって、結婚式を挙げ、夫婦として共同生活を営んでいたとしても、婚姻の届出をしない限り、法律上の夫婦と認められない。

　なお、外国において、日本人同士又は日本人と外国人の婚姻を外国の方式によって成立させることもできる（通則24条2項）。その場合は、その成立を証する証書の謄本を提出することによって、戸籍に婚姻の記載がされる（戸41条）。また、日本人同士の場合は、その国に駐在する日本の大使、公使又は領事に婚姻の届出をすることができる（民741条、戸40条）〔注〕。

　市区町村長に届出する婚姻届は、当事者の合意を証するため届書に当事者及び成年の証人2名が署名するとともに、婚姻の実質的成立要件を備えていること、すなわち婚姻適齢に達していること（民731条）、重婚でないこと（民732条）、近親婚でないこと（民734条～736条）などを、届書の記載等によって明らかにして届出しなければならない（民740条）。

　夫婦は、婚姻の際に定めるところに従い、夫又は妻の氏を称し（民750条。日本人と外国人の婚姻には、同条は適用されない。昭42・3・27民事甲365号回答）、原則として夫婦について新戸籍が編製される（戸16条）。

　婚姻の効果として、父の認知した子は父母の婚姻により嫡出子の身分を取得する（民789条1項。「婚姻準正」の項参照）。

　〔注〕外国の方式によって成立した日本人同士又は日本人と外国人の婚姻については、上記に述べた手続によるほか、本籍地の市区町村長へ郵送による届出

も認められる（通則24条3項本文、戸47条、平元・10・2民二3900号通達第一の1の(2)）。

▌ 婚姻適齢（こんいんてきれい）

　婚姻は、男と女の合意により法律上の夫婦関係を創設することであるが、婚姻によってつくられる家庭は、社会の最も基礎的な単位をなしていることから、その社会的意義は大きい。そのため、我が国の民法は婚姻をしようとする者に対し、それらの意義を認識できる年齢になるまで、婚姻を制限している。すなわち、男女共に18歳に達しなければ、婚姻をすることができないとしている（民731条）。この婚姻できる最低年齢を婚姻適齢と呼んでいる。

　なお、成年年齢の引き下げ等を内容とする平成30年法律第59号による改正（令4・4・1施行）前の民法において、婚姻適齢は男が18歳、女が16歳とされ、男女による年齢差が設けられていた。また、旧民法（昭23・1・1失効）においては、婚姻適齢は男17歳、女15歳とされていた（旧民765条）。

　婚姻適齢については、諸外国によってそれぞれ違いがある。例えば、中国では、男22歳、女20歳（中華人民共和国民法典1047条）、フィリピンや韓国では、男女共に18歳（フィリピン家族法5条、大韓民国民法801条）、アメリカ合衆国は各州の法律によって異なる（例えば、カリフォルニア州では、男女とも18歳であるが、18歳未満であっても婚姻に対する許可を認める裁判所の命令を得て婚姻することができる（同州家族法301条、302条）。また、ネブラスカ州では、男女共に17歳であり（同州法42-102）、バージニア州では男女共に16歳である（同州法20-48）。）。

　民法は、婚姻適齢に達しない婚姻届が誤って受理された場合は、当事者、その親族又は検察官から、裁判所に婚姻の取消しを請求することができる（民744条1項）が、取り消されるまでは、その婚姻は有効である。また、不適齢者が適齢に達したときは、もはや取消しの請求はできないが、不適齢者本人は、適齢に達した後、3か月間は取消しの請求ができる。しかし、追認したときは、もはや請求はできないことになる（民745条）。

▌重婚（じゅうこん）

　配偶者のある者が重ねて婚姻することを重婚という。

　民法は、配偶者のある者は、重ねて婚姻することができない（民732条）としている。これは、一夫一婦制の原則を表明したものである。ここにいう配偶者とは法律上の配偶者であって、事実上の婚姻関係（内縁）にある者が、他の者と婚姻届をした場合や、婚姻により法律上の配偶者を有する者が、他の者と事実上の婚姻関係（内縁）になった場合などは、いずれも法律上の重婚には当たらない。

　当事者の一方又は双方について、重婚となる婚姻が成立した場合、前婚の効力は影響を受けず、後婚も有効に成立する。ただし、後婚は取消しの対象になる（民743条）。

　当事者に配偶者があるか否かは、市区町村長が戸籍を参照することによって確認することができることから、重婚が生ずる婚姻届が受理されることは通常は生じない（民740条）。しかし、(1)離婚後に再婚したところ離婚が無効又は取り消された場合、(2)配偶者を有する者の婚姻届が誤って市区町村長又は日本の在外公館の長において受理された場合、(3)配偶者を有する者が、外国の方式で婚姻を成立させている場合などにおいて、重婚が生じることがある。これらの場合には、後婚は取消しの対象になる（民744条。「婚姻の取消し」の項参照）。しかし、日本人が外国人との間に重婚関係が生じたときは、当該外国人の本国法において重婚が無効である場合は、我が国においては取消事由であるが、国際私法の原則により婚姻の効力をより否定する法によって重婚の効力を決することになるので、この場合重婚となる婚姻は無効となる（東京家判昭43・4・25家月20巻10号91頁）。

　なお、悪意の重婚者は、重婚罪で処罰される（刑法184条）。

▌再婚禁止期間（さいこんきんしきかん）

　令和4年法律第102号による改正（令6・4・1施行）前の民法においては、女性が再婚する場合には、前婚の解消又は取消しの日から100日を経過した

後でなければならないとされていた（改正前民733条1項）。また、平成28年法律第71号による改正（平28・6・7施行）前の民法においては、この期間が6か月とされていた（改正前民733条1項）。これを再婚禁止期間あるいは待婚期間という〔注〕。

　令和4年改正により、再婚禁止期間は廃止されることとなり、令和6年4月1日以降は、女性であっても離婚後すぐに再婚することができることとなる。

〔注〕再婚禁止期間が設けられていた趣旨としては、再婚後に生まれてくる子が前夫の子か、後夫の子かの父性推定の混乱を避けるためであり、一定の期間を空けなければ女は再婚できないとしていた。したがって、その混乱が生じない場合、すなわち、女性が前婚によって懐胎した子を出産すればこの障害はなくなるので、その後は、再婚禁止期間の規定は適用されないとされていた（改正前民733条2項）。また、(1)夫の生死が3年以上不明との理由で離婚判決が確定した後に再婚する場合（昭25・1・6民事甲2号回答）、(2)夫の失踪宣告により婚姻が解消した後に再婚する場合（昭41・7・20甲府局管内戸協決議）、(3)前婚の夫と再婚する場合（大元・11・25民事708号回答）なども同様に再婚禁止期間の規定は適用されないとされていた。

　　戸籍実務においては、女が離婚後に母体保護法に基づく手術を行った旨の医師の診断書を添えて再婚の届出をした場合は、待婚期間中であっても受理して差し支えないとしている（昭29・3・23民事607号回答）が、手術後に離婚した女が、医師の証明書を添付して待婚期間中に婚姻届をした場合は、この届出は受理できないとされていた（昭40・12・24民事甲3689号回答）。また、現在受胎していない旨の医師の証明書を添付して婚姻届がされた場合も、受理できないとしていた（昭8・5・11民事甲668号回答）が、子を懐妊することができない年齢に達している女が再婚する場合は、待婚期間中であっても受理して差し支えないとしていた（昭39・5・27民事甲1951号回答）。

近親婚（きんしんこん）

　近親婚とは、近い親族関係にある者の間の婚姻をいう。民法は、一定範囲内の親族間の婚姻を禁止している。近親婚の禁止は、遺伝学的・生理学的な

理由によるほか、道徳上の観点から制限されているとされている。

近親婚の禁止は、次の場合である。

(1)　直系血族間の婚姻（民734条1項）。

　　例えば、親子（養親子を含む。）間の婚姻及び祖父母と孫間の婚姻などである。

(2)　三親等内の傍系血族間の婚姻（民734条1項）。

　　例えば、兄弟姉妹間の婚姻及び伯叔父母と甥、姪間の婚姻である。ただし、養子と養方の傍系血族との間は、三親等内であっても婚姻できる（養子と養親の子、養子と養親の兄弟姉妹。民734条1項ただし書）。

(3)　直系姻族間の婚姻（民735条）。

　　例えば、夫の死亡後、妻が亡夫の父親と婚姻することは禁止される。また、姻族関係が終了（民728条、817条の9）した後も婚姻が禁止されるので、例えば、夫婦が離婚した後に、夫が妻の母親と又は妻が夫の父親と婚姻することは禁止される。なお、傍系姻族間の婚姻は禁止されていない。例えば、夫の死亡後、妻が亡夫の兄又は弟と婚姻することはできる。

(4)　養子、その配偶者、直系卑属又はその配偶者と養親又はその直系尊属との間は、親族関係が終了（民729条）した後でも婚姻することができない（民736条）。

　　例えば、養親と養子とは離縁後も婚姻できない。また、養親と養子の子とは、親族関係終了後も婚姻できない。

　　ただし、養子の縁組前の子又は離縁後の子は、養親及びその直系尊属とは何ら親族関係を生じないから、これらの者と婚姻することは禁止されていない。

違法な近親婚の届出が誤って受理されたときは、その婚姻は取消しの対象となる（民744条）。

転婚（てんこん）

婚姻によって氏を改めた者が、配偶者の死亡後に、実方の氏に復さないま

ま、婚方から更に相手方の氏を称して婚姻することを転婚と呼ぶことがある。

例えば、甲男と夫の氏を称して婚姻した妻乙女が、夫の死亡後、実方の氏に復することなく、更に丙男と夫の氏を称して婚姻するような場合をいう。

転婚は、婚姻の一つの形態を指す用語にすぎないから、特別な法的効果を認めているものではない。

転婚という用語は、転婚者が離婚などにより復籍する場合に、「……転婚前の氏に復するか、又は実方の氏に復するか……」などのように用いられる。なお、この場合、復する氏は転婚前の氏（第一の婚姻による氏）であるが、直ちに実方の氏に復することもできる（昭23・1・13民事甲17号通達(2)）。

内縁 （ないえん）

内縁とは、社会一般から夫婦と認められる実質を有しながら、婚姻の届出（民739条、戸74条）を欠くために、法律上は夫婦と認められないものをいう。かつて、内縁は法律上は効果を生じないものとされていたが、その後、次第に法律上の夫婦に準じた取扱いをするようになった。判例は、内縁を不当に破棄した者は、相手方に対し物質的及び精神的の全損害を賠償する責任を負う（大判大4・1・26民録21輯49頁、最判昭33・4・11民集12巻5号789頁）とし、また、社会保障制度に関する法律においても、内縁はしばしば法律上の婚姻に準ずる効果を与えられている（厚保3条2項、労基79条、労基則42条、国公災16条1項、健保3条7項、国公共済2条1項2号）。

戸籍上においては、内縁の妻が出生した子は嫡出でない子であり、血縁上の父に認知されても父母が婚姻しない限り嫡出子とはならない。嫡出でない子は母の氏を称して母の戸籍に入籍し（民790条2項、戸18条2項）、母の親権に服する（民819条4項）。また、内縁の夫又は妻は、配偶者としての相続権が認められていない。

▍婚姻準正（こんいんじゅんせい）

　父母の婚姻前に出生した子は、嫡出でない子として母の氏を称して母の戸籍に入籍する（民790条2項、戸18条2項）。当該子を血縁上の父が認知したときは法律上の父子関係を生じることになるが、嫡出でない子であることに変わりはない。その後、父母が婚姻したときは婚姻の時から嫡出子の身分を取得する（民789条1項）。このように、父に認知された子が父母の婚姻によって嫡出子の身分を取得することを婚姻準正といい、当該子を準正子と呼ぶことがある。準正とは、嫡出でない子が嫡出子の身分を取得することをいう。また、嫡出でない子が父母の婚姻後に父から認知されることによっても嫡出子の身分を取得する認知準正を認めている（民789条2項。「認知準正」の項参照）。

　父母の婚姻によって準正子となる子がいる場合には、婚姻届書の「その他」欄に、例えば「次の者は、父母の婚姻により嫡出子の身分を取得し、父母との続き柄が長男となる。」旨を記載し、その者の戸籍の表示、住所、氏名及び出生年月日を記載し、戸籍の父母との続柄を嫡出子の記載に訂正する（この場合に、嫡出でない子の続柄として「長男」と記載されているときは、嫡出子としての続柄「長男」と訂正する。）。

　なお、準正子は、昭和62年法律第101号による改正（昭63・1・1施行）前は、当然に父母の氏を称して、直ちに父母の戸籍に入籍する取扱いであった（昭35・12・16民事甲3091号通達、同日民事二発472号通知）が、改正により民法第791条第2項が新設され、準正嫡出子が父母の氏を称するには、戸籍法第98条に規定する入籍の届出によることとされた（昭62・10・1民二5000号通達第5の3）。

▍婚方と実方（こんかたとじつかた）

　夫婦は、婚姻の際に定めるところに従い、夫又は妻の氏を称し（民750条）、原則として夫婦について新戸籍が編製される（戸16条1項本文）。しかし、婚姻の際に氏を改めなかった一方が戸籍の筆頭者である場合には、夫婦について新戸籍は編製せず（戸16条1項ただし書）、婚姻の際に氏を改めた他方がその

戸籍に入籍することになる（同条2項）。この場合、婚姻の際に氏を改めた者から見て、氏を改めない者が筆頭者になっている戸籍を婚方の戸籍と呼び、これに対して、入籍前の戸籍を実方の戸籍と呼ぶことがある。

　なお、各用語について特別に法的な効果を認めているものではない。

▌婚姻の無効（こんいんのむこう）

　婚姻の無効とは、婚姻の届出に基づいて戸籍の記載がされているとしても、当初から婚姻の効力が全く生じていないことである。民法は、次の場合に婚姻を無効としている。

(1)　婚姻意思のないとき（民742条1号）

　　人違いの場合や当事者が知らない間に届出がされた場合のように、当事者に婚姻をする意思がないときは、たとえ婚姻の届出がされても当然無効である。また、婚姻届の不受理申出がされていたところ、これを看過して婚姻の届出が受理された場合において、当該届出が当事者の一方（不受理申出人）の意思に基づかない届出であることが管轄法務局長等の調査によって判明したときは、当該届出は婚姻意思を欠くものとして無効なものとなる。この場合は、戸籍に婚姻の記載がされているときは、戸籍訂正（戸24条2項）をすることになり、記載未了の場合は、受理処分を撤回して不受理処分をすることになる（昭51・1・23民二900号通達、同日民二901号依命通知）。

　　当事者双方又はその一方が届出の当時には既に死亡していたとき、又は意思能力を欠いているときも同様である。ただし、当事者が生存中に婚姻をする意思をもって届書を作成し郵送したが、市区町村長に到達する前に当事者が死亡し、その後に届書が到達した場合は、市区町村長は、これを受理しなければならないとされている（戸47条1項）。つまり、生存中に郵送した届出の効力を認めることとし、その場合は、届出人の死亡の時に届出があったものとみなす取扱いである（戸47条2項）。したがって、この場合は、死亡のときに婚姻は有効に成立し、同時に婚姻は解消することになる。このように、郵便による届出を受理した後に

その受理前に届出人が死亡している事実が明らかになったときは、その処理について管轄法務局長等に指示を求めることとされている（標準準則23条）。なお、届書発送後に届出人が意思能力を喪失した場合も同様にその効力を認めることになるものと解される。

(2)　婚姻の届出をしないとき（民742条2号）

当事者が婚姻の届出をしないときは、たとえ婚姻意思があって実際に婚姻生活をしているとしても、有効な婚姻とはならない（理論上、この場合は婚姻の不成立又は不存在であって、有効、無効の問題が生ずる余地はないとされる。）。

婚姻が無効の場合には、当事者間に夫婦としての効果は生じないことから、その間に生まれた子は、嫡出でない子となる。

婚姻無効の判決又は審判が確定したときは、判決（審判）謄本及び確定証明書を添付して、戸籍訂正申請をしなければならない（戸116条）。

婚姻の取消し（こんいんのとりけし）

婚姻は、次の場合に取消しの対象になる（民744条）。

(1)　不適齢者の婚姻（民731条、744条、745条）── 婚姻の最低年齢は、男女共に18歳と定められているので、この年齢に達しない者の婚姻の場合（当事者双方はもちろん、どちらか一方が達していない場合も該当する ── 不適齢者が適齢に達したときは、取消請求はできない。ただし、不適齢者は、適齢に達した後、なお3か月間は取消請求ができるが、適齢に達した後に追認したときは、取消請求はできない。）。

(2)　重婚（民732条、744条）── 配偶者を有する者が、重ねて婚姻した場合（後婚が取消しの対象になる。）。

(3)　違法な近親婚（民734条～736条、744条）── 直系血族又は三親等内の傍系血族の間の婚姻及び直系姻族間の婚姻、また、養親子関係者間でも婚姻はできないが、これに反して婚姻した場合。

(4)　詐欺・強迫による婚姻（民747条）── 婚姻は当事者の自由な意思の合致と婚姻の届出によって成立するものであるから、詐欺・強迫によって

自由な意思を束縛された婚姻の場合。

　婚姻の取消しを請求（訴えを提起）できる者は、その取消原因によって異なる。すなわち、婚姻の実質的要件に違反するものは（民731条～736条）、各当事者（重婚・待婚期間違反（令6・3・31まで）の婚姻は、前婚の配偶者を含む。）、その親族又は検察官である（民744条～747条、家事257条。「調停前置主義」の項参照）。婚姻取消しの審判又は判決が確定すると、婚姻は、その時から将来に向かって解消する（民748条1項）。したがって、婚姻中に出生した子は、父母の婚姻の取消しによって嫡出子の身分を失うことはない。

　婚姻取消しの裁判が確定したときは、調停の申立人又は訴えの提起者が、裁判確定の日から10日以内に裁判の謄本及び確定証明書を添えて「婚姻取消届」をしなければならない（戸75条1項、63条）。それらの届出義務者が届出期間内に届出をしないときは、その相手方も届出をすることができる（戸63条2項）。

離婚届関係

▌離婚 （りこん）

　離婚は、婚姻関係を将来に向かって解消させることである。

　離婚には、当事者双方の合意に基づく協議離婚（民763条）と、裁判所が関与して成立する裁判離婚がある。なお、裁判離婚はその成立の方法によって、調停離婚（家事244条）、審判離婚（家事284条）及び判決離婚（民770条）の三つに区分される。

　婚姻関係は、夫婦の一方の死亡によっても解消するが、離婚は死亡によらない婚姻関係の解消事由である。

　離婚によって、婚姻の際に氏を改めた夫又は妻は、婚姻前の氏に復し（民767条1項、771条）、原則として婚姻前の戸籍に復籍する（戸19条1項）が、その戸籍が既に除かれているとき、又はその者が新戸籍編製の申出をしたときは、新戸籍を編製する（同項ただし書）。また、離婚後も婚姻中の氏を称しようとする場合は、離婚後3か月以内に戸籍法第77条の2の届（婚氏続称届）をすることによって、離婚の際に称していた氏を称することができる（民767条2項）。なお、この戸籍法第77条の2の届出は、離婚の届出と同時にすることもできる（昭51・5・31民二3233号通達一の2）。

　第一の配偶者が死亡した後にその婚方から第二の婚方へと転婚した者が離婚した場合の復籍は、転婚者は第一の婚方における生存配偶者の身分を保有するから、その者の意思により復すべき氏について実方、第一の婚方いずれかの選択により実方の戸籍に復氏するか、第一の婚方の戸籍に復氏することとなる（昭23・1・13民事甲17号通達）。旧国籍法に基づき婚姻により日本国籍を取得した外国人女が離婚した場合にその者が称すべき氏は、その者の意思によって自由に定められる（昭23・10・16民事甲2648号回答）

　離婚の際、夫婦の間に未成年の子がいるときは親権者を定めなければならない（民819条）が、その定めた事項は、離婚届書の「未成年の子の氏名」欄に、夫（又は妻）が親権を行う子の氏名を該当箇所に記載することになる（戸76条）。

▌協議離婚（きょうぎりこん）

　協議離婚は、夫婦の自由な意思に基づく合意によって婚姻関係を解消することである（民763条）。したがって、当事者の一方が離婚意思を欠くときは、離婚の届出が受理されたとしても、その離婚は無効である。

　協議離婚も婚姻と同様に戸籍の届出によって成立する（民764条、739条）が、夫婦間に未成年の子がある場合には、夫婦のいずれが親権者となるかを定めて届書に記載しなければならない（民819条１項、戸76条）。親権者の定めの記載を欠く協議離婚届は、受理されないことになる（民765条１項）。

　離婚によって、婚姻の際に氏を改めた夫又は妻は、婚姻前の氏に復し（民767条１項）、原則として復籍する（戸19条１項）。なお、離婚によって復氏した者は、離婚の日から３か月以内に戸籍法第77条の２の届をすることによって、離婚の際に称していた氏を称することができる（民767条２項、戸77条の２）。この届出は、離婚の届出と同時にすることもできる（昭51・５・31民二3233号通達一の２）。

　協議離婚届は、当事者双方の合意に基づいて届出され、戸籍事務管掌者である市区町村長がこれを受理することによって成立するものであるが、当事者の一方の意に反して他方が勝手に届出をした場合は、当該届出は無効である。また、離婚の届書に署名したが、届出する前に当事者の一方が離婚の意思を翻した場合において、他方が届出をしたときも、同様にその届出は無効である。このような無効の届出を事前に防止するため、協議離婚届の不受理申出制度がある（戸27条の２。「不受理申出」の項参照）。

▌裁判離婚 (さいばんりこん)

　裁判離婚とは、当事者間の協議で合意が成立しないため、協議離婚の届出をすることができない場合に、裁判所の関与の下にする離婚をいう。裁判離婚は、その手続の差異により、調停離婚、審判離婚、判決離婚の三つに分類される。

　裁判上の離婚をするには、まず家庭裁判所に調停を申し立てることを要する（家事257条。「調停前置主義」の項参照）。家庭裁判所で調停が成立した場合、これを調停離婚という。調停が成立しない場合に、職権で当事者双方の申立ての趣旨に反しない限度で、調停に代わる離婚の審判をすることができる（家事284条）が、その審判が確定した場合、これを審判離婚という。しかし、これに対して異議の申立てがあれば、審判の効力は失われる（家事286条5項）。

　離婚の調停が成立しない場合、あるいは、離婚の審判がなされてもそれが失効した場合には、家庭裁判所に、離婚の訴えを提起することができる（人訴4条）。この訴えをするには、民法第770条に定める離婚原因があることが必要であり、この訴えによる判決が確定した場合、これを判決離婚という。

　離婚の裁判が確定した場合は、調停申立人又は訴えの提起者は、その裁判が確定した日から10日以内に、調停調書の謄本、又は審判書若しくは判決の謄本と確定証明書を添付して戸籍の届出をしなければならない（戸77条、63条1項）。なお、届出義務者が届出期間内に届出をしないときは、その相手方からも届出することができる（戸77条、63条2項）。

▌調停離婚 (ちょうていりこん)

　調停離婚は、家庭裁判所の調停によってなされる離婚のことであって、裁判上の離婚の一つである。

　離婚をしようとする場合、夫婦の一方が協議離婚に応じないとき又は協議をすることができないときは、裁判離婚によることになる。ただし、裁判離婚はいわゆる調停前置主義の定めがあるため、まず家庭裁判所に調停の申立てをしなければならない（家事257条）。

　調停は当事者の合意によって争いを解決するものであるから、調停離婚は
協議離婚と基調を同じくするものであるが、調停離婚は、調停の段階で当事
者間に離婚の合意が成立し、これを調停調書に記載すると、調停が成立した
ものとされる。また、調停調書の記載は、確定判決と同一の効力を有すると
され（家事268条）、直ちに離婚が成立する点では、協議離婚と異なる。

　離婚の調停が成立した場合、申立人は、調停成立の日から10日以内に調停
調書の謄本を添付して離婚の届出（報告的届出）をしなければならない（戸77
条、63条1項）。なお、申立人が届出期間内に届出をしないときは、その相手
方からも届出することができる（戸77条、63条2項）とともに、調停調書中に
「相手方からの申出により離婚する。」旨の記載があるときは、相手方からも
法定期間内に届出をすることができる（昭50・2・12東京戸籍協決議三）。

▌ 審判離婚（しんぱんりこん）

　裁判離婚においては、離婚の訴えを提起しようとする者は、まず家庭裁判
所に調停の申立てをしなければならない（家事257条、「調停前置主義」参照）が、
その調停が成立しない場合において、家庭裁判所は、相当と認めるときは当
事者双方の申立ての趣旨に反しない限度で、調停に代わる離婚の審判をする
ことができる（家事284条）。これを審判離婚という。

　この審判は、当該調停委員会を組織する家事調停委員の意見を聴き、当事
者双方の衡平を考慮し、一切の事情を見て、職権で、当事者双方の申立ての
趣旨に反しない限度でなされる。この審判に対して異議の申立てがなけれ
ば、審判は確定し、確定判決と同一の効力を有する（家事287条）。

　しかし、この審判に対し異議の申立てがあれば、審判の効力は失われ（家
事286条5項）、審判離婚は成立しないこととなる。その場合は、離婚の訴え
を家庭裁判所に提起することができる（人訴4条）。ただし、この場合は、民
法第770条に定める離婚原因があることが必要である。この訴えによる判決
が確定した場合、これを判決離婚という（「判決離婚」の項参照）。

▌判決離婚 (はんけつりこん)

　裁判上の離婚をする場合には、離婚の訴えを提起しようとする者は、まず家庭裁判所に調停の申立てをしなければならない (家事257条。「調停前置主義」の項参照)。その調停が成立しない場合、又は調停が不成立のままで、これに代わる審判もなされない場合、あるいは審判がなされても、異議の申立てによりそれが失効した場合 (家事286条5項) には、家庭裁判所に裁判離婚の訴えを提起することができる (人訴4条)。この訴えをするには、民法第770条に定める離婚原因があることが必要である。なお、相手方とすべき者が行方不明等により、調停・審判に付することが不適当であるときには、直接に裁判離婚の訴えを提起することができる (家事257条2項ただし書)。

　離婚の判決が確定したときは、訴えの提起者は、10日以内に判決の謄本及び確定証明書を添付して離婚の届出をしなければならない (戸77条、63条1項)。訴えの提起者が期間内に届出をしないときは、相手方からも届出することもできる (戸77条、63条2項)。

▌離婚の無効 (りこんのむこう)

　協議離婚が無効となるのは、当事者間に離婚意思を欠いた場合、つまり、離婚の合意がないにもかかわらず離婚の届出がされている場合である。

　例えば、(1)協議離婚の届書を作成した後において、当事者の一方が離婚意思をひるがえしたため、届出をした当時には離婚の意思がなくなっていた場合、(2)当事者双方が知らない間に、他人が勝手に離婚の届書を作成して提出した場合、(3)当事者の一方には離婚意思がないにもかかわらず、他方の当事者が勝手に協議離婚の届書を作成して提出した場合などは、いずれも離婚の意思を欠くものであるから無効である (最判昭34・8・7民集13巻10号1251頁)。

　離婚無効の審判又は判決が確定したときは、調停の申立人又は訴えを提起した者は、裁判確定の日から1か月以内に、裁判の謄本及び確定証明書を添付して、戸籍の訂正申請をしなければならない (戸116条)。

　なお、上記事例のような不実の届出がなされるおそれのある場合は、あら

かじめ離婚届の不受理申出をすることにより、その届出が受理されるのを防止する手続をとることができる（戸27条の２、「不受理申出」の項参照。）。

▌離婚の取消し（りこんのとりけし）

協議離婚が、詐欺又は強迫によってされた場合には、離婚の当事者はその取消しを裁判所に請求することができる（民761条、747条）。

詐欺による離婚とは、離婚当事者の一方又は双方に虚偽の事実を告げ、これらの者を錯誤に陥れ、離婚意思を決定させることをいう。また、強迫による離婚とは、離婚当事者の一方又は双方に危害を加えることを告げ、これらの者に恐怖の念を起こさせて、離婚意思を決定させることをいう。

協議離婚の取消しは、訴えの方法によらなければならないが、訴えの提起者は、まず家庭裁判所に調停の申立てをすることになる（家事257条。「調停前置主義」の項参照）。訴えは、詐欺を発見し、若しくは強迫を免れた後、３か月以内にしなければならない（民747条２項）。この期間を経過したとき、又は協議離婚を追認したときは、取り消すことはできない。取消しの裁判が確定すると、協議離婚はなかった状態になり、婚姻が継続していたことになる。調停申立人又は訴えの提起者は、その裁判確定の日から10日以内に裁判の謄本及び確定証明書を添えて「離婚取消届」をしなければならない（戸77条、63条１項）。訴えの提起者が期間内に届出をしないときは、相手方からも届出することができる（戸77条、63条２項）。

12

親権（管理権）の届関係

親権（管理権）(しんけん（かんりけん）)

親権とは、親が未成熟の子を監護、教育する権利義務の総称である（民820条）。その内容は、子の身上に関する権利義務である身上監護権（居住指定権（民822条）、職業許可権（民823条）、身分上の行為の代理権（民775条、787条、791条3項、797条1項、811条2項など））と子の財産の管理に関するものである管理権（財産管理権並びに子の財産行為に関する代理権、同意権及び取消権（民824条、5条、120条））とに大別される。

親権を行う者を親権者という。親権は、父母が婚姻中は共同して行う（民818条3項本文）。父母の一方が親権を行使することができないときは、他の一方のみがこれを行う（同項ただし書）。養子については養親が親権者となる（同条2項）。嫡出でない子の親権は、原則として母が行う。

親権者は、身上監護権とともに財産の管理権をも行使するのが原則である（民824条）が、管理権の喪失又は辞任によって、親権者が管理権を有しない場合もある。

親権者の指定・変更又は親権（管理権）喪失及び親権停止の取消しなどの場合は、戸籍の届出が必要である（戸78条、79条、80条）。

親権者の指定 (しんけんしゃのしてい)

未成年の子は、父母の共同親権に服するのが原則である。しかし、父母が離婚した場合のように、親権の共同行使が困難となる場合については、例外として単独行使を認めている。その場合は、父母の協議により、又は協議が調わないとき、若しくは協議をすることができないときは、裁判（判決、審

判、調停）によって、父母の一方が親権者と定められる（民819条）。これを親権者の指定という。

　親権者の指定がされる事例としては、(1)父母が離婚するとき（民819条1項・2項）、(2)子の出生前に父母が離婚し、出生後に父が親権者となるとき（同条3項）、(3)認知した子の親権を父が行うとき（同条4項）、(4)15歳未満の養子が離縁する場合に、実父母が離婚しているため、その一方を養子の離縁後の親権者とするとき（民811条3項・4項）などがある。

　親権者指定の届出は、上記(1)の離婚の場合には、離婚届書の「未成年の子の氏名」欄に記入する（戸76条、77条）こととされているから、指定届を要しない。他方、それ以外の上記(2)、(3)及び(4)の場合には、親権者指定届をしなければならない（戸78条）。

▌親権者の変更 （しんけんしゃのへんこう）

　父母の一方が単独で親権を行使している場合に、これを他方に変更することを親権者の変更という。

　親権者の変更は、子の利益のため必要であると認めるときに、子の親族からの請求により家庭裁判所が調停又は審判によって変更する（民819条6項、家事244条別表第二8項）。したがって、父母間の協議のみによって変更することは認められない。

　親権者の変更については、変更する回数に制限はないので、一度変更されたものであっても、事情によって後日更に他方に変更することができる。

　親権者変更の手続をしないうちに親権者が死亡し、又は親権を喪失したときは、その時点で親権を行うものがないときに当たることから、未成年後見が開始するものと解される（民838条1号）。しかし、その場合に、家庭裁判所において親権者変更の審判がされたときは、その審判に基づく親権者変更届は受理すべきであるとしている（昭26・9・27民事甲1804号回答）。

　親権者の変更は、調停の成立又は審判の確定のときに変更の効力が生じているから、親権者変更届（戸79条）は報告的届出である。

　届出義務者は、調停又は審判で親権者と定められた者、すなわち変更後の

親権者の父又は母である（戸79条）。

親権（管理権）の喪失 （しんけん（かんりけん）のそうしつ）

　親権を行う父又は母による虐待や悪意の遺棄があるときその他親権の行使が著しく困難又は不適当であることにより子の利益を著しく害するときは、子、子の親族、未成年後見人、未成年後見監督人、検察官又は児童相談所長の請求により、家庭裁判所は親権喪失の審判を行うことができる（民834条、家事39条別表第一67項、児童福祉法33条の7）。また、管理権の行使が困難又は不適当であることにより子の利益を害するときは、子、子の親族、未成年後見人、未成年後見監督人、検察官又は児童相談所長の請求により家庭裁判所は管理権喪失の審判をすることができる（民835条）。ただし、管理権喪失の宣告をされても、身上監護権には影響はないので、身上監護権は行使できる。

　親権喪失の宣告により、親権を行う者がない場合は未成年後見が開始する（民838条1号）が、共同親権者の一方だけが親権を喪失したときは、他方が単独で親権を行う。親権喪失の審判が確定したときは、裁判書書記官から戸籍記載の嘱託がされ（家事116条、家事規76条1項1号）、これについては戸籍の届出を要しない（戸79条）。

親権の停止 （しんけんのていし）

　父又は母による親権の行使が困難又は不適当であることにより子の利益を害するときは、子、子の親族、未成年後見人、未成年後見監督人、検察官又は児童相談所長の請求により、家庭裁判所は親権停止の審判をすることができる（民834条の2第1項、児童福祉法33条の7）。親権停止の期間は、その原因が消滅するまでに要すると見込まれる期間、子の心身の状態及び生活の状況その他一切の事情を考慮して、2年を超えない範囲内で家庭裁判所が定める（同条2項）。

親権喪失、親権停止、管理権喪失の審判の取消し
（しんけんそうしつ、しんけんていし、かんりけんそうしつのしんぱんのとりけし）

　親権、親権停止又は管理権喪失の原因が消滅したときは、本人又はその親族の請求により、家庭裁判所は親権（管理権）喪失宣告の取消しをすることができる（民836条、家事39条別表第一68項）。

　親権喪失、親権停止又は管理権喪失宣告の取消しの審判が確定すると、その効力は将来に向かって生じ、親権喪失、親権停止又は管理権を喪失していた者は、親権（管理権）を回復する。この場合、請求者は親権（管理権）喪失の審判取消しの届出をすることを要する（戸79条）。なお、未成年後見が開始している場合は、未成年後見は終了する。この場合は、親権（管理権）喪失の宣告取消しの裁判確定を原因とする未成年後見終了の届出を要する（戸84条）。

親権（管理権）の辞任 （しんけん（かんりけん）のじにん）

　親権は、親が未成熟の子を監護、教育することを目的とする制度であるから、親権者である父又は母が勝手に辞任したり、あるいは他からの不当な圧迫で辞任することを防止しなければならない。

　そこで、親権を行う父又は母がやむを得ない事由で親権を辞任するには、家庭裁判所の許可を要するものとしている（民837条１項、家事39条別表第一69項）。

　親権の辞任は、家庭裁判所の許可の審判によって効力を生ずるものではなく、親権辞任の届出（戸80条）によって効力が生ずるものである。

　また、財産の管理権を果たし得ないような場合は、管理権だけの辞任も認められる。

　親権（管理権）を行うことができない「やむを得ない事由」としては、親権については重病などによる親権者の長期不在、管理権については、親権者の病気や知識・経験不足のため巨額の財産管理が困難な場合が考えられる。

┃ 親権（管理権）の回復（しんけん（かんりけん）のかいふく）

　親権（管理権）の回復とは、未成年者の父又は母が、やむを得ない事由によって親権（管理権）の辞任をした（民837条1項）後、その辞任の事由がなくなり、親権を行使できるに至った場合に、再び家庭裁判所の許可を得て親権（管理権）を回復することをいう（民837条2項）。

　親権（管理権）の回復は、家庭裁判所の許可の審判（家事39条別表第一69項）によって効力を生ずるものではなく、親権（管理権）回復の届出（戸80条）をすることによって効力が生ずる。

13 後見・保佐の届関係

▌未成年後見 (みせいねんこうけん)

　未成年後見は、未成年者に対して親権を行う者がいないとき、又は親権を行う者が管理権を有しないときに開始する（民838条1号）。例えば、(1)親権者が死亡したとき、(2)親権者が親権・管理権を喪失したとき（民834条、835条）、(3)親権者が親権・管理権を辞任したとき（民837条1項）、(4)親権者に対して後見・保佐又は補助開始の審判がされたとき、(5)親権者の心神喪失・行方不明などで事実上親権を行使できないとき（共同親権者の一方が親権行使できる場合を除く（民818条3項））、(6)親権者である養親が死亡したとき（実親があっても後見が開始する―昭23・11・12民事甲3585号通達）、(7)養父母離婚後、親権者と定められた養親と離縁したとき（昭24・11・5民事甲2551号二520号回答）、(8)養親の一方が死亡した後、単独で親権を行使している生存養親と離縁したとき（昭25・3・30民事甲859号回答(2)）等である。

　未成年後見人となるには一定の要件がある（民847条）。

　未成年後見人は、親権者と同様に監護・教育の権利及び義務、居所指定権、職業許可権を有する（民857条）。また、未成年後見人は、被後見人の財産を管理し、その財産に関する法律行為について被後見人を代表する（民859条）。

　未成年後見人には、その決定方法により、指定未成年後見人（民839条）と選定未成年後見人（民841条）がある。

　未成年後見の開始・終了及び未成年後見人の地位喪失の場合は、戸籍の届出をしなければならない（戸81条、82条、84条）。

指定未成年後見人 （していみせいねんこうけんにん）

　未成年者に対して最後に親権を行う者（管理権を有しない者を除く。）は、遺言により未成年後見人を指定することができる（民839条1項）。親権を行う父母の一方が管理権を有しないときには、他の一方が遺言で未成年後見人を指定することができる（同条2項）。この指定の効力は、遺言の効力が生じたとき、すなわち、指定者が死亡したときに生じ（民985条1項）、同時に指定された者が未成年後見人に就任する。このような後見人を指定未成年後見人という。

　最後に親権を行う者とは、父母の一方の死亡又は離婚によって他の一方が単独で親権を行使している場合の親権者をいう。したがって、婚姻中の父母は、未成年者に対し共同して親権を行うのであるから指定権はない。

　指定された未成年後見人は、その就職の日から10日以内に未成年者の後見開始の届出をしなければならない（戸81条）。

選定未成年後見人 （せんていみせいねんこうけんにん）

　未成年者について後見が開始したが、指定未成年後見人（民839条）がないときは、家庭裁判所は、未成年被後見人又はその親族、その他の利害関係人の請求によって未成年後見人を選任する。また、既に未成年後見人がある場合に、その者が死亡、辞任、解任、欠格によって欠けたときも同様である（民840条）。このように、家庭裁判所によって選任される未成年後見人を選定未成年後見人という。

　なお、父若しくは母が親権若しくは管理権を辞任し、又は親権を失ったことによって、未成年後見人を選任する必要が生じたときは、その父又は母は、遅滞なく未成年後見人の選任を家庭裁判所に請求をすべき義務が課されている（民841条）。

　選任された未成年後見人は、その就職の日から10日以内に未成年後見開始の届出（戸81条）又は未成年後見人地位喪失の届出（戸82条）をしなければならない。

後見の開始 (こうけんのかいし)

　後見は、①未成年者については親権を行う者がないとき、②又は親権を行う者が管理権を有しないときに開始する（民838条1号）。また、③後見開始の審判があったときにも開始する（民838条2号）。すなわち、次の場合である。

(1)　未成年者に対して親権を行う者がないとき

　　これには、親権者の死亡、親権の喪失（民834条）、親権の辞任（民837条）、親権者の失踪宣告（民30条）など法律上親権を行う者がない場合のほか、事実上、親権の行使ができない場合、例えば、親権者の行方不明、長期不在などが該当する。

(2)　未成年者に対して親権を行う者が管理権を有しないとき

　　管理権を有しないときとは、管理権の喪失宣告を受けたとき（民835条）及び管理権を辞任したとき（民837条）をいう。

　　父母が共同で親権を行使している場合に、その一方が管理権を有しなくなっても、後見は開始しない。その場合には、他の一方が管理権を含めて親権を行使し、管理権を有しなくなった一方は、身上監護権についてのみ他の一方と共同して親権を行うことになる（民818条3項）。

　　親権者が管理権を失った場合の後見は、財産の管理に限られるが、その後において親権を行う者がなくなったときには、未成年後見人は身上監護の権限をも有することになる。

(3)　後見開始の審判があったとき

　　精神上の障害により事理を弁識する能力を欠く常況にある者に対しては、家庭裁判所は一定の者の請求により、後見開始の審判をすることになる（民7条、家事39条別表第一1項）。後見開始の審判が確定したときは後見が開始し、成年被後見人は成年後見人が付される（民8条）。

　なお、上記の(1)又は(2)の事由で未成年者の後見が開始した場合、未成年後見人は就職の日から10日以内に未成年後見開始の届出をしなければならない（戸81条）。

　未成年後見に関する戸籍の記載は、未成年被後見人の身分事項欄にのみされる（戸規35条5号）。未成年後見人の本籍又は氏名等について、事後に変更

が生じた場合であっても、これを変更する届出手続はない。

未成年後見人の地位喪失 （みせいねんこうけんにんのちいそうしつ）

　未成年後見人の地位喪失とは、未成年後見は継続しながら未成年後見人の地位にある者がその地位を去ることをいう。

　地位喪失の原因としては、未成年後見人の死亡、失踪宣告、辞任、解任、欠格事由の発生がある。

　このような理由により前任の未成年後見人が、その地位を去り、後任者が定められた場合、後任者は、その就職の日から10日以内に、未成年後見人地位喪失の届出をしなければならない（戸82条）。なお、未成年後見人について、辞任又は解任の審判が確定した場合は、裁判所書記官からの嘱託（家事116条、家事規76条1項3号・4号）により、その旨の戸籍の記載がされる（戸15条）。

未成年後見の終了 （みせいねんこうけんのしゅうりょう）

　未成年後見の終了には、未成年後見そのものが絶対的に終了する場合と、未成年後見そのものは消滅せずに当該未成年後見人がその地位を失う相対的な終了（未成年後見人の地位喪失）の場合とがある。

　絶対的未成年後見終了の原因は、未成年被後見人が死亡し、又は失踪宣告を受けたとき、成年に達したとき、親権又は管理権を行う者が出現したときである。

　未成年後見が終了したときは、未成年後見人が後見終了の日から10日以内に未成年後見終了の届出をしなければならない（戸84条）。なお、未成年者被後見人が死亡した場合は、未成年者の後見終了の戸籍記載はその実益がないから、終了の届出及び戸籍の記載は要しない（大4・11・6民1564号回答第4項）。

　なお、未成年者に対して親権を行う者がおらず未成年後見が開始した場合において、未成年被後見人に親権を行う者が出現したときは、未成年後見は当然に終了するとされ、例えば、所在不明であった親権を行う者の所在が判

明し、子を保護するため現実に親権を行い得る状態に至ったときは、当然に未成年後見は終了するとされている（昭37・2・13民事甲309号回答）。また、被後見人が養子となって養親の親権に服するに至ったときや、養子たる被後見人が離縁によって実親の親権に服するに至ったとき等、当該届出の受理によって親権の発生・復活・変更の効力が生じる場合には、後見終了の届出は要せず、市区町村長は、当該届出の受理に基づき、職権で後見終了の記載をして差し支えないとされ（昭23・9・27民事甲2193号回答）、さらに、本人から特に申出がない限り、後見終了の職権記載を省略して差し支えないとされている（昭54・8・21民二4391号通達）。

▌未成年後見監督人（みせいねんこうけんかんとくにん）

未成年後見監督人は、未成年後見人を監督する機関であるが、必ず置かなければならないものではない。

未成年後見監督人には、未成年後見人を指定することができる者が遺言で指定する指定未成年後見監督人（民848条）と、指定未成年後見監督人がない場合又は欠けた場合に未成年被後見人その親族若しくは未成年後見人の請求によって、家庭裁判所が選任する（又は職権で選任する。）選定未成年後見監督人（民849条）とがある。

未成年後見監督人には、未成年者、家庭裁判所で免ぜられた法定代理人、保佐人又は補助人、破産者、未成年被後見人に対して訴訟をし、又はした者及びその配偶者及び直系血族、行方不明の者はなることができない（民852条、847条）。また、未成年後見人の配偶者、直系血族及び兄弟姉妹も未成年後見監督人になることができない（民850条）。

未成年後見監督人の職務は、未成年後見人の事務を監督すること（民851条1号）、未成年後見人と未成年被後見人の利益が相反する行為（利益相反行為という。）をするについて、未成年被後見人を代表することなどである（民851条4号）。

未成年後見監督人の就職・地位喪失・任務終了の場合は、戸籍の届出を要する（戸85条、81条、82条、84条）。ただし、未成年後見監督人について、辞任

又は解任の審判が確定した場合は、裁判所書記官からその旨の戸籍記載の嘱託がされる（家事116条、家事規76条1項、戸15条）ので、辞任又は解任を原因とする任務終了の届出は要しない。

　また、後見そのものが終了した場合は、未成年後見終了の届出がされるので、任務終了の届出を要せず、未成年後見監督人の死亡した場合は、届出義務者が存在しないので、任務終了の届出の余地がない。したがって、任務終了の届出が必要とされる場面は、未成年後見監督人について欠格事由が発生した場合に限られる。

▌成年後見制度（せいねんこうけんせいど）

　従来は、禁治産及び準禁治産制度により、心神喪失の常況にある者は、本人等の請求により家庭裁判所が禁治産宣告をし、後見人が付されていた（改正前民7条）。この禁治産及び準禁治産制度に代わるものとして、平成12年に成年後見制度が創設された〔注1〕。

　成年後見制度は、精神上の障害により判断能力が不十分であるため、法律行為における意思決定が困難な者について、その判断能力を補い、それによってその者の権利や利益を擁護するものである。従来の禁治産及び準禁治産制度は、明治31年の旧民法施行時から設けられた制度で、問題点が指摘され、必ずしも十分に利用されなかった。新しい成年後見制度は、それらの問題点の指摘を踏まえ、自己決定権の尊重やノーマライゼーション等の現代的な理念を配慮しながら、判断能力の不十分な者の権利や利益を守ることができる利用しやすい制度としたとされている（小林昭彦・大鷹一郎・大門匡編「新版一問一答新しい成年後見制度」3頁以下参照）。

　未成年者についても、その判断能力の不十分さを親権者が補うことになるが、親権を行う者がないときには、後見が開始し後見人が付され、その後見人が未成年者の判断能力を補うことになる（民838条1号）。これを未成年後見制度という。成年後見制度は、この未成年後見制度との対比で用いられる用語である。すなわち、精神上の障害により判断能力が不十分であるため、法律行為における意思決定が困難な者とは、事実上は成年者ということになる

ので、成年後見制度と呼ばれる〔注２〕。

　従来、禁治産宣告又は準禁治産宣告の審判が確定すると、後見届又は保佐届がされ、その者の戸籍にその旨の記載がされた（改正前戸81条、85条、改正前戸規33条、35条５号）が、成年後見については、戸籍の記載に代えて、成年後見登記制度が創設されたので、戸籍上の後見届又は保佐届は廃止された〔注３〕。

〔**注１**〕　成年後見制度を構成する法律は、「民法の一部を改正する法律」（平11法律149号）、「任意後見契約に関する法律」（平11法律150号）、「民法の一部を改正する法律の施行に伴う関係法律の整備等に関する法律」（平11法律151号）及び「後見登記等に関する法律」（平11法律152号）であるが、これらの法律は、平成11年12月１日に成立し、平成12年４月１日から施行された。

〔**注２**〕　法律上は、未成年者についても後見開始の審判等をすることができる。しかし、実際上は従来の禁治産宣告等の申立てと同様に、知的障害者や精神障害者等が成年に達した時に直ちに成年後見制度に移行できるようにする目的をもって、未成年のうちに後見開始の審判等を申し立てる場合、あるいは、未成年後見人とは別に特定の財産行為のみについての権限を有する補助人等を選任する場合など、ごく例外的な事案に限られると考えられる（前掲「新版一問一答新しい成年後見制度」３頁以下参照）。

〔**注３**〕　浪費を原因として準禁治産宣告を受けた者については、改正法施行後も、準禁治産者として旧法の適用を受けることになる（改正民法附則３条３項）から、従来どおり改正前戸籍法の適用を受ける（改正戸籍法附則６条２項）。したがって、例えば、旧法の下で浪費を原因として準禁治産の宣告を受けた者が、改正法施行後にその宣告が取り消されたときは、従来どおり改正前戸籍法の適用を受け、保佐終了届をすることになる。

▎**後見開始の審判**（こうけんかいしのしんぱん）

　精神上の障害（認知症、知的障害、精神障害等）により判断能力（事理を弁識する能力）を欠く常況にある者を保護するため、本人、配偶者、四親等内の親族等の請求により、家庭裁判所は後見開始の審判をするとされている（民７条）。後見開始の審判を受けた者は、成年被後見人として、成年後見人が付される（民８条、843条１項）。後見開始の審判の効力が生じたときは、裁判所

書記官は、遅滞なく登記所に登記の嘱託をすることになる（家事116条、家事規77条）。

なお、「成年後見制度」の項を参照のこと。

保佐開始の審判（ほさかいしのしんぱん）

精神上の障害（認知症、知的障害、精神障害等）により判断能力（事理を弁識する能力）が著しく不十分な者を保護するため、本人、配偶者、四親等内の親族等の請求により、家庭裁判所は保佐開始の審判をするとされている（民11条、876条）。保佐開始の審判を受けた者は、被保佐人として、保佐人が付される（民12条、876条の2）。

保佐制度は、従来の準禁治産制度とは異なり、判断能力の不十分な者の保護という成年後見制度の趣旨から、単に浪費者であることを保佐開始の要件から除いている（改正民法附則3条3項）。保佐開始の審判の効力が生じたときは、裁判所書記官は、遅滞なく登記所に登記の嘱託をすることになる（家事116条、家事規77条）。

なお、「成年後見制度」の項を参照のこと。

補助開始の審判（ほじょかいしのしんぱん）

精神上の障害（認知症、知的障害、精神障害等）により判断能力（事理を弁識する能力）が不十分な者を保護するため、本人、配偶者、四親等内の親族等の請求により、家庭裁判所は補助開始の審判をするとされている（民15条、876条の6）。補助開始の審判を受けた者は、被補助人として、補助人が付される（民16条、876条の7）。

補助制度は、従来は保護の対象にならなかった軽度の精神上の障害により判断能力が不十分な者を保護の対象とする成年後見制度による新設の制度である。

補助開始の審判の効力が生じたときは、裁判所書記官は、遅滞なく登記所に登記の嘱託をすることになる（家事116条、家事規77条）。

なお、「成年後見制度」の項を参照のこと。

任意後見制度 (にんいこうけんせいど)

　任意後見制度は、本人が十分な判断能力があるうちに、将来、判断能力が不十分になった場合に備えて、あらかじめ自らが選んだ代理人（任意後見人）に自分の生活、療養看護や財産管理に関する事務について代理権を与える契約（任意後見契約）を結んでおくものである。任意後見契約に関する法律（平11法律150号）の施行により、平成12年4月に新たに制度として創設された。

　この制度における任意後見契約は、公証人が作成する公正証書によりすることとされ（任意後見3条）、公正証書が作成されたときは、公証人からの登記の嘱託に基づき、任意後見契約の登記がされる（公証人法（明41法律53号）57条ノ3第1項、後登5条）。

　この登記がされている場合において、精神上の障害により本人の判断能力が不十分な状況になったときは、本人、配偶者、四親等内の親族等は、家庭裁判所に対し任意後見監督人の選任を申立てすることになる。家庭裁判所が本人の判断能力が不十分な状況にあると認めたときは、任意後見監督人を選任し、任意後見契約の効力を発効させることになる（任意後見4条1項）。

　任意後見契約の受任を受けた者は、任意後見監督人が選任されるまでは、任意後見受任者と呼ばれ（任意後見2条3号）、代理権を行使する権限はない。

　他方、任意後見監督人が選任された後に任意後見人と呼ばれ、これが選任された時点で初めて代理権を行使する権限を取得する（任意後見2条4号）。

後見登記 (こうけんとうき)

　従来、禁治産宣告又は準禁治産宣告の審判が確定すると、後見届又は保佐届に基づき、禁治産者又は準禁治産者の審判を受けた本人の戸籍にその旨の記載がされていた（改正前戸81条、85条）。しかし、これらの事項が戸籍に記載されることに対して心理的抵抗感を持つ者も多く、このことが制度の利用を妨げているとの批判があった。そこで、これに代わるものとして、平成12年

4月に成年後見制度が創設された（「成年後見制度」の項参照）。

　この制度に基づき、取引の安全の要請と本人のプライバシー保護の要請との調和を図るため、戸籍の記載による公示から、後見登記による公示に改められた。

　後見登記は、後見、保佐、補助の法定後見及び任意後見に関する事項について、登記所の磁気ディスクをもって調製する後見登記等ファイルに記録されることになり（後登4条、5条）、後見登記等ファイルに記録されている事項を証明した書面（登記事項証明書）をもって公証することとされた（後登10条）。

　成年後見登記に関する事務は、法務大臣の指定する法務局若しくは地方法務局又はその支局若しくは出張所が、登記所として事務を取り扱うこととされており、東京法務局（民事行政部後見登録課）が指定登記所として事務を行っている（後登2条、平12法務省告示83号）ほか、証明書交付事務について、東京法務局を含めた全国50か所の法務局、地方法務局において取り扱っている（平17法務省告示63号、平24・12・14民一3500号通達第3）。

14 死亡・失踪の届関係

▎死亡 (しぼう)

　人（自然人）は、出生によって権利能力を取得する（民3条1項）が、死亡によって権利能力が消滅すると同時に、相続が開始する（民882条）。このほか婚姻が解消するなど、身分上・財産上重大な影響を及ぼすことになる。したがって、死亡の事実は、迅速・的確に戸籍に記載されなければならない。このため、戸籍法では一定の者に対し、一定の期間内に死亡の届出又は報告をすべきことを義務付けている（戸86条1項、87条1項、89条、90条、92条、93条）とともに、一定の者に届出資格を与えている（戸87条2項）。

　また、死亡の届書には、死亡診断書又は死体検案書を添付することとされている（戸86条2項）。これは、死亡の事実関係を明確にし、届出事項の真実性を担保するためである。しかし、全ての死亡について、死亡診断書又は死体検案書が得られるわけではない。そこで、やむを得ない事情によりそれらが得られないときは、死亡の事実を証する書面（死亡現認書など）をもってこれに代えることができるものとされている（戸86条3項）が、その場合は管轄法務局長等の指示を得た上で届出の受否を決定するものとされている（昭23・12・1民甲1998号回答）。

　死亡には、通常の死亡のほか、水難や火災その他の事変による死亡、公設所における死亡、航海中における死亡、刑死・刑事施設に収容中死亡あるいは身元不明者の死亡などがある。これらの中には、死亡の届出を求めることが困難な特殊の事情もあるため、死亡報告（戸89条、90条、92条）によるもの、又は航海日誌の謄本（戸93条）の送付によるものなどがある。

▌死亡診断書（しぼうしんだんしょ）

　死亡診断書は、死亡した者を診察した医師が、求めに応じて作成し交付するものであり（医師法19条、20条）、その記載事項及び書式は、医師法施行規則（昭23厚生省令47号）に定められている（同規則20条）。

　死亡の届出の際には、死亡診断書又は死体検案書を届書に添付しなければならないとされている（戸86条2項）。しかし、やむを得ない事由により診断書又は検案書が得られないときは、死亡現認書、埋火葬許可証など、他の死亡を証する書面をもって代えることができることとされている。この場合には、死亡届書の「その他」欄に診断書又は検案書を得ることができない事由を記載しなければならない（戸86条3項）が、その届書の受否については、管轄法務局の長の指示を得た上で決定するものとされている（昭23・12・1民事甲1998号回答）。

▌死体検案書（したいけんあんしょ）

　死体検案書は、死亡した者を診察しなかった医師が死亡後に死体を検案した場合に、求めに応じて作成し交付するものである（医師法19条、20条）。死体検案書の記載事項及び書式は、厚生労働省令（医師法施行規則20条、第4号書式）で定められている。

　死亡の届出の際には、死亡診断書又は死体検案書を添付しなければならないとされている（戸86条2項）。

▌死亡現認書（しぼうげんにんしょ）

　死亡の届書に添付すべき死亡診断書又は死体検案書がやむを得ない事由によって得られないときは、死亡の事実を証すべき書面をもってこれに代えることができることとされている（戸86条3項）。

　死亡現認書は、死亡の事実を詳しく知っている者、あるいは死亡を実際に見た者が、その知っている事実や見た内容などを記載したもので、死亡診断

書又は死体検案書に代わる死亡の事実を証すべき書面の一つである。

　死亡現認書などの死亡の事実を証する書面を添付して届出をするときは、死亡診断書又は死体検案書が得られない事由を死亡届書の「その他」欄に記載して届け出なければならない（戸86条3項）。なお、この場合は、管轄法務局長等の指示を得た上で、その届出を受理するか否かを決定しなければならないとされている（昭23・12・1民事甲1998号回答、標準準則23条）。

認定死亡（にんていしぼう）

　水難、火災、震災、航空機事故、炭坑爆発などの事変があり、死体の発見はできないが、周囲の状況から見て、死亡したことが確実と認められる場合には、届出義務者からの届出を期待することは困難であるばかりでなく、その事変の取調べをした官庁又は公署の直接の調査資料等に基づく報告の方が正確で迅速な死亡の戸籍記載ができると考えられる。そのため、当該官庁又は公署が死亡地の市区町村長にその旨の報告をしなければならないとされている（戸89条）。このような事変による死亡報告に基づき、死亡と取り扱われるものを認定死亡と称することがある（昭33・2・1民事甲229号参照）。

　事変による死亡報告があった場合は、市区町村長は戸籍に死亡の記載をする（戸15条）。この死亡の記載は、死亡届による場合と同様に、戸籍に記載された死亡の日に死亡したものと推定される（昭16・4・28民事甲384号回答、昭20・7・17民特甲228号回答）。なお、認定死亡の場合は、法律上で死亡したものとみなされる失踪宣告（民31条）の場合とは異なるので、その後に生存の事実が明らかになったときは、事変による死亡報告をした官庁又は公署からの取消通知などによって戸籍の記載を回復することができる。

　〔参考〕「死亡認定事務取扱規程」昭28・7・7海上保安庁達17号、「海上保安庁による死亡認定の意義」前掲民事甲229号回答

死亡事項記載申出（しぼうじこうきさいもうしで）

　死亡があったときは、死亡届に基づき、戸籍に死亡の記載をするのが原則

であるが、身寄りがない独居老人などのように、届出義務者又は資格者がいない場合には、戸籍に死亡事項が記載されないおそれがある。

　そのような場合において、死亡の事実を把握している者から、死亡事項を記載するよう申出があったときは、これを端緒として市区町村長が職権により死亡の戸籍記載をする取扱いがされている。福祉事務所の長又はこれに準ずる者から死亡の職権記載を促す申出があったときは、届出事件本人と死亡者との同一性に疑義がないものについては、市区町村長限りで死亡事項の職権記載をして差し支えないとされている（平25・3・21民一285号通知）。

▌ 高齢者の職権消除 （こうれいしゃのしょっけんしょうじょ）

　高齢者の職権消除は、戸籍の附票に住所の記載がなく、その所在、生死共に不明であるなど、死亡の蓋然性の極めて高い高齢者について、戸籍の整理を目的として行われる戸籍消除の手続である。

　100歳以上の高齢者については、その者が所在不明で、かつ、その生死及び所在につき調査の資料を得ることができない場合に限り、市区町村長は、管轄法務局長等の許可によって戸籍から消除することとされている（昭32・1・31民事甲163号回答）。

　また、90歳以上の高齢者については、その者が所在不明で、かつ、生存の見込みがない場合に、関係者から戸籍消除の申出により、市区町村長は、管轄法務局の長の許可によって戸籍から消除することとされている（昭32・8・1民事甲1358号通達）。

　いずれも、戸籍法第44条第3項及び第24条第2項に規定する管轄法務局長等の許可を得て、死亡を原因として職権消除をするものである。

　また、120歳以上の高齢者に関し、市区町村長が管轄法務局長等に戸籍訂正許可申請を行うに当たって、許可申請書に記載すべき事項や添付書類について緩和が図られている（平22・9・6民一2191号通知）。

　なお、この職権消除がされても、戸籍面上で死亡の日時が不詳とされているから、その戸籍謄本は相続を証する書面とはならない（昭32・12・27民事三発1384号電報回答）。

不在者 （ふざいしゃ）

住所又は居所を去って容易に帰ってくる見込みのない者を不在者という（民25条1項）。

不在者は、失踪者のように死亡の可能性が高く、帰ってくる見込みのない者とは異なり、当分は帰ってこないが、生存していることは推測され、一応帰ってくることも期待できる者をいう。

不在者が財産を有していて管理人がいない場合は、利害関係人又は検察官の請求により家庭裁判所が財産の管理人を選任する（民25条1項、家事39条別表第一55項。145条）。

なお、不在者の生死不明の状態が7年以上継続し、死亡の公算が大きくなった場合には、失踪宣告の手続をすることができる（民30条1項）。

失踪宣告 （しっそうせんこく）

失踪宣告とは、不在者の生死不明の状態が一定期間（失踪期間という。）継続し、利害関係人からの請求があった場合に、家庭裁判所がその不在者を死亡したものとみなし、その者をめぐる法律関係を処理しようとする制度である。失踪宣告は、家庭裁判所に対する申立てに基づき行われる（家事39条別表第一56項、148条）。利害関係人とは、不在者の失踪宣告をすることについて法律上の利害関係を有する者が該当し、具体的には、配偶者、相続人たるべき者、法定代理人、財産管理人、債権者などが該当する。

失踪期間は、普通失踪の場合が7年間、危難失踪の場合は1年間である（民30条）。失踪宣告がされたときは、普通失踪の場合は失踪期間が満了したときに死亡とみなされる。例えば、失踪宣告の審判書謄本に令和元年11月5日以来生死不明と記載されている場合は、その日の翌日（6日）から起算して7年後の応当日の前日、すなわち令和8年11月5日が死亡とみなされる日である（民31条、140条、141条、143条）。また、危難失踪の場合は危難の去った時に不在者は死亡したものとみなされる。例えば、令和4年9月11日から2日間にわたって災害が発生した場合は、最後の日の令和4年9月12日が死亡

とみなされる日である（民31条）。

　失踪宣告の裁判が確定したときは、その裁判を請求した者は、その裁判が確定した日から10日以内に失踪宣告の審判書の謄本及び確定証明書を添付して失踪の届出をしなければならない（戸94条、63条１項）。失踪届に基づき失踪宣告を受けた者の戸籍に失踪宣告の事項が記載され、同人は除籍される（戸23条）。

▎危難失踪（きなんしっそう）

　戦争、海難、航空機事故、地震、津波など、特に死亡の確率の高い危難に遭遇した者について、その危難の去った時から１年間を経過してもその生死が不明の場合には、家庭裁判所は失踪の宣告をすることができるとされる（民30条２項）。これを危難失踪、あるいは、特別失踪と呼び、普通失踪とは区別している。危難失踪の場合は、危難の去った時に死亡したものとみなされる（民31条後段）。

　これは、不在者の生存の可能性が低いことと、身分上、財産上の法律関係をいつまでも不確定な状態に置くことが近親者や利害関係人にとって酷になる場合が生じるためである。

　失踪宣告の裁判が確定したときは、確定の日から10日以内に、失踪宣告の審判書謄本及び確定証明書を添付して失踪の届出をしなければならない（戸94条、63条１項）。

▎戦時死亡宣告（せんじしぼうせんこく）

　未帰還者に関する特別措置法（昭34法律７号）の規定（同法２条、14条）により、厚生労働大臣の委任を受けた都道府県知事は、失踪宣告（民30条）の請求をすることができるが、これによってなされる失踪宣告を、一般に戦時死亡宣告と称している。

　失踪宣告の申立権者は利害関係人とされ（民30条）、この利害関係人には国家機関は含まれないと解されているが、第二次世界大戦に関連する未帰還者

の戸籍の処理は国の責任においてなすべきとの趣旨から、制定されたものである。

　戦時死亡宣告の申立ては、未帰還者の本籍地の都道府県庁所在地の家庭裁判所にすることとされている。また、この宣告の審判書及び戸籍の記載には、遺族に対する配慮から「戦時死亡宣告」と明示することとされている（昭34・3・30民事甲657号通達、昭35・2・22民事甲421号通達）。

▎失踪宣告の取消し（しっそうせんこくのとりけし）

　失踪宣告によって死亡したものとみなされた者が、実際には生存していることが証明された場合には、先に行われた失踪宣告を取り消して、戸籍に記載されている失踪宣告の事項を消除しなければならない。失踪宣告の取消しは、家庭裁判所に対する申立てに基づき行われる（家事39条別表第一57項、149条）。

　また、失踪宣告によって死亡とみなされる時期と異なる時期に死亡したことが明らかになった場合は、失踪宣告を取り消して、改めて死亡の届出をすることになる。その場合の死亡の届出は失踪宣告の取消しの前でもできるとされているので、死亡の届出がされたときはそのまま受理し、戸籍に死亡の記載をする（昭29・2・23民事甲291号通達）。また、失踪宣告事項の記載は、失踪宣告取消届（戸94条、63条1項）によって消除することになるので、その届出がされるまでそのままにしておくことになる（前掲民事甲291号通達）。

　失踪宣告の取消しの審判が確定したときは、10日以内に申立人から審判の謄本及び確定証明書を添付して失踪宣告取消届をしなければならない（戸94条、63条1項）。

　なお、失踪宣告が取り消されると、その者は死亡したものとみなされないので、失踪宣告によって変動した身分及び財産関係は、宣告前の状態に復活する。また、失踪者の死亡が他の時期に死亡したことを理由に失踪宣告が取り消された場合は、その死亡の時期を標準に改めて法律関係が確定されることになる。ただし、失踪宣告の取消し前に善意でした行為は有効とされる（民32条1項後段）。したがって、例えば、失踪者の妻が再婚をしているとき

は、前婚は復活せず重婚とはならないとしている（昭6・10・19民事805号回答、昭25・2・21民事甲520号回答）。また、失踪者の相続人が、失踪者の生存を知らずに相続財産を処分し、その処分を受けた相手方も善意であった場合は、現に利益を受ける限度においてのみ返還すれば足りるとしている（民32条2項ただし書）。

⑮ その他の届関係

▌縁氏続称届（えんしぞくしょうとどけ）

　養子は、離縁によって原則として縁組前の氏に復する（民816条1項）が、縁組の日から7年経過した後に離縁によって縁組前の氏に復した者は、離縁の日から3か月以内に届け出ることによって、離縁の際に称していた氏を離縁後も称することができるものとされている（同条2項、戸73条の2）。この届出を「離縁の際に称していた氏を称する（縁氏続称）届」又は「戸籍法第73条の2の届」と称する。

　縁氏続称の届出は、離縁によって復氏した者が、その氏の呼称を、離縁の際に称していた氏と同じ呼称に変更する目的をもってする届出である（民816条2項）。したがって、実質的には戸籍法第107条第1項の氏変更と同じであるが、家庭裁判所の許可を要しない点において、同条の特則とされている。

　この届出は、離縁の日から3か月以内に限られるが、養子離縁届と同時に届出することもできる（昭62・10・1民二5000号通達第3の2）。

　この届出に関する規定は、離婚の際に称していた氏を称する届（婚氏続称届）とともに、民法等の一部を改正する法律（昭62法律101号）の施行によって新設されたものである。

▌婚氏続称届（こんしぞくしょうとどけ）

　婚姻の際に氏を改めた夫又は妻は、離婚によって婚姻前の氏に復する（民767条1項）が、離婚によって婚姻前の氏に復した者は、離婚の日から3か月以内に届け出ることによって、離婚の際に称していた氏を離婚後も称することができるものとされている（同条2項、771条、戸77条の2）。この届出を「離

婚の際に称していた氏を称する（婚氏続称）届」又は「戸籍法第77条の２の届」と称する。

　婚氏続称届は、離婚によって復氏した者が、その氏の呼称を、離婚の際に称していた氏と同じ呼称に変更する目的をもってする届出である（民767条２項）。したがって、実質的には氏の変更（戸107条１項）と同じであるが、家庭裁判所の許可を要しない点において、同条の特則とされている。

　この届出は、離婚の日から３か月以内に限られるが、離婚届と同時に届出することもできる（昭51・5・31民二3233号通達一の２）。ただし、離婚の際に称していた氏と婚姻前の氏の呼称が同一である場合は、婚氏続称の届出は受理されない（昭58・4・1民二2285号通達二）。

　この届出による戸籍の処理は、以下のとおりである。

(1)　離婚の届出と同時に婚氏続称の届出をした場合

　　離婚によって復氏すべき者が、協議離婚の届出と同時に婚氏続称の届出をした場合は、その者について直ちに離婚の際に称していた氏で新戸籍を編製する（昭62・10・1民二5000号通達第４の１）。裁判離婚又は外国の方式による離婚の報告的届出と同時にこの届出をした場合も同様である（前掲民二5000号通達第４の１）。

(2)　離婚の届出をした後に婚氏続称の届出をした場合

　ア　離婚の届出によって復籍した者が婚氏続称の届出をした場合において、その者が戸籍の筆頭者でないときは、その者について新戸籍を編製する（戸19条３項）。

　イ　その者が戸籍の筆頭者であるが、その戸籍に同籍者が在るときは、その届出をした者について新戸籍を編製する（戸19条３項、前掲民二5000号通達第４の２(1)）。

　ウ　その者が戸籍の筆頭者であるが、その戸籍に同籍者がないときは、戸籍法第107条第１項の規定による氏の変更の場合の記載に準じて、戸籍の記載をする（前掲民二5000号通達第４の３）。

▌ 復氏届 （ふくし／ふくうじとどけ）

　従前の氏に戻ることを一般的に復氏というが、ここにいう復氏届とは、婚姻によって氏を改めた配偶者が、相手方と死別した後、婚姻前の氏に復することを希望し、その届出をする「生存配偶者の復氏届」のことをいう（民751条1項、戸95条）。この復氏に際しては、何人の同意も必要なく、家庭裁判所の許可も要しない。届出によって初めて復氏の効力が生じるものである。

　復氏届によって復する氏は、原則として婚姻直前の氏である。転婚者については、転婚前の氏（第一の婚姻による氏）であるが、直ちに実方の氏に復することもできる（昭23・1・13民事甲17号通達(2)）。また、復氏者は復籍することが原則であるが、復籍すべき戸籍が除かれているとき、又は復氏者が新戸籍編製の申出をしたときは、その者について新戸籍を編製する（戸19条2項）。

　なお、姻族関係は、この生存配偶者の復氏届によって当然には終了しないことから、姻族関係をも終了させようとする場合には、別途、姻族関係終了届をしなければならない（民728条2項）。

▌ 姻族関係終了届 （いんぞくかんけいしゅうりょうとどけ）

　配偶者の一方と他方の血族との関係を姻族関係といい、三親等内の姻族は親族とされる（民725条）。姻族関係は、婚姻によって生じ、離婚及び婚姻の取消しによって当然に終了する（民728条1項）。しかし、配偶者の一方が死亡して婚姻が解消した場合は、姻族関係は当然には終了しない。この場合に姻族関係を終了させるには、生存配偶者から姻族関係を終了させる意思表示をする必要がある（同条2項）が、その意思表示は、姻族関係終了の届出により行うこととなる（戸96条）。

　姻族関係が終了すると、親族としての権利義務の関係は消滅するが、直系姻族の間で婚姻することができないとする制約は継続する（民735条）。

　なお、婚姻によって氏を改めた者が、姻族関係終了の届出をしたときは、戸籍にその旨の記載はされるが、そのことによって戸籍に変動が生ずることはなく、復氏や復籍は生じない。生存配偶者が姻族関係の終了とともに復

氏・復籍を希望する場合には、別途復氏届をする必要がある（民751条1項、戸95条）。

入籍届（にゅうせきとどけ）

　ある戸籍に入ることを一般に入籍という。例えば、子が出生によって父母又は母の戸籍に入る場合や、婚姻、養子縁組などによって一方の戸籍から除籍され他方の戸籍に入る場合などが挙げられるほか、戸籍法上の入籍の届出をすることによって、ある戸籍から消除され、他の戸籍に入る場合がある。ここでいう入籍届とは後者を指すものであり、具体的には、以下のようなものがある。

(1)　子が父又は母と氏を異にする場合に、家庭裁判所の許可を得て子が父又は母の氏を称してその戸籍に入籍する場合の入籍届（民791条1項・3項、戸98条1項）。

(2)　父又は母が氏を改めたことにより子が父母と氏を異にする場合に、子が父母の戸籍に入籍する場合の入籍届。この場合は、父母の婚姻中に限り、家庭裁判所の許可を要しない（民791条2項・3項、戸98条1項・2項）。

(3)　前記(1)、(2)の入籍届によって氏を改めた子が、入籍当時未成年者であった場合に、その子が成年に達した時から1年以内に従前の氏に復する場合の入籍届。この場合は、1年以内の届出であれば、家庭裁判所の許可を要しない（民791条4項、戸99条）。

(4)　先例上、特に認められている入籍届として、次のものがある（この届出は、家庭裁判所の許可を要しないもので、「父母（父又は母）と同籍する入籍届」といわれている。）。

　①　離婚、離縁等によって復氏した者につき新戸籍が編製された後、その者の婚姻前又は縁組前の戸籍にある同氏の子が、その新戸籍に入籍する場合の入籍届（昭62・10・1民二5000号通達第3の4(2)、第4の2(2)）。

　②　父又は母がその氏を外国人配偶者の称している氏に変更する届出（戸107条2項）により、新戸籍が編製された後、氏変更前の戸籍に在籍している子が、その父又は母の新戸籍に入籍する場合の入籍届（昭

59・11・1民二5500号通達第2の4(1)カ)。

③　②により氏を変更した父又は母が、離婚又は婚姻の取消し若しくは
配偶者の死亡の日以後に、その氏を変更の際に称していた氏に変更す
る届出（戸107条3項）により、新戸籍が編製された後、氏変更前の戸
籍に在籍している子が、その新戸籍に入籍する場合の入籍届（前掲民
二5500号通達第2の4(2)イ）。

分籍届（ぶんせきとどけ）

分籍とは、戸籍の筆頭者及びその配偶者以外の者であって、成年に達した
者が、その者の意思で従前の戸籍から分かれて別に新しく戸籍を作ることで
ある（戸21条1項）。分籍は、届出によって効力が生ずるいわゆる創設的届出
である（戸100条）。

分籍後の本籍は、届出人の意思により自由に定めることができるので、従
来の本籍地の市区町村に定めることもできるし、他の市区町村に定めること
もできる。

分籍によって身分法上の変動を生ずるものではない。すなわち、分籍はそ
の届出に基づき、分籍者を従前戸籍から除籍し、その者を筆頭者とする新戸
籍を編製するのみであり（戸21条2項）、氏の変動も生じない。

なお、分籍した者は、自己の意思で分籍したものであること等から、従前
の戸籍に復籍することはできないとされている（昭26・12・5民事甲1673号回
答）。また、未成年者の分籍届が誤って受理された場合は、その届出は当然
に無効であるから、成年に達した後に有効とする旨の追完届は認められない
（昭36・12・14民事甲3114号回答、昭37・12・25民事甲3715号回答）ので、当該戸籍
は、戸籍訂正により消除すべきことになる（昭25・8・17民事甲2205号回答）。

氏の変更届（うじのへんこうとどけ）

氏の変更には、(1)やむを得ない事由があるとき（例えば、著しく珍奇、難解、
難読なもので、社会生活上支障がある場合等）に変更する場合（戸107条1項）、(2)外

国人と婚姻した者が、外国人配偶者の氏に変更する場合（同条2項）、(3)前記
(2)により外国人配偶者の氏に変更した者が、外国人との婚姻が解消したこと
により、変更前の氏に変更する場合（同条3項）、(4)外国人父又は母の子が父
又は母の氏に変更する場合（同条4項）がある。

　ここにいう氏の変更は、いわゆる呼称上の氏の変更（戸107条）であり、民
法上の氏の変更（民791条）ではない。したがって、この氏の変更届があって
も民法上の氏に変更が生じるものではない。また、氏の変更は、戸籍の届出
によって効力が生じるものである（創設的届出）から、家庭裁判所の許可を得
たとしても、届出をしない場合には、変更の効力は生じない。

①　やむを得ない事由による氏の変更届（戸107条1項の届）

　　現在称している氏が、著しく珍奇、難解、難読なもので、社会生活上
　支障がある等「やむを得ない事由がある」場合には、戸籍の筆頭に記載
　した者及びその配偶者は、家庭裁判所の許可を得て氏の変更をすること
　ができる（家事39条別表第一122項、226条）。配偶者の一方が死亡等によっ
　て除籍されているときは、他方のみが届出をすることができる。

　　これに対し、筆頭者及びその配偶者が共に除籍されている場合、その
　戸籍にある者には氏変更届をすることが認められないので、変更をしよ
　うとするときは、分籍をした上でなければすることができない。

　　氏の変更の効果は、同一戸籍内の者の全てに及ぶが、変更前にその戸
　籍から除籍されて他の戸籍に入籍した者には及ばない。

②　外国人と婚姻した者の氏の変更届（戸107条2項の届）

　　外国人と婚姻した日本人配偶者には、民法第750条の適用はないと解
　されている（昭26・12・28民事甲2424号回答、昭40・4・12民事甲838号回答）。
　すなわち、外国人には日本民法に規定される氏がないことから、外国人
　と婚姻する日本人については婚姻に際して氏の変動が生じないが、その
　者が、外国人配偶者の称している氏に変更しようとする場合は、婚姻成
　立後6か月以内であれば、家庭裁判所の許可を得ないで外国人配偶者の
　称している氏に変更することができる（戸107条2項）。

　　この場合の氏変更の効果は、同籍者には及ばないことから、同籍者が
　ある場合は、その届出をした者について新戸籍を編製することになる

（戸20条の2第1項）。なお、氏変更前の戸籍に在籍している子は、同籍する旨の入籍届により、氏を変更した父又は母の新戸籍に入籍することができる（昭59・11・1民二5500号通達第2の4(1)カ）。

③　外国人との婚姻を解消した者の氏の変更届（戸107条3項の届）

前記②の氏変更届をした者は、その外国人配偶者との婚姻を解消（離婚、婚姻の取消し、配偶者の死亡）した場合、解消後3か月以内に限って家庭裁判所の許可を得ないで、届出によって氏を変更前の氏に再度変更することができる（戸107条3項）。

この場合の氏の変更の効果は、同籍者には及ばないので、同籍者がある場合は、その届出をした者について新戸籍を編製する（戸20条の2第1項）。なお、前記②の氏変更前の戸籍又は再変更前の戸籍に在籍している子は、同籍する旨の入籍届により、氏を再度変更した父又は母の新戸籍に入籍することができる（前掲民二5500号通達第2の4(2)イ）。

④　外国人父母の称する氏への氏変更届（戸107条4項の届）

戸籍の筆頭に記載した者又はその配偶者以外の者で父又は母を外国人とする者が、その氏を外国人である父又は母の称している氏に変更しようとするときは、家庭裁判所の許可を得て氏の変更の届出をすることができる（戸107条4項）。

この場合の氏変更の効果は本人についてのみ生じ、同籍者に及ばないことから、本人について新戸籍を編製する（戸20条の2第2項、前掲民二5500号通達第2の4(3)ア）。

名の変更届（なのへんこうとどけ）

名の変更届は、現在使用している名を変更しようとする者が、家庭裁判所の許可を得て、変更の届出をすることである（戸107条の2）。

名の変更は「正当な事由」がある場合に、家庭裁判所へ名の変更許可の申立てをし（戸107条の2、家事39条別表第一122項、226条）、その許可を得て、名の変更届出をすることによって効力が生じる。変更の正当な事由としては、例えば、長い慣行による営業上の目的から襲名の必要があること、同一地域に

同姓同名の者があって社会生活上支障があること、珍奇な名、外国人と紛らわしい名、又は難解難読の名で社会生活上支障があること、神官若しくは僧侶となり、又は神官若しくは僧侶をやめるため改名する必要があること、異性と間違えられるおそれがあることなどが認められている。

　名の変更は、戸籍の届出によって効力が生じるものである（いわゆる創設的届出）から、家庭裁判所の許可を得たとしても、届出をしない場合には、変更の効力は生じない。

▌転籍届（てんせきとどけ）

　転籍とは、戸籍の所在場所である本籍を移転することである。移転先は、日本の領土内であればどこに定めてもよいが、その場所は、市区町村の区域内で土地の名称、地番号又は街区符号の番号によって特定しなければならない（戸6条、戸規3条）。

　なお、本籍は、人の生活の本拠としている住所とは観念上別個のものであるから、上記のとおり、日本の領土内であれば、いずれの場所に本籍を定めてもよいことになる。

　転籍届は、戸籍の筆頭者及びその配偶者が、何人の同意も許可も要することなく、いつでも自由に届出をすることができる。

　本籍の移転先が同一市区町村の場合を「管内転籍」といい、他の市区町村の場合を「管外転籍」という。

　転籍届による戸籍の記載は、管内転籍の場合は、転籍事項を戸籍事項欄に記載し、本籍の表示を更正するだけであり、新戸籍を編製しない（昭30・1・17民甲27号回答3、昭41・9・1民事甲2502号回答）。他方、管外転籍の場合は、転籍先の市区町村において新しく戸籍が編製され（戸6条）、転籍前の戸籍は除かれて除籍簿に移される（戸12条）。

▌就籍届（しゅうせきとどけ）

　就籍とは、日本国籍を有していながら本籍がない者（無籍者）について、

新たに戸籍を作ることである（戸110条１項）。

　また、本籍が明らかでない者（本籍不明者）についても、就籍が認められる（大10・４・４民事1361号回答）。

　戸籍は、日本国民の全てについて作られるべきものであり、通常は、出生、帰化、国籍取得などの事由により戸籍に記載される。しかし、それらの届出がされない場合、例えば、出生の届出義務者等がいないなどの事情により出生の届出がされず、あるいは、出生に関する資料が得られず職権による戸籍記載ができない（戸44条３項、24条２項）ため無籍者となっている者については、就籍の手続によることになる。

　また、樺太及び千島（国後、択捉、色丹及び歯舞群島のいわゆる北方地域を除く。）に本籍を有していた者で、昭和27年４月28日午後10時30分の「日本国との平和条約」発効前に内地に転籍しなかった者についても、無籍者として就籍の手続によることが認められる（昭27・４・19民事甲438号通達）。

　就籍の届出をするには、家庭裁判所の許可を得なければならない（戸110条）。なお、死亡した者については就籍許可審判の申立ては認められないとしている（昭25・８・19家庭甲259号最高裁家庭局長回答）。また、死亡した者について、就籍許可の審判があり、その届出がされた場合は、受理すべきでないとしている（昭28・４・25民事甲698号回答、昭31・３・６民事二発91号回答、昭40・７・７民事甲1490号回答）。

　就籍の特殊な例として、国籍存在確認又は親子関係存在確認の裁判の確定によって就籍の手続をすることができる場合もある（戸111条）。

▌ 推定相続人の廃除届 （すいていそうぞくにんのはいじょとどけ）

　推定相続人とは、ある人が死亡して相続が開始した場合に、法律上、当然に相続人の地位に就く者をいう。

　推定相続人の廃除は、遺留分を有する推定相続人（被相続人の配偶者、直系卑属及び直系尊属）が、被相続人に対して虐待をしたり、重大な侮辱を加えたとき、又は推定相続人にその他の著しい非行があったときに、その者に対して被相続人が自己の財産を相続させないために、その推定相続人としての地位

を奪う制度である（民892条）。

　推定相続人を廃除するためには、被相続人などが家庭裁判所に調停若しくは審判の申立てをしなければならない（家事39条別表第一86項、188条1項）。

　調停が成立し若しくは審判が確定したときは、申立人は10日以内に調停調書の謄本又は審判書謄本及び確定証明書を添付して、推定相続人廃除届をしなければならない（戸97条、63条1項）。この届出に基づいて、廃除された人の戸籍の身分事項欄に廃除事項が記載される（戸規35条8号）。

　なお、廃除事項は重要な身分事項であることから、新戸籍が編製され、又は他の戸籍に入るときにも、従前戸籍に記載された廃除事項は新戸籍又は他の戸籍に移記することを要する（戸規39条6号）。

▎認知された胎児の死産届（にんちされたたいじのしざんとどけ）

　認知された胎児に係る戸籍の記載は、当該胎児が出生した後、その出生の届出に基づいてするため、胎児認知届を受理した母の本籍地の市区町村長は、出生届が提出されるまでの間、当該胎児認知届を保管することとされている（戸61条）。

　しかし、胎児が出生しないで死産したときは、認知の効力は生じないので、戸籍には記載されないが、先に届出がされた胎児認知届に結末をつける必要があるため、出生の届出義務者（通常は母である。戸52条2項）は、死産届を要するものとされている（戸65条）。

　この届出は、人口動態調査に関する「死産の届出に関する規程」（昭21厚生省令42号）に基づいて届け出るべき死産届とは別に届出をする必要があり、一方の届出をもって他方の届出に代えることはできない（昭23・10・11民事甲3100号回答）。

▎本籍分明届（ほんせきぶんめいとどけ）

　戸籍の届出をする場合において、届出人又は事件本人が日本国籍を有するときは、届書に本籍及び戸籍の筆頭者（戸籍の表示）を記載しなければならな

い（戸29条）。もっとも、届出に際して自らの本籍が日本国内にあることは確かであるが、どこにあるかが明らかでない者（本籍不明者）、又は日本国籍を有するが何らかの理由で戸籍に記載されていない者（無籍者）については、届書に本籍を記載することができないことになる。その場合には、本籍不明者又は無籍者として届出をせざるを得ないことになる。

　このように、本籍の不明者又は無籍者として届出をした後に、その者の本籍が明らかになったとき、又は就籍届により本籍を有することとなったときは、先にした届出について結末をつけるために本籍分明届をすべきものとされている（戸26条）。

　本籍分明届は、本籍不明者又は無籍者として届出した基本の届出に対する追完届のような性質を有するものであるから、基本の届出と合わせて完全な一つの届出となり、これに基づき戸籍の記載をすることになる。

　なお、戸籍は、日本国籍を有する者を登録の対象としていることから、本籍不明者又は無籍者に関する届出を受理するに当たっては、その者が日本国籍を有するか否かを審査する必要がある。そのため戸籍実務上は、本籍不明者又は無籍者を当事者の一方とする婚姻などの届出については、日本国籍を有すること及び婚姻要件を具備していることの資料を提出しなければ受理しない取扱いである（昭29・11・20民事甲2432号通達、平26・7・31民一819号通知）。この取扱いは、養子縁組の届出についても同様である。

16 親族関係

▌血族 (けつぞく)

　血族とは、一般に生理的に血縁のある者をいうが、法律上は、養親子のように法律上血縁者と同様に扱われる者も血族という（「自然血族」、「法定血族」の各項参照）。民法において、単に血族というときにはこの両者を包含する。血族は、親族関係の基礎をなすものであり、民法においては、六親等内の血族を親族とされている（民725条。「血族六親等図」参照）。

▌自然血族 (しぜんけつぞく)

　自然血族とは、相互に生理的な血縁関係のある者をいう。法定血族に対する用語である。

　自然血族関係は、親子の血縁を基礎とするものであるから、出生という自然的事実によって生じ、これを通して父母、祖父母、兄弟姉妹、おじ、おばなどとの間に自然血族関係を持つことになる。

　なお、婚姻関係にない父母の間に出生した子（嫡出でない子）については、その母子関係は原則として分娩の事実によって生じる（最判昭37・4・27民集16巻7号1247頁）が、父子関係は父の認知が必要であり（民779条）、その認知がなければ血縁上の父子であっても法律上の親子ではない。これに対し、父母の婚姻中に懐胎され、嫡出の推定を受ける子（民772条。推定される嫡出子）については、たとえその父と血縁がない場合であっても、その嫡出性が否定されない限り、法律上その父の嫡出子たる地位を有する。

▌法定血族（ほうていけつぞく）

　法定血族とは、生理的な血縁関係はないが、養親と養子の関係のように、法律上親子と認められる関係をいう。これに対し、実親子のように生理的な血縁関係のある者を自然血族という。

　養子縁組によって、縁組の日から、養子と養親との間のみならず、養子と養親の血族間においても法定血族関係が生じる。さらに、養子の縁組後に生まれた直系卑属と養親又は養親の血族との間にも同様に、法定血族関係が生じる（民727条）。なお、養親と養子の血族の間には、養子縁組前の養子の子を含めて、法定血族関係は生じない（大判昭7・5・11民集11巻1062頁、昭27・2・2民事甲89号回答）。

　養子縁組によって生じた法定血族の関係は、養子離縁によって全て終了する（民729条）。

　自然血族と法定血族を含めて、法律上は単に血族という（民725条）。

▌直系血族・傍系血族（ちょっけいけつぞく・ぼうけいけつぞく）

　直系血族とは、祖父母、父母、子、孫のように、ある者を中心にして世代が上下に直線的につながる血族をいう。これに対して、傍系血族とは、兄弟姉妹、おじ、おば、いとこのようにある者と共通の始祖を介してつながっている血族をいう（「血族六親等図」参照）。

▌尊属・卑属（そんぞく・ひぞく）

　自分の父母や祖父母あるいはおじやおばなど、自分より上の世代にある者を尊属という。これらのうち、父母、祖父母などを直系尊属といい、おじ、おばなどを傍系尊属という（「親族・親等図」参照）。

　尊属に対し、子、孫あるいは甥、姪など自分より下の世代にある血族を卑属という。子、孫などを直系卑属といい、甥、姪などは傍系卑属という。

　兄弟姉妹やいとこなど自分と同じ世代にある血族は、尊属でも卑属でもな

い。

尊属と卑属との区別の実益は、相続の順位（民889条）や婚姻、養子縁組の障害（民736条、793条）などの点に現れる。

▌直系尊属・直系卑属（ちょっけいそんぞく・ちょっけいひぞく）

自分の父母、祖父母を直系尊属という。また、自分の子、孫などを直系卑属という（「親族・親等図」参照）。

血族は、その血縁の在り方によって、直系、傍系と尊属、卑属に区別される。直系とは、父母と子、祖父母と孫などのように、一方が他方の子孫である場合をいう。傍系とは、兄弟姉妹やおじ、おば、甥、姪などのように双方が共同の始祖の子孫である場合をいう。前者を直系血族、後者を傍系血族という。

尊属とは、自分の父母、祖父母あるいはおじ、おばなど、自分より上の世代にある者をいう。前者を直系尊属といい、後者を傍系尊属という。

卑属とは、子、孫あるいは甥、姪など、自分より下の世代にある者をいう。前者を直系卑属といい、後者を傍系卑属という。

▌傍系尊属・傍系卑属（ぼうけいそんぞく・ぼうけいひぞく）

自分のおじ、おばなどを傍系尊属という。また、自分の甥、姪などを傍系卑属という（「親族・親等図」参照）。

血族は、その血縁の在り方によって、直系、傍系と尊属、卑属とに区別される。

直系とは、父母と子、祖父母と孫などのように、一方が他方の子孫である場合をいう。傍系とは、兄弟姉妹、おじ、おば、甥、姪などのように双方が共同の始祖の子孫である場合をいう。

また、尊属とは、父母、祖父母、おじ、おばなどのように、自分より上の世代にある者をいい、卑属とは、子、孫、甥、姪などのように、自分より下の世代にある者をいう。

▌姻族 (いんぞく)

配偶者の一方と他方の血族との関係を相互に姻族という。例えば、夫から見て妻の父母は姻族であり、自分の兄弟姉妹の配偶者も姻族である (「姻族三親等図」参照)。

配偶者の一方の血族と他方の血族 (例えば、夫の親と妻の親) とは相互に姻族ではなく、また配偶者の一方と他方の姻族 (例えば、姉の夫と妹の夫) も相互に姻族ではない。

民法においては、三親等内の姻族を親族としている (民725条)。姻族間の親等は夫婦を一体として計算する。

姻族であることによって生ずる法律上の効果としては、例えば、同居の姻族の互助義務 (民730条)、直系姻族間の婚姻禁止 (民735条)、特別の事情があるときの扶養義務 (民877条) などがある。

姻族関係は、婚姻によって発生し、離婚によって当然に終了する (民728条1項)。なお、夫婦の一方が死亡した場合には、生存配偶者が姻族関係終了届をしたときに姻族関係が終了する (民728条2項、戸96条)。

▌直系姻族 (ちょっけいいんぞく)

配偶者の一方と他方の直系血族を相互に直系姻族という (「姻族三親等図」参照)。なお、配偶者の一方と他方の傍系血族との関係を傍系姻族という。

例えば、夫から見て妻の父母、祖父母、又は妻の子、孫などは直系姻族である。反対に、妻から見ても同様のことがいえる。

三親等内の姻族は、親族とされる (民725条)。

姻族間の親等は、夫婦を一体として計算する。例えば、夫から見て妻の父母は一親等の直系姻族、妻の兄弟は二親等の傍系姻族、妻の曾祖父母は三親等の直系姻族である。

なお、姻族についても血族の場合と同じく直系、傍系や尊属、卑属の区別がなされるが、単に直系尊属、直系卑属といった場合には血族だけを指し、姻族は含まれないものと一般に解されている。

傍系姻族（ぼうけいいんぞく）

　配偶者の一方と他方の傍系血族との関係を相互に傍系姻族という（「姻族三親等図」参照）。なお、配偶者の一方と他方の直系血族との関係を直系姻族という。

　例えば、夫と妻のおじ、おば、夫と妻の兄弟姉妹及び夫と妻の甥、姪との関係をそれぞれ相互に傍系姻族という。また、反対に妻と夫のおじ、おば、妻と夫の兄弟姉妹及び妻と夫の甥、姪との関係も同じようにそれぞれ相互に傍系姻族という。

　三親等内の姻族は、親族となる（民725条）。

　姻族間の親等は、夫婦を一体として計算する。例えば、夫から見て妻の父母、妻の子は一親等の直系姻族であり、妻の祖父母は、二親等の直系姻族であり、兄弟姉妹は二親等の傍系姻族である。妻のおじ、おば、甥、姪は三親等の傍系姻族である。反対に、妻から見ても同じようにいえる。

実親子（じっしんし）

　実親子とは、生理的な血縁関係のある親子をいう。養子縁組によって生じる養親子に対する用語である。

　実親子の関係において、父母の婚姻中に出生した子は「嫡出子」といい、婚姻関係にない父母の間に出生した子は「嫡出でない子」という。

　なお、嫡出でない子については、その母子関係は原則として分娩の事実によって生じる（最判昭37・4・27民集16巻7号1247頁）が、父子関係は父の認知が必要であり（民779条）、その認知がなければ、血縁上の父子であっても法律上の父子ではない。

養親子（ようしんし）

　養親子とは、養子縁組によって生ずる養親と養子との親子関係をいう。生理的血縁に基づく実親子に対する用語である。

養親子は、法定血族であるが、法律的には自然血族である実親子と差異は
ない。

養子は、縁組の日から、養親の嫡出子としての身分を取得し（民809条）、
未成年の場合にはその親権に服する（民818条2項）。養子と養親の血族との間
には法定血族関係を生じる（民727条）が、養親と養子の血族との間には血族
関係は生じない。なお、養子縁組によって養子はその実方の親族から離脱す
るものではないから、養子は、養方及び実方双方の親族と互いに相続、扶養
などの権利義務を有する（特別養子縁組を除く。民817条の2）。

養子は、原則として養親の氏を称し（民810条）、原則として養親の戸籍に
入籍する（戸17条、18条3項、20条）。

養親子の関係は、養子離縁によって消滅する（民729条）。

▍配偶者 （はいぐうしゃ）

夫婦の一方を他方に対して配偶者という。配偶者であるためには、法律上
の婚姻があることが前提であり、内縁関係にある事実上の夫婦については配
偶者には当たらない。配偶者は親族である（民725条）が、相互間に親等はな
い。

配偶者としての身分は、婚姻の成立によって取得し、離婚や死亡など婚姻
の解消又は婚姻の取消しによって失う。

なお、夫婦の一方が死亡した場合、死亡した当事者に対する他方当事者を
生存配偶者という（民728条2項、751条1項）。

▍親等 （しんとう）

親族関係の遠近を表す単位である。親等の計算は、直系血族間ではその間
の世代数がそのまま親等である。例えば、自分の親と子はそれぞれ一親等で
あり、孫と祖父母はそれぞれ二親等である。

傍系血族間ではその一方から共通の始祖に遡り、そこから他の一方に下る
までの世代数を数える（民726条）。例えば、自分の兄弟姉妹は二親等であり、

おじ、おば、甥、姪はそれぞれ三親等で、いとこは四親等である。また、姻族間の親等は、夫婦を一体として計算する。例えば、妻から見て夫の父母は姻族一親等であり、夫の兄弟姉妹は姻族二親等である。

　なお、配偶者相互間には、親等はない。

　民法は、六親等内の血族、配偶者及び三親等内の姻族を親族としている（民725条。「親族・親等図」参照）。

　民法上、近親婚（民734条）、扶養（民877条2項）、相続順位（民889条）などの法律効果が親等を基準として発生する。

親　等　図（しんとうず）

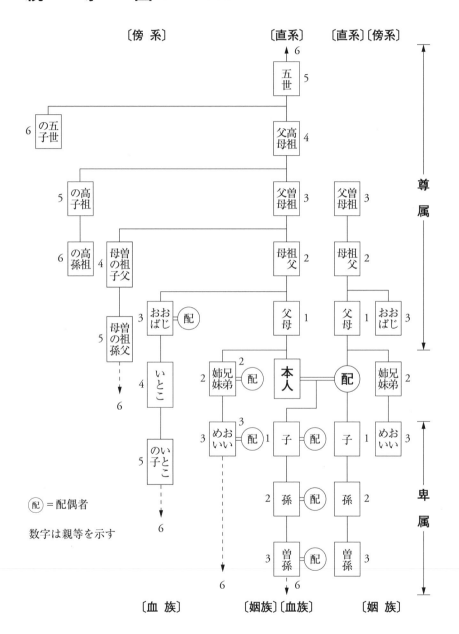

〔傍　系〕　　　　　　　〔直系〕　〔直系〕〔傍系〕

尊属

卑属

配 ＝ 配偶者

数字は親等を示す

〔血　族〕　　　　　〔姻族〕〔血族〕　　　〔姻族〕

親族・親等図 (しんぞく・しんとうず)

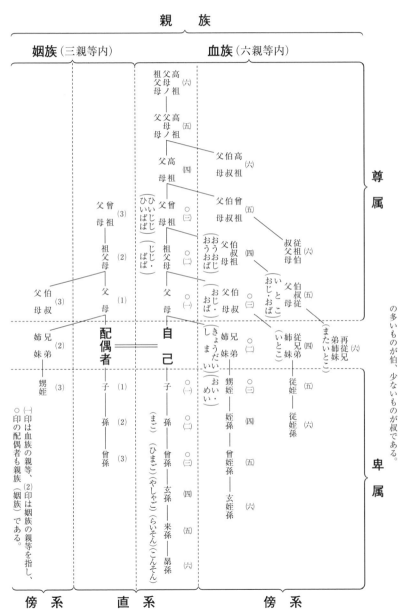

血族六親等図 （けつぞくろくしんとうず）

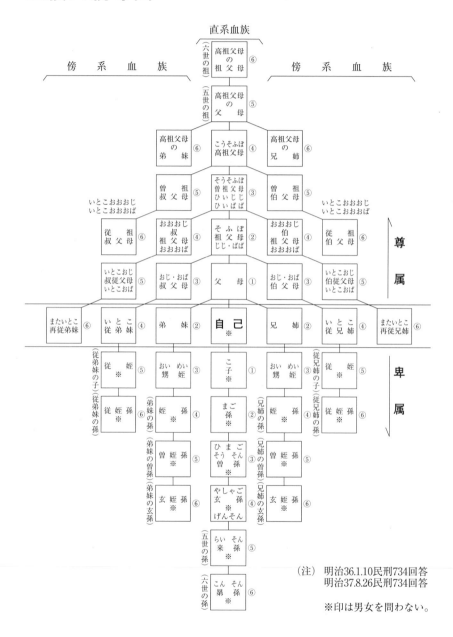

姻族三親等図 （いんぞくさんしんとうず）

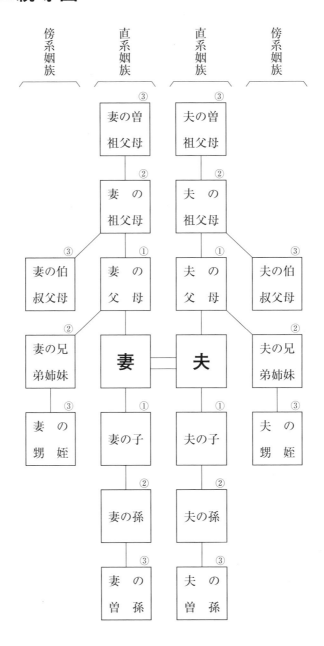

17

民法等用語一般

遺言 （いごん／ゆいごん）

遺言（「ゆいごん」ともいう。）とは、遺言者の死亡後に特定の法律的効果を実現させるため、一定の形式に従って遺言者の意思を生存中に表明しておくものである（民960条以下）。

遺言することができる事項は、相続分の指定（民902条）など法律で認められた一定のものに限られ、それ以外の遺訓などは法律上の遺言ではない。戸籍に関するものとしては、遺言による認知届（民781条、戸64条）、遺言により未成年後見人又は未成年後見監督人が指定された場合における未成年者の後見開始届（民839条、848条、戸81条）又は未成年者の後見監督人就職届（戸85条、81条）がある。

遺言をするには通常の行為能力は不要であり、満15歳に達した者は遺言をすることができる（民961条）。なお、遺言をするには、民法の定める方式に従わなければならない（民960条）。

遺留分 （いりゅうぶん）

遺留分とは、一定の相続人のために法律上必ず残しておかなければならない相続財産の一定割合をいう。

人は遺言又は生前贈与等によって自分の財産を自由に処分することができるが、これを無制限に認めると遺族にとって不都合が生じる。そこで、相続人である家族の生活を保障するために認められたのが遺留分制度である。

遺留分を受ける権利を有するのは、配偶者と直系卑属（子又はその代襲相続人）と直系尊属に限られ、兄弟姉妹には遺留分はない（民1042条）。

遺留分の割合は、配偶者又は直系卑属が相続人に加わっている場合は相続財産の2分の1（同条1項2号）、直系尊属のみが相続人であるときは、相続財産の3分の1である（同項1号）。

遺留分を侵害された遺留分権利者は、遺贈又は贈与に対し、その侵害された部分に相当する金銭の支払を請求することができる（民1046条。遺留分侵害額請求権）。

▌権利能力 （けんりのうりょく）

権利能力とは、権利（義務）の主体となり得る資格をいう。権利能力は、自然人と法人に認められている。

民法第3条第1項には、「私権の享有は、出生に始まる。」と規定されているが、ここにいう「私権」とは私法上の権利を有することのできる地位又は資格であり、権利能力というのは、一般にこの「私権」を享有し得る地位や資格をいうものとされている。したがって、今日では、全ての人間が、出生とともに権利能力者となり、戸籍によって権利能力者であることが公証される。

なお、胎児の権利能力について、次のとおり特例が認められている。すなわち、損害賠償請求権（民721条）、相続権（民886条）、受遺能力（民965条）について、胎児は既に生まれているものとして取り扱われる。

▌行為能力 （こういのうりょく）

行為能力とは、単独で、完全に、契約のような法律行為をすることができる能力をいう。

人は全て権利能力を生まれながら有している（民3条）が、必ずしも行為能力を有するとは限らない。

民法は、判断能力の不十分な者、すなわち、未成年者、成年被後見人、被保佐人及び被補助人を制限行為能力者と定め、これらの者に保護者をつけることとし、その者が保護者の権限を無視して自らした行為を一定の要件の下

で取り消し得るものとしている（民5条2項、9条本文、13条4項、17条4項）。

　制限行為能力者に関する制度は、本来財産上の行為に適用されるものであって、本人の意思を尊重すべき身分上の行為には原則として適用されないと解されている。すなわち、身分行為については、本人がその行為の意義を理解する能力（判断能力・意思能力）があれば単独でその行為をするのが本則とされている。

　例えば、養子縁組について、養子となる者は15歳以上であれば本人に能力があるとされ（民797条）、婚姻をするには、18歳以上であればその能力があり（民731条）、認知については認知する父が未成年者又は成年被後見人であるときでもその法定代理人の同意を要しない（民780条）とされている。また、成年被後見人が、婚姻又は縁組をするについてその成年後見人の同意は要しない（民738条、799条）。

　なお、これらの戸籍の届出についても、意思能力を有する限り本人自らすべきであり、代理ですることは認められない（戸32条）。

意思能力 （いしのうりょく）

　意思能力とは、自分の行為の意味や結果を判断できる精神的能力をいう。通常人でも泥酔中、失神中は意思能力がないとされている。意思能力のない者のなした法律行為は無効である。

　戸籍法上では、意思能力があれば、未成年者又は成年被後見人であっても特に代理人による届出を認める規定がない限り、本人が届出をすることになっている（戸31条、32条）。身分法上、未成年者の意思能力の有無については、満15歳以上の者は、通常意思能力を有するものとして取り扱われる（民791条3項、797条、961条等参照、昭23・10・15民事甲660号回答第4項）。

意思表示 （いしひょうじ）

　意思表示とは、一定の法律効果の発生を欲し、かつ、その旨を外部に表示する行為をいう。表示する形式としては、通常、言語又は書面をもって行わ

れる。

　意思表示は、その成立過程を心理的経過に従って、三つの要素から成立する。第一に、効果意思、すなわち、一定の効果の発生を欲する意思である。第二に、表示意思、すなわち、この効果意思を外部に発表しようとする意思である。第三は、表示行為、すなわち、そのような意思を外部に発表する行為である。

　意思表示は、遺言のようにそれが単独で法律効果を発生する場合もあるが、これはまれであり、多くの場合は二つの意思が結合し、あるいは更にそれに一定の事実行為や外界の事件が結合して法律行為を構成し、法律効果を発生するものである。なお、身分上の行為について、届出を要件とする婚姻、協議離婚などは、届出当時に当事者に意思の合致を要すると解されている。

▌ 成年者（せいねんしゃ）

　成年者とは、自然人で、単独で、有効に法律行為をなし得る年齢に達した者をいう。民法上は満18歳である（民4条）。成年に達したときには、財産上の行為能力を有することになるほか、親族法上においても様々な効果が生じる。例えば、成年に達することにより親権に服しなくなる（民818条、819条）ほか、未成年の当時に、父又は母の氏に改めた子（民791条1項・2項、戸98条）は、成年に達した時から1年以内に従前の氏に復することができる（民791条4項、戸99条）。他方、養親になることができる年齢は、普通養子縁組は20歳以上（民792条）、特別養子縁組は25歳以上（民817条の4）とされており、成年年齢とは一致しない。

　なお、成年年齢の引下げ等を内容とする民法の一部を改正する法律（平30法律59号、令4・4・1施行）。以下「平成30年改正法」という。）が施行される以前は、成年年齢が20歳とされており、婚姻適齢が男18歳、女16歳とされていた（平成30年改正法による改正前の民731条）ことから、未成年者が婚姻する場面が生じていたところ、未成年者でも婚姻をすれば成年に達したものとみなされていた（平成30年改正法による改正前の民753条。成年擬制）。ただし、この場

合であっても、成年擬制は民法上の効果にすぎないものであり、満18歳以上とみなされたわけではないので、未成年者飲酒禁止法（大11法律20号、現：20歳未満ノ者ノ飲酒ノ禁止ニ関スル法律）や未成年者喫煙禁止法（明33法律33号、現：20歳未満ノ者ノ喫煙ノ禁止ニ関スル法律）の適用を受けていたほか、公職の選挙権も取得せず（公選9条）、刑法その他の公法の適用上も未成年者であるとされていた（少年法2条以下）。

▌未成年者（みせいねんしゃ）

未成年者とは、年齢が満18年に達しない者をいう（民4条）。すなわち、民法においては、満18歳をもって成年とするとされているところ、成年に達した者を成年者といい、成年に達しない者を未成年者という。

なお、平成30年改正法の施行以前においては、成年年齢が20歳とされ、婚姻できる年齢（婚姻適齢）は男が18歳、女が16歳とされていた（平成30年改正法による改正前民731条）ことから、未成年が婚姻する場面があり、この場合には婚姻によって成年に達したものとみなされるとされていた（平成30年改正法による改正前民753条。成年擬制）が、現在では成年年齢と婚姻適齢は一致していることから、平成30年改正法に定める経過措置による場合を除いて、未成年者が婚姻する場面は生じないこととなる。

民法上、未成年者は行為能力が制限される。すなわち、未成年者が財産上の法律行為をするには、単に利益を得、又は義務を免れるのみの行為を除いては、原則として法定代理人の同意が必要であり、その同意なしに単独でした行為は、後から取り消すことができる（民5条1項・2項）。

しかし、養子縁組などの身分上の法律行為（身分行為）については、本人の意思を特に尊重する必要があるため、民法総則の法律行為に関する規定は適用がないと解されている。したがって、未成年者であっても意思能力のある限り、原則として本人が単独で身分行為をすることができる（民797条）。

法定代理人（ほうていだいりにん）

　本人の意思に基づかず法律の規定によって代理権が与えられている者を、法定代理人という。これに対し、本人の意思に基づいて代理権が与えられている者を、任意代理人という。

　身分法上、法定代理が成立する主要な場合は、次のとおりである。

(1)　一定の者が当然になる場合──未成年の子に対して親権を行う父母（民818条、819条3項本文）。

(2)　本人以外の私人の協議又は指定による場合──父母の協議による親権者（民819条1項・3項ただし書・4項）、親権者が遺言で指定する未成年後見人（民839条）。

(3)　家庭裁判所が選任する場合──家庭裁判所の決定した親権者（民819条2項・5項・6項）、同裁判所の選任した未成年後見人（民841条）、同裁判所の選任した成年後見人（民843条）。

特別代理人（とくべつだいりにん）

　特別代理人とは、一定の場合に特別に選任される代理人をいう。身分法上は、例えば、親権者である父又は母とその子との利益が相反する行為（利益相反行為）については、その子のために特別代理人を選任すべきものとしている（民826条1項）。また、親権者が数人の子に対して親権を行う場合において、その1人と他の子との利益が相反する行為については、その一方のために特別代理人を選任すべきものとしている（同条2項）。

　また、後見人と被後見人との利益相反行為及び後見人の後見に服する数人の被後見人相互間の利益相反行為についても、上記と同様に特別代理人を選任すべきものとしている（民860条）。なお、この場合、後見監督人がある場合（民848条〜852条）には、その者が被後見人を代表する（民851条4号）ので、特別代理人を選任する必要はない（民860条ただし書）。

　戸籍実務上の事例としては、15歳未満の者が養子となる場合の代諾（民797条1項）の関係について、自己の嫡出でない子を養子とする場合、養親とな

るべき父又は母が同時に子の親権者であるときは、その代諾につき利益相反の関係が生ずると解されているので、この場合には、親権者たる父又は母が子に代わって縁組の承諾をすることは許されず、特別代理人を選任し、その者が代諾すべきものとされている。なお、15歳未満の嫡出でない子を、その実母が夫とともに養子縁組をする場合には、従前、実母に代わる特別代理人を選任し、その者の代諾によって縁組をすることとされていたが、その後、先例の変更により特別代理人の選任は要しないものとされた（昭63・9・17民二5165号通達）。

　また、後見人が15歳未満の被後見人を養子とするときは、後見監督人が代諾する（民851条4号）ことになるが、後見監督人がいないときは特別代理人によることとなる。

▮ 利益相反行為 （りえきそうはんこうい）

　利益相反行為とは、当事者の間で利益が相反する内容の行為をいう。そのような行為は、それぞれの利益を守るため、一方が他方を代理したり、同一人が双方を代理することは禁止されている。

　例えば、子と親権者、被後見人と後見人間の取引などの場合、後者が前者を代理ないし代表して行為を行うことができるということになると、子、被後見人などにとって著しい不利益の生ずることが予想されるので、これを法律で禁止している。

　利益相反行為となる場合には、特別代理人を選任（民826条、860条）し、その者と行為をすることになる。

　戸籍実務上の事例としては、自己の15歳未満の嫡出でない子を養子とする場合、養親となるべき父又は母が同時に子の親権者であるときは、その代諾（民797条1項）について利益相反の関係が生ずると解されているので、この場合には、親権者たる父又は母が子に代わって縁組の承諾をすることは許されず、特別代理人を選任し、その者が代諾すべきものとされている。

　なお、15歳未満の嫡出でない子を、その実母が夫とともに養子縁組をする場合には、子と夫の縁組については実母が代諾するが、子と実母の縁組につ

いては利益相反行為となるため、従前、実母に代わる特別代理人を選任し、その者の代諾によって縁組をすることとされていたが、その後、先例の変更により、特別代理人の選任は要しないものとされた（昭63・9・17民二5165号通達）。

また、後見人が15歳未満の被後見人を養子とするときは、後見監督人が代諾する（民851条4号）ことになるが、後見監督人がいないときは、特別代理人によることとなる。

▌公序良俗 （こうじょりょうぞく）

公序良俗とは、公の秩序、善良の風俗の略である。公の秩序とは国家社会の一般的利益をいい、善良の風俗とは社会の一般的道徳観念をいうが、両者は大部分において重複し、これを区別することは困難であるから、両者を併せて行為の社会的妥当性を意味するものと解されている。公序良俗に反する法律行為は無効である（民90条、132条）。

公序良俗は、法律秩序の全ての領域を支配する理念と考えられており、身分法上も、例えば、重婚しようという契約などは公序良俗に反する行為に当たるから無効とされる。もっとも、既に重婚関係が生じてしまった場合には、民法は身分行為という特質から、これを無効とはせず取り消し得るものとし、しかもその取消しの効果は遡及しないものとしている（民732条、744条、748条）。

▌年齢計算法 （ねんれいけいさんほう）

年齢計算法とは、「年齢計算ニ関スル法律」（明35法律50号）のことである。年齢の計算は、暦に従い日をもってする（年齢計算ニ関スル法律、民143条）が、その計算の起算点は、民法の初日不算入の原則（民140条）と異なり、初日、すなわち、出生の時刻のいかんを問わず出生の日から起算するものとされている（年齢計算ニ関スル法律）。したがって、例えば、3月3日の午後11時に生まれた者であっても、その日の3月3日から起算し、翌年3月2日の終了

（正確には午後12時の満了）の時に満1歳に達することになる。

　年齢は法律上種々の場合に一定の効果をもたらす要件とされる。例えば、6歳に達したときは、その翌日から就学義務が生じ（学校教育法17条1項）、15歳に達した者が養子縁組、協議上の離縁をする場合は、法定代理人の代諾が不要となり（民797条、811条2項）、18歳で婚姻適齢に達し（民731条）、18歳で成年に達する（民4条）。

　なお、年齢を言い表す場合には、数え年によって言い表す従来のならわしを改め、年齢計算ニ関スル法律の規定により算定した年数（1年に達しないときは、月数）によってこれを言い表すようにしなければならないとされている（「年齢のとなえ方に関する法律」昭24法律96号）。

▌ 暦法計算 （れきほうけいさん）

　暦法計算とは、期間を計算するに当たって、暦に従って計算する方法のことである。暦法的計算法ともいう。民法では、期間を定めるのに週、月又は年をもってしたときは、暦に従って計算するものとされている（民143条1項）。週、月又は年の初めから期間を計算しないときは、その期間は、最後の週、月又は年における起算日に応当する日の前日をもって満了する（同条2項本文）。もし、月又は年をもって期間を定めた場合において最後の月に応当日がないときは、その月の末日をもって満期日とする（同項ただし書）。

　暦法計算によると、年や月は、その年や月によって日数が必ずしも同じではないが、これを不問とすることになる。例えば、うるう年の2月29日に、これから1か年といった場合は、翌年の2月末日、すなわち2月28日が満期日となる。また、7月31日に、これから2か月といった場合は、9月の末日、すなわち9月30日が満期日となる（民140条、141条）。

　戸籍の届出期間について、週をもって定めたものはないが、月をもって定めたもの（戸41条、49条、86条、102条、102条の2、103条、104条、106条、107条、115条、116条、民816条2項、767条2項）、年をもって定めたもの（民791条4項）などがある。

住所 （じゅうしょ）

　住所とは、各人の生活の本拠、すなわち生活の事実上の中心点となっている場所をいう（民22条）。どの場所がその人の生活の中心であるかは、客観的に認定されるべきであって、そこを本拠とする意思、すなわち定住の意思の存することは、住所であるための必要条件ではなく、住所認定のための資料となるにすぎないとするのが、通説である。

　住所は、通常、1人につき1個であるが、その人の生活関係のどの面を重くみるかにより、各種の生活関係についてそれぞれの生活の中心点、すなわち数個の住所の存在を認めてもよいとする考え方もある。

　民法では、住所が知れないときは、居所を住所とみなし（民23条1項）、また日本に住所を有しない者は、日本人であると外国人であるとを問わず、原則として、その者の日本での居所を住所とみなすものとしている（民23条2項）。

　住所は、法律関係の処理の基準となる。例えば、裁判管轄（民訴4条2項、人訴3条の2）、国際私法上の準拠法の指定（通則5条）、その他民法上では、不在者（民25条）、失踪者（民30条）、債務履行の場所（民484条1項）、相続開始の場所（民883条）などを定める基準となる。また、帰化の条件（国5条〜8条）、地方公共団体の住民（地自10条1項、住基1条）を定める基準となる。なお、本籍は、戸籍上の概念であって住所とは異なるものである。

居所 （きょしょ）

　居所とは、人が継続して居住しているが、その場所とその人の生活との結び付きが住所（民22条）ほど密接でないもの、すなわち、そこがその人の生活の本拠であるというまでには至らない場所をいう。

　民法では、住所が知れないときは、居所が住所とみなされ（民23条1項）、また、日本に住所がない者については、原則として、その者の日本での居所が住所とみなされる（同条2項）。

　居所が法律上意味をもってくるのは、裁判管轄（民訴4条2項、人訴3条の

2）、国際私法上の準拠法の指定（通則5条、8条、25条、26条、27条、32条、38条、39条、40条など）、民法上では不在者（民25条）などを定める基準となる。また、帰化の条件（国6条、7条）を定める基準となる。

到達主義 （とうたつしゅぎ）

到達主義とは、隔地者間の意思表示について、意思表示の効力が発生する時期を、相手方に到達したときとする原則をいう（民97条1項）。戸籍の届出を郵送によってしたときも、届書が現実に市区町村役場に到達したときに届出があったことになる。この場合の到達とは、相手方が現実に意思表示の内容を了知しなくても、相手方において了知できる状態になることを指している（大判昭11・2・14民集15巻158頁）。

到達は意思表示の効力発生の要件であっても、その成立要件ではないので、到達の時期まで表意者が権利能力や行為能力をもっていることは、必ずしも必要ではない（民97条2項）。郵送による戸籍の届出については、届書の発送後、到達する前に届出人が死亡した場合、その届出は有効に成立するものとしている。この場合は、届出人の死亡の時に届出があったものとみなしている（戸47条2項）。

発信主義 （はっしんしゅぎ）

発信主義とは、隔地者間の意思表示について、意思表示の効力が発生する時期を、意思表示を発信したときとする原則をいう。他方、意思表示が相手方に到達したときに効力が発生するとする原則を、到達主義という。

民法は、到達主義を原則としている（民97条1項）。ただし、隔地者間の契約については、承諾の通知を発したときに成立するものとし（民526条1項）、発信主義を採用している。

戸籍の届出は、郵送によってもできる（戸27条、47条）が、この場合は、届書が現実に市区町村役場に到着したとき、これを受付の日として処理するものとされており、到達主義によっている。

▌指定都市 (していとし)

指定都市とは、人口50万以上の市であって政令で指定された市をいう（地自252条の19第1項）。政令指定都市ともいう。現在、大阪・名古屋・京都・横浜・神戸・北九州・札幌・川崎・福岡・広島・仙台・千葉・さいたま・静岡・堺・新潟・浜松・岡山・相模原・熊本の20市が指定されている。

これらの市は、その行財政能力から見て、一般の市町村と区別して、その事務配分上特別の考慮を払う必要があるため指定都市とされたものである。

戸籍に関する事務は、市区町村長がこれを管掌することになっている（戸1条）が、東京都の区のある区域（地方自治法281条。特別区）及び指定都市においては、それぞれ区長が戸籍事務管掌者となる（戸4条）。したがって、都知事及びその市長には、戸籍事務を処理する権限はない。

なお、戸籍における本籍の表示は、原則として「何県何郡何町大字何番地」のように行政区画、土地の名称及び地番号（又は、地番号に代えて街区符号の番号）で記載することになっているが、指定都市については都道府県名の表示を省略し、「市」名から記載してよいとされている（昭30・4・5民事甲603号通達、昭46・11・17民事甲3408号回答）。

▌実体法と手続法 (じったいほうとてつづきほう)

実体法とは、法律関係の内容、すなわち、権利や義務の発生、変更、消滅を定める法である。例えば、人に対する権利義務を規律する民法、会社法、刑法などは実体法である。この実体法に対し、その内容を実現する手続を定める法が手続法である。例えば、民事訴訟法、刑事訴訟法などは手続法である。このように、実体法はいわば目的であり、手続法はその目的を達成するための手段であるといわれる。

これを戸籍の関係でいうと、婚姻、離婚、養子縁組、養子離縁など人の身分関係の発生、変更、消滅などを規定する民法は実体法（目的）であり、これを実現する手段方法を規定する戸籍法は、手続法であるということになる。

223

▌職務上の秘密 （しょくむじょうのひみつ）

　職務上の秘密とは、国家公務員又は地方公務員が、職務上において知ることのできた秘密を他に漏らしてはならないことをいう。これは、公務員の服務上の義務の一つとして、守秘義務（しゅひぎむ）ともいい、この義務は、公務員が在職中はもちろん、退職後においても守らなければならない（国家公務員法100条1項、地方公務員法34条1項）。また、法令に基づく証人あるいは鑑定人などとして、裁判所、議院などの場所において、職務上の秘密を発表するときは、所属庁の長等の許可を得なければならない（国家公務員法100条2項、地方公務員法34条2項）。

　さらに、戸籍に関する事務に現に従事する市区町村の職員やかつて従事していた職員又は市区町村長の委託を受けて現に従事している者やかつて従事していた者が、その事務に関して知り得た事項を自己若しくは第三者の不正な利益を図る目的で提供し、又は盗用したときは、1年以下の懲役又は50万円以下の罰金に処するものとされる（戸133条）。

　戸籍事務については、特に個人の秘密に係る事項が多く記載された届書類などを取り扱うので、法令に違反してこれらの内容を公開することがないよう十分注意する必要がある。

▌制限行為能力者 （せいげんこういのうりょくしゃ）

　制限行為能力者とは、行為能力のない者、すなわち、単独で完全な法律行為ができない者をいう。民法は、未成年者、成年被後見人、被保佐人及び被補助人の四者を画一的に制限行為能力者としている（民13条1項10号）〔注〕。

　制限行為能力者の制度は、判断能力の不十分な者が不利益な行為により損失を受けないように保護することを目的とするものである。

　制限行為能力者を保護する機関として、その行為を代理し、又は補充するために、未成年者には親権者又は未成年後見人（民818条、839条、840条）、成年被後見人には成年後見人（民8条）、被保佐人には保佐人（民12条）、被補助人には補助人（民16条）が付される。

　しかし、身分上の行為については、本人の意思を尊重する建前から、制限行為能力者であっても意思能力のある限り、単独で完全有効になし得るのを原則とする（民738条、780条、791条、799条、戸32条）。

〔注〕「民法の一部を改正する法律」（平11法律149号）により、禁治産、準禁治産制度が廃止され、新たに成年後見制度が創設されたが、改正前民法では、未成年者、禁治産者、準禁治産者の三者を画一的に無能力者とし、単独で完全な法律行為ができない者（行為能力のない者）としていた。

▍事理を弁識する能力（じりをべんしきするのうりょく）

　事理を弁識する能力を欠くとは、精神上の障害により、自分の行為の性質やその結果などについて全く理解できず、あるいは、極めて不完全な理解しかできない程度の精神状態をいう。

　民法は、精神上の障害により事理を弁識する能力を欠く常況にある者については、四親等内の親族など一定の者からの請求があれば、家庭裁判所は、これに対して後見開始の審判をすることができるとしている（民7条）。後見開始の審判を受けた者は、成年被後見人とし、成年後見人が付されることになる（民8条）〔注1〕。

　また、精神上の障害により事理を弁識する能力が著しく不十分な者については、同様に保佐開始の審判をするとされ（民11条）、その審判を受けた者は、被保佐人とし、保佐人が付されることになる（民12条）〔注2〕。

　さらには、精神上の障害により事理を弁識する能力が不十分な者については、同様に補助開始の審判をするとされ（民15条）、その審判を受けた者は、被補助人とし、補助人が付されることになる（民16条）。

〔注1〕「民法の一部を改正する法律」（平11法律149号）により、禁治産、準禁治産制度が廃止され、新たに成年後見制度が創設された。従来、心神喪失の常況にある者（自分の行為の性質やその結果などについて全く理解できず、あるいは極めて不完全な理解しかできない程度の精神状態の者をいう。）については、四親等内の親族など一定の者からの請求があれば、家庭裁判所は、禁治産宣告をし、後見人を付すこととされていた（改正前民7条、8条）が、これが

現行のように改正された。また、公示の方法も戸籍事務管掌者である市区町村長がする戸籍の記載から、法務大臣の指定する法務局、地方法務局若しくはこれらの支局、出張所の登記官がする後見登記ファイルへの登録に変わった（後登2条～4条）。なお、現在は、東京法務局（民事行政部後見登録課）が後見登記等に関する事務をつかさどる登記所に指定されている（後登2条、平12法務省告示83号）ほか、証明書交付事務について、東京法務局を含めた全国50か所の法務局・地方法務局において取り扱っている（平17法務省告示63号、平24・12・14民一3500号通達第3）。

〔注2〕　従来、心神耗弱者（自分の行為の性質やその結果等についての理解能力が普通の人に比べてかなり劣っているけれども、心神喪失までには至らないという程度の不完全な精神能力の状態の者をいう。）及び浪費者（その者の財産状態、社会的地位、境遇、職業などから考えて、本人及び扶養家族の生活を危うくするおそれがあるのに、前後をわきまえずに無思慮に財産を浪費する生癖のある者をいう。）など精神上の能力が十分でない者については、四親等内の親族など一定の者からの請求があれば、家庭裁判所は、準禁治産宣告をし、保佐人を付すこととされていた（改正前民11条）が、これが現行のように改正された（ただし、浪費自体は改正後の制度の対象とはならない）。また、公示の方法も戸籍の記載から後見登記ファイルへの登録に変わった（後登2条～4条）。

⑱ 裁判関係

▌ 裁判所（さいばんしょ）

　裁判所とは、司法権を行う国家機関である（憲76条）。裁判所には、最高裁判所のほか高等裁判所、地方裁判所、家庭裁判所、簡易裁判所などの下級裁判所がある（裁判所法1条、2条）。

　裁判所の語は、各個の事件について裁判権を行使するときの合議制又は単独制の裁判官で構成される裁判機関を指すのに用いられる場合と、司法行政上の機関（官署）としての意味に用いられる場合とがある。

　最高裁判所は、高等裁判所がした裁判に対する上告などを取り扱う。最高裁判所は、最上級、最終の裁判所であるから、そこでされた裁判は、もはや争うことはできない。最高裁判所での裁判は、法律などが憲法に合っているかどうかを裁判する場合や、特に重要な問題の裁判をする場合などには15人の裁判官全員による大法廷で行われ、そのほかの場合は5人の裁判官による小法廷で行われる。

　高等裁判所は、東京・大阪・名古屋・広島・福岡・仙台・札幌・高松の8か所（支部6か所）に置かれている。ここでは、地方裁判所、家庭裁判所、簡易裁判所がした裁判に対する控訴などを取り扱う。高等裁判所では、通常3人の裁判官の合議体で裁判が行われる。

　地方裁判所は、都道府県庁所在地など（北海道は札幌・函館・旭川・釧路の4か所）全国50か所（支部203か所）に置かれている。この裁判所は、民事事件、刑事事件のほとんど全ての訴訟事件の第一審の裁判所である。ここでの裁判は、事件によって1人の裁判官が裁判することもあり、3人の裁判官による合議体で裁判することもある。

　家庭裁判所は、地方裁判所のある所と同じ所に置かれている。この裁判所

は、家事審判、家事調停や少年審判を取り扱っている。ここでの裁判は、1人の裁判官により行われる。なお、家事調停事件については、家事審判官（裁判官）と家事調停委員2人以上によって構成される調停委員会が関与して行われる。

簡易裁判所は、全国438か所に置かれている。この裁判所は、比較的簡単な民事事件と比較的軽い罪の刑事事件を取り扱うほか、民事の調停も取り扱う。

家庭裁判所（かていさいばんしょ）

家庭裁判所とは、下級裁判所（憲76条1項）の一種で、昭和24年1月1日以降設置された裁判所である。現在、地方裁判所と同様、都道府県庁所在地など（北海道は、札幌・函館・旭川・釧路の4か所）50か所に置かれ、更に主な都市には支部又は出張所が置かれている。

家庭裁判所においては、主として、(1)家事事件手続法で定める家庭に関する事件の審判及び調停、(2)人事訴訟法で定める人事訴訟の第一審の裁判、(3)少年法で定める少年の保護事件の審判を行うこととされている（裁判所法31条の3第1項）。

家庭裁判所と戸籍事務管掌者である市区町村長とは、家庭に関する事件の審判又は調停に関し密接な関係を有する。つまり、家庭裁判所がその関与した身分関係の形成、変更に係る事件を、戸籍事務管掌者に通知し（家事規89条1項、93条3項、94条、95条、100条、119条、130条2項、134条、136条）、又は戸籍への記載を嘱託する（家事116条、家事規76条）ことなどである。また、戸籍の届出について、その前提となる要件の一つとして、家庭裁判所の許可を要するとされる場合がある。例えば、子が父又は母の氏へ改氏する場合（民791条1項）、後見人が被後見人を養子とする縁組の場合（民794条）、未成年者を養子とする縁組の場合（民798条）、養親又は養子が死亡後に離縁する場合（民811条6項）、親権又は管理権の辞任又は回復をする場合（民837条）、氏又は名を変更する場合（戸107条、107条の2）、戸籍の訂正をする場合（戸113条、114条）、就籍をする場合（戸110条）などがある。

家事調停（かじちょうてい）

　人事に関する訴訟事件その他家庭に関する事件（ただし、家事別表第一に掲げる事項についての事件を除く。）について、家庭裁判所が行う調停を家事調停という（家事244条）。これらの事件について、訴えを提起しようとする者は、まず家庭裁判所に調停の申立てをしなければならない（家事257条）。これを調停前置主義という。

　調停において当事者間に合意が成立し、これを調書に記載したときは、調停が成立したものとされ、その記載は、確定判決と同一の効力があるものとされる（家事268条1項）。また、同法第277条に掲げる事項については、当事者間の当該合意に相当する審判の確定により確定判決と同一の効力を有する（家事281条）。

調停前置主義（ちょうていぜんちしゅぎ）

　人事に関する訴訟事件その他家庭に関する事件（ただし、家事別表第一に掲げる事件を除く。）について、訴えを提起しようとする者は、まず家庭裁判所に調停の申立てをしなければならない（家事257条）。これを調停前置主義という。

　これらの事件について、調停の申立てをすることなく訴えを提起した場合には、裁判所は、原則としてその事件を家庭裁判所の調停に付さなければならないものとされている（同条2項）。

家事審判（かじしんぱん）

　家庭に関する事件について、家事事件手続法（平23法律52号）に基づいて家庭裁判所が行う審判を家事審判という。

　審判事項は、家事事件手続法第39条に規定されており、別表第一及び別表第二とに区分されている。別表第一に掲げる事項は家事調停を行うことができない事項であり、別表第二に掲げる事項は家事調停を行うことができる事

項である。

　なお、戸籍法に規定されている氏の変更の許可（戸107条1項・4項）、名の変更の許可（戸107条の2）、就籍の許可（戸110条1項）、戸籍訂正の許可（戸113条、114条）、不服申立て（戸122条）については、家事事件手続法別表第一に掲げられている（別表第一122項～125項）。

▍ 人事訴訟（じんじそしょう）

　人事訴訟とは、人の身分関係の形成又は存否の確認を目的とする訴えであり、通常の民事訴訟とは異なる手続により審理される特別の民事訴訟である。その手続を定めているのが人事訴訟法（平15法律109号）であり、婚姻関係、実親子関係及び養子縁組関係に関する事件がその対象である（人訴2条）。人事訴訟の特徴として主なものは、⑴職権探知主義（当事者の主張、立証に拘束されることなく、職権をもって証拠調べを行う。）であること、⑵当事者となる適格者が法定されていること、⑶検察官が公益の代表者として関与すること、⑷訴訟能力が拡大されている（未成年者であっても意思能力を有する限り訴訟行為能力が認められる。）ことなどである。

　なお、人事訴訟事件については、訴えを提起する者は、まず家庭裁判所に調停の申立てをしなければならない（家事257条。「調停前置主義」の項参照）。

▍ 非訟事件（ひしょうじけん）

　非訟事件とは、形式的意義では、非訟事件手続法（平23法律51号）に規定されている事件をいい、民事非訟事件、公示催告事件、過料事件がこれに当たる（非訟1条）。実質的意義では、訴訟事件に対立する民事事件の意味で用いられる。

　非訟事件と訴訟事件との区別については、訴訟事件は、その対象が争いのある権利の確定、実現であるが、非訟事件の対象は争いのない権利の保全であるとする説、また、各事件に対する国家作用の違いに着眼して、訴訟事件においては抽象的に規定された法規を適用して、私的紛争を解決するのであ

るが、非訟事件は国家が端的に私人間の生活関係に介入するために命令、処分するものであるという説などがある。

審判の告知 (しんぱんのこくち)

　家庭裁判所が行う審判は、これを受ける者に告知することによって効力が生じる。ただし、即時抗告をすることのできる審判は、確定しなければその効力が生じない（家事74条2項）。

　告知の方法としては、⑴言渡し、⑵書記官による交付送達（民訴98条）、⑶執行官、郵便集配人（民訴99条）、廷吏（裁判所法63条3項）による交付送達、⑷書留郵便等に付する送達（民訴107条）、⑸公示送達、⑹通常郵便に付する送付、⑺期日請書による直接交付などがある。

即時抗告 (そくじこうこく)

　即時抗告は、訴訟法上、不服申立ての一つで、抗告（判決以外の決定・命令に対するもの（民訴328条））の一種である。

　即時抗告は、その裁判（決定・命令）の性質上迅速に確定させる必要から、裁判所によって自由に不服申立て期間を伸縮させることはできない（不変期間）とされている（民訴285条本文、332条）。家事事件手続法における審判についても、この即時抗告が不服申立ての方法として認められている（家事86条）。

　家事審判に普通抗告を認めずに即時抗告のみを認めたのは、人の身分関係に影響のある審判が、いつまでも不確定の状態にあることは適当でないからである。審判に対する抗告期間は、即時抗告をすることができる者（それぞれの事件ごとに定められている。）が審判の告知を受けた日から2週間という不変期間である（家事86条）。この審判に対する即時抗告を管轄する裁判所は、高等裁判所である（裁判所法16条）。

▋公示催告（こうじさいこく）

　公示催告とは、法律に定められている事項について、裁判所が当事者の申立てにより、公告（ある事項を文書によって広く一般の人に知らせる）の方法をもって、利害関係のある者は申し出るよう催告することである（非訟第4編）。公告は、催告すべき事項を記載した書面を裁判所の掲示場その他裁判所内の公衆の見やすい場所に掲示して行う（民訴規4条3項）。

　例えば、失踪宣告をする場合、家庭裁判所は申立てによって、不在者の生死を確かめるため公示催告をすることになっている（家事148条3項、家事規88条）。この場合の公示催告は、一定期間を定めて、不在者及び不在者の生死を知る者に対し届出を促すものである。

▋裁判の確定証明書（さいばんのかくていしょうめいしょ）

　通常の不服申立ての方法である上訴（控訴・上告）によっては、もはや争えなくなった判決を確定判決という。

　人事訴訟事件について、確定判決を得て戸籍の届出などをする場合、例えば、裁判による認知の届出（戸63条）、縁組取消しの届出（戸69条）、裁判による離縁又は離縁取消しの届出（戸73条）、婚姻取消しの届出（戸75条）、裁判による離婚又は離婚取消しの届出（戸77条）等をする場合には、訴えを提起した者は、裁判確定の日から10日以内に、その裁判の謄本を添付してその旨を届け出なければならないが、これには、その裁判の確定証明書を添えてしなければならない。また、確定判決による戸籍訂正（戸116条）の申請をする場合は、訴えを提起した者は、判決が確定した日から1か月以内に、その判決の謄本を添付して申請することを要し、これにはその確定証明書を添付してしなければならない。

　家事審判事件については、即時抗告の許されていない審判（例：名の変更を許可する審判（家事231条参照））は告知によって直ちに効力を生ずる（家事74条2項本文）ので、確定証明書の添付は必要ないが、即時抗告のできる審判については確定証明書が必要である。また、合意に相当する審判（家事277条）、

調停に代わる審判（家事284条）については異議申立てが許されている（家事279条）ので、確定証明書が必要である。

▌過料（かりょう）

過料とは金銭罰の一種であるが、刑罰である罰金及び科料とは区別される。

過料は、刑ではないから、これについては刑法総則の適用はない。

戸籍法上は、届出を怠った者に対する過料（戸137条）、届出の催告をしてもその期間内に届出をしない者に対する過料（戸138条）、謄抄本等について、不正手段により交付を受けるなどした者に対する過料（戸135条）、市区町村長が職務を怠ったときの過料（戸139条）などの規定がある。これら過料の裁判は、簡易裁判所が行うこととされている（戸140条）。また、市区町村長が戸籍の届出などを怠った者があることを知ったときは、遅滞なく、管轄簡易裁判所（過料に処せられるべき者の住所地の簡易裁判所）にその旨を通知しなければならない（戸規65条）。この通知を一般に、失期通知という。なお、届出期間経過についての通知は「戸籍届出期間経過通知書」として、その様式が示されている（標準準則41条1項・付録第33号様式）。

▌公正証書原本不実記載罪（こうせいしょうしょげんぽんふじつきさいざい）

公務員に対し虚偽の申立てをして、登記簿、戸籍簿その他の権利若しくは義務に関する公正証書の原本に真実に反する記載をさせ、又は権利若しくは義務に関する公正証書の原本として用いられる電磁的記録に真実に反する記載をさせた者は、5年以下の懲役又は50万円以下の罰金に処せられる（刑法157条1項）。

戸籍は、刑法第157条第1項にいう「権利若しくは義務に関する公正証書」に該当することから（大判大11・12・2刑集1巻726頁）、虚偽の届出によって戸籍の原本（コンピュータ化戸籍を含む。）に不実の記載をさせた者は、公正証書原本不実記載罪（コンピュータ戸籍の場合は「電磁的公正証書原本不実記録罪」）とし

て刑罰が課される。

　なお、市区町村長若しくはその補助者が、届出事項が虚偽であることを知りながら、届出人の意を受けて戸籍の記載をしたときは、刑法第156条の犯罪（虚偽公文書作成罪）が成立する（大判大7・7・26刑録24巻1016頁）。

　また、戸籍法上、届出をすべきものとされている事項のうち、戸籍の記載を要しない事項（例えば、戸規55条～58条の届書の記載事項）について虚偽の届出をした者は、刑法第157条の適用はないが、戸籍法は、その届出の正確性を期するため、その者に対して1年以下の懲役又は20万円以下の罰金に処するとしている（戸134条、刑法157条2項）。また、外国人に関する事項の届出についても、同様である（戸134条）。

嫡出否認の訴え（ちゃくしゅつひにんのうったえ）

　民法第772条に定める要件の下に出生した子は、母の夫の子と推定される（推定される嫡出子）。しかし、この推定を受ける嫡出子が、常に母の夫と自然血縁関係があるとは限らない。例えば、妻が婚姻継続中の不貞行為によって出生した子は、夫の子として嫡出の推定を受けるが、この推定に基づく父子関係は真実に反していることになる。

　このような場合に、子の父と推定された者に、自己の子でないとして嫡出性を否認することが認められている（民774条）。

　嫡出の否認権は、従前、父（夫）に限定されていたが（改正前民775条）、令和4年法律第102号に基づく改正後民法においては、子、母（妻）及び母に前婚がある場合の前夫にも認められることとなった（改正後民775条）。

　否認権の行使は、訴えによらなければならない。これが嫡出否認の訴えである。訴えの相手方は、父については子又は親権を行う母である（改正前民775条）が、令和4年改正後民法において、子又は母については父、前夫については父及び子又は親権を行う母である（改正後民法775条）。管轄する裁判所は、被告の住所地の地方裁判所である（人訴4条、家事257条、244条。「調停前置主義」の項参照）。

　否認権を行使する期間は、子の地位を早期に確定する必要があることか

ら、従前は、子の出生を知った時から1年以内に訴えを提起しなければならないとされていたが（改正前民777条）、令和4年改正後民法においては、父（夫）及び前夫は子の出生を知った時から3年以内に、子又は母（妻）は子の出生の時から3年以内に訴えを提起しなければならないものとされた（改正後民777条）。父又は母は、子の出生後において、その嫡出であることを承認したときは、それぞれの否認権を失うこととされる（改正後民776条）。

親子関係不存在確認の訴え
（しんし／おやこかんけいふそんざいかくにんのうったえ）

　戸籍上、親子関係があると記載されているが、真実は親子の関係がない場合に、これを裁判によって、その親子関係がないことの確認を求める訴えを親子関係不存在確認の訴えという。なお、この訴えと親子関係存在確認の訴えとを併せて、実親子関係の存否の確認の訴え（人訴2条2号参照）と呼ぶことがある。

　親子関係不存在確認の訴えについては、出訴期間の制限はなく、また確認の利益を有する限り、いずれの者も提起することができる。しかし、嫡出子否認の訴え、認知・認知の無効・認知の取消しの訴え、父を定める訴えによるべき場合には、親子関係不存在確認の訴えによることはできない。

　親子関係不存在確認の訴えは、人事訴訟手続によってされるが、訴えを提起する場合は、原則として、まず家庭裁判所に調停の申立てをしなければならない（家事257条、244条。「調停前置主義」、「人事訴訟」の各項参照）。

親子関係存在確認の訴え
（しんし／おやこかんけいそんざいかくにんのうったえ）

　戸籍上は親子関係があると記載されているが、真実は親子関係がなく、他の者との間に親子関係が存在するという場合に、これを裁判によって、他の者との間に親子関係が存在することの確認を求める訴えを、親子関係存在確認の訴えという。

　例えば、真実は、甲乙夫婦間の嫡出子であるＡが、戸籍上、亡丙亡丁夫婦間の嫡出子と記載されている場合に、Ａと甲乙間に親子関係が存在することの確認を求める訴えのような場合である。

　なお、この訴えと親子関係不存在確認の訴えとを併せて、実親子関係の存否の確認の訴え（人訴２条２号参照）と呼ぶことがある。

　親子関係存在確認の裁判が確定したときは、その確定判決に基づいて戸籍訂正の申請をしなければならない（戸116条）。

▌父を定める訴え（ちちをさだめるうったえ）

　配偶者がある者は、重ねて婚姻をすることはできないが（民732条）、これに違反した婚姻の届出が受理された場合において、女が複数の夫の有する状態のまま子が出生した場合には、その子は複数の男性からの嫡出推定を受けることとなる。その場合は、その子について結局、父が不明な状態が生ずることになり、「父未定の子」ということになる。このような場合に、従前から、関係者の訴えにより、裁判所が一切の事情を審査して、その子の父を定めるものとして取り扱ってきた（昭26・1・23民事甲51号回答）。この訴えを父を定める訴えといい、令和４年改正（令6・4・1施行）後の民法において重婚による場合の取扱いが明文で規定された（改正後民773条。「父未定の子」参照）。この訴えは、子・母・母の配偶者又はその前配偶者が提起することができる（人訴４条、43条、２条２号、家事257条、244条）。

　なお、女が再婚するには、従前、再婚禁止期間（待婚期間）を経過した後にしなければならない（令和４年改正前民733条。改正により削除）とされていたところ、これに違反した婚姻の届出が誤って受理され、令和４年改正法の施行前において、前婚の解消後300日以内、後婚の成立から200日後に子が出生した場合、その子は前夫及び後夫双方の嫡出子であるとの推定を受ける（改正前民772条）。

　おって、裁判が確定するまでは、出生子は父未定の子として、一旦出生当時の母の戸籍に入籍するが、裁判により父が確定した場合は、父欄の記載、父母との続柄の訂正及び母欄の氏の訂正等を要するほか、場合によっては入

籍すべき戸籍についても訂正することになる（戸116条）。

性同一性障害特例法に基づく性別変更の審判
（せいどういつせいしょうがいとくれいほうにもとづくせいべつへんこうのしんぱん）

　性同一性障害者〔注〕であって、家庭裁判所において性別変更の審判を受けた者は、法律に別段の定めがある場合を除き、法令の規定の適用について他の性別に変わったものとみなされる（性特4条1項）。家庭裁判所において性別変更の審判がされたときは、裁判所書記官は本籍地の市区町村長に対して戸籍記載の嘱託をすることとされ（家事116条1項、別表第一126項）、本籍地の市区町村長は、嘱託に基づき性別変更の戸籍記載（続柄の記載更正等）をする。

　性別の取扱いの変更の審判があった場合において、当該審判を受けた者（以下「変更者」という。）の戸籍に他の在籍者がいる（いた）場合には、変更者を除籍した上、従前の本籍と同一の場所を本籍として、変更者を筆頭者とする新戸籍を編製する（戸20条の4、法定記載例216〜218）が、他方、変更者が筆頭者であって他に在籍者がないとき（過去に在籍者がいた場合を除く）には、新戸籍は編製しない。

　続柄の更正に関し、「長男」が変更者である場合には，「長女」に更正される。この場合に、仮に「長男」よりも年少の「長女」がある場合であっても、従前戸籍における「長女」の父母との続柄の記載には何ら変動はなく、いわゆる数え直しはしない取扱いである（戸籍誌761号23頁）。

〔注〕性同一性障害者とは、生物学的には性別が明らかであるにもかかわらず、心理的にはそれとは別の性別であるとの持続的な確信を持ち、かつ、自己を身体的及び社会的に他の性別に適合させようとする意思を有する者であって、そのことについてその診断を的確に行うために必要な知識及び経験を有する2人以上の医師の一般に認められている医学的知見に基づき行う診断が一致しているものをいうとされる（性特2条）。

19

国籍関係

▊ 国籍（こくせき）

　国籍とは、人が特定の国の構成員であるための資格であり、ある国の国籍を有する者を、その国の国民という。国籍の取得又は喪失の要件は、それぞれの国家が定めた法律によって決定される。それぞれの国は、主権を有し、その主権の及ぶ国民の範囲を自ら決定できるというのが国際法上の原則である（国籍法の抵触についてのある種の問題に関する条約1条、2条）。

　我が国において、日本国憲法では、「日本国民たる要件は、法律でこれを定める。」と規定し（憲10条）、この規定を受けて「国籍法」（昭25法律147号）が制定されている。なお、国籍は、国内の立法によるほか、条約に基づく領土の範囲の変更という国際法上の原因によって変動を生じることがある（憲98条）。「日本国との平和条約」（昭27条約5号）の発効（昭27・4・28午後10時30分）に伴い、朝鮮及び台湾に本籍を有していた者が日本国籍を喪失したのがその例である。

　日本国籍の有無は、通常戸籍の記載によって証明されるが、戸籍の記載が国籍を付与するといった効力を有するものではなく、日本国籍の絶対的な証明とはいえない。すなわち、戸籍の記載は、原則として届出によってされるところ（戸15条）、例えば、外国に帰化したために日本国籍を喪失した者であっても、国籍喪失の届出又は報告がないため、戸籍に記載されたままとなっている場合があることから、日本国籍を有するか否かは国籍法の規定によって判断されることになる。

▌国籍法（こくせきほう）

国籍法（昭25法律147号）は、日本の国民である要件を定めた国内の法律である（憲10条、国1条）。

現行国籍法は、大きな改正として、昭和59年法律第45号（昭60・1・1施行。以下「昭和59年改正」という。）と、平成20年法律第88号（平21・1・1施行。以下「平成20年改正」という。）により改正されている。

1　昭和59年改正の概要

昭和59年改正の理由は、渉外婚姻の増加などの実情及び昭和55年7月17日に我が国が署名した「女子に対するあらゆる形態の差別の撤廃に関する条約」の批准（昭60・6・25）に備えるのが主なものであったとされている。

この国籍法改正の要点は、次のとおりである。

(1)　父母両系血統主義の採用

　　出生による国籍の取得について、父が日本国民であるときは、子は日本国民であるとする改正前の父系血統主義を改め、父又は母が日本国民であるときは、子は日本国民であるとする父母両系血統主義を採用した（国2条1号）。

(2)　準正による国籍の取得制度の新設

　　準正によって日本国民の嫡出子としての身分を取得した子について、一定の条件を満たす場合には、法務大臣に届け出ることによって、日本の国籍を取得できる制度を新設した（昭和59年改正後国3条。なお、平成20年改正により改正（後述2））。

(3)　帰化条件の整備

　　日本国民の配偶者である外国人の帰化条件について、その者が夫である場合と妻である場合とで差異があったのを同一の条件に改め（国7条）、帰化条件のうち、生計条件は、帰化申請をした人ごとに必要であったのを、生計を一にする配偶者その他の親族の範囲でこれを満たせば足りるように改正し（国5条1項4号）、また、重国籍防止条件は、一定の場合に免除することができることにする（国5条2項）など、帰化条件を整備した。

(4)　国籍の留保制度の整備

　　国籍の留保制度は、生地主義を採用している国で生まれたことによっ
て重国籍となった日本国民にのみ適用していたが、この制度を、国外で
出生し、血統により重国籍となった日本国民にも適用する（国12条）な
ど、留保制度を整備した。

(5)　国籍の選択制度の新設

　　重国籍となった日本国民は、成年になってから一定期間内にいずれか
の国籍を選択しなければならないとするなど、国籍の選択制度を新設し
た（国14条〜16条、17条2項・3項）。

　なお、この改正に伴う戸籍事務の取扱いについて、法務省民事局長から通
達が発せられている（昭59・11・1民二5500号〜5504号通達）。

2　平成20年改正の概要

　平成20年改正前（昭和59年改正後）の国籍法第3条の規定においては、日本
人男と外国人女との間の子について、父母の婚姻及び日本人父からの認知に
より嫡出子たる身分を取得した準正子について、届出により日本国籍を取得
できるとされていた。これに関し、平成20年6月4日、最高裁判所は、「日
本国民である父と日本国民でない母との間に出生した後に父から認知された
子について、父母の婚姻により嫡出子たる身分を取得した（準正のあった）場
合に限り届出による日本国籍の取得を認めていることによって、認知された
にとどまる子と準正のあった子との間に日本国籍の取得に関する区別を生じ
させていることは、遅くとも上告人が国籍取得届を提出した平成15年当時に
おいて、日本国憲法第14条第1項に違反していたものである。」（要旨）との
判決を言い渡した（最判平20・6・4民集62巻6号1367頁）。

　この判決を受け、憲法に適合した内容とすべく行われた平成20年改正の要
点は、以下のとおりである。

(1)　準正により日本国民の嫡出子たる身分を取得した場合には、届出に
よって国籍を取得することができるとされていた規定を改め、出生後に
日本国民から認知された場合には、父母が婚姻していなくても届出によ
る国籍の取得を可能とした（国3条）

(2)　出生後に日本国民から認知された子につき国籍取得の届出をする場合

において、虚偽の届出をした者は、1年以下の懲役又は20万円以下の罰金に処するものとする罰則を新設した（国20条）。

日本国民（にほんこくみん）

日本国民とは、日本国籍を有する者をいう。日本国籍を有するか否かは、国籍法（又は条約）の定めるところによる（憲10条、98条。条約に基づく領土の範囲の変更）。日本国籍とともに他の国の国籍を有するいわゆる重国籍者は、戸籍法の適用関係では日本国民として取り扱われる（通則38条1項）。日本国民は、全て戸籍に登載される建前になっている。

外国人（がいこくじん）

日本国籍を有しない者を外国人という。これには無国籍者を含む。

日本国籍及び外国国籍を有する二重国籍者は、戸籍法の適用の関係においては日本国民として取り扱われる（通則38条1項）。

外国人の日本国内における法律上の地位は、原則として、日本人と同一であり（内外人平等の原則）、日本の主権の下に立ち、その法令に服することを原則としている（「属地的効力」の項参照）。国際法上、外国人の享有し得る権利は各国が任意に決定し得るが、国家的に重要な関係を持つ公法上、私法上の権利が制限されることがある（民3条2項、船舶法1条、鉱業法17条）。

日本にある外国人には当然戸籍法の適用があり、報告的届出をすべき義務を負担し、また、創設的届出をすることも認められる。

戸籍の届出事件の本人が外国人のみの場合は、戸籍に記載がされないので、外国人に関する報告的届出及び外国人相互間の身分行為に関する創設的届出については、その届書を保存することによって、その届書が戸籍簿と同じような役割を果たすことになる。すなわち、市区町村長は外国人のみに関する届出を受理したときは、戸籍受附帳に記載し、その届書類は戸籍の記載を要しない届書として、年ごとに各別につづり、目録をつけて保存することとされ（戸規50条1項）、当該外国人の身分関係を公証するには、届出人又は

利害関係人の請求により届出の受理証明書又は届書の記載事項証明書の交付によってすることとなる（戸48条）。なお、日本に在る外国人には、別に住民基本台帳法（昭42法律81号）に基づく登録制度がある。

　なお、外国の国籍の証明については、当該外国政府の発行した証明書によることが最も適切である。

▌血統主義（けっとうしゅぎ）

　血統主義とは、出生した子の国籍の取得について、その父母との血縁関係に重点を置き、父母の国籍によって、その子の国籍を決める主義をいう。出生した場所に重点を置いて国籍を決める生地主義に対する用語である。

　日本、中国、韓国などの国籍法は血統主義であり、これに対して、南北アメリカ大陸諸国の多くの国籍法は生地主義である。日本の国籍法（昭25法律147号）の血統主義は、昭和59年法律第45号の「国籍法及び戸籍法の一部を改正する法律」（昭60・1・1施行）による改正前は「父系優先」、「母系補充」の血統主義であったが、改正後は父母両系の血統主義である（国2条1号）。すなわち、父又は母のいずれかが日本国民であれば、その子は日本国籍を取得する。また、子の出生前に死亡した父が死亡の時に日本国民であったときも、その子は日本国籍を取得する（国2条2号）。

　なお、特殊の場合として、子が日本で生まれた場合において、父母がともに知れないとき、又は国籍を有しないときは、その子は日本国籍を取得する（国2条3号）とし、血統主義の補充として生地主義も採用している。

▌生地主義（せいちしゅぎ）

　国籍立法の建前として、大別すると、生地主義と血統主義の二つの立場がある。生地主義とは、出生子の生来の国籍取得について、地縁的及び人口政策的な関係に重点を置き、自国で生まれた者は全て自国民とする主義である。言い換えれば、親（父、母）の国籍とは関係なく、子の出生地を基準としてその出生地国の国籍が与えられるものである。これに対し、親（父、母）

の国籍を基準として子の国籍を決定するのが血統主義であり、これは親（父、母）の血統に重点を置くものである。

生地主義を採用している国としては、アメリカ合衆国、カナダ、ブラジルなどがある。

日本の国籍法は、原則として血統主義をとっている（国2条1号・2号）が、補充的に生地主義も採用している（同条3号）。なお、我が国の国籍法（昭25法律147号）は、従前は「父系優先」、「母系補充」の血統主義であったが、国籍法の改正（昭59法律45号）により「父母両系」血統主義を採用している（同条1号）。

国籍の抵触 （こくせきのていしょく）

ある人が同時に複数の国籍を持つか、あるいはいずれの国籍をも持たないことを国籍の抵触といい、前者を、国籍の積極的抵触又は重国籍という。国籍の抵触は、血統主義国法と生地主義国法との交錯によって生ずることが多い。例えば、血統主義国の日本人夫婦が生地主義国のアメリカ合衆国において子を出産すると、その子は生地国のアメリカ合衆国の国籍を取得するとともに、日本の国籍をも取得する。この場合、二重国籍者となり、国籍の積極的抵触が生じるので、一定期間内に日本の国籍を留保する意思表示をしないと出生時にさかのぼって日本国籍を喪失する（国12条、戸104条）。

また、後者を国籍の消極的抵触又は無国籍といい、例えば、生地主義国のアメリカ合衆国人の子が血統主義国の日本において出生するとアメリカ合衆国、日本のいずれの国籍をも取得しない場合があるので、そのときは無国籍者となり、国籍の消極的抵触が生じる。

なお、これら重国籍者又は無国籍者について、国際私法上、その本国法が準拠法として指定された場合の措置については、特別の規定が設けられている（通則38条1項・2項、「重国籍者」、「無国籍者」の各項参照）。

重国籍者 (じゅうこくせきしゃ)

　重国籍者とは、同時に二つ以上の国の国籍を有する者（国籍の積極的抵触）をいう。無国籍者（国籍の消極的抵触）に対する用語である。国籍立法の理想としては、個人が1個の国籍を有し、かつ、2個以上の国籍を有しないようにすべきであるが、各国の国籍立法が自主的に制定され、国籍の取得原因が各国によって異なっているために重国籍の生ずる場合がある。例えば、血統主義国である日本人の子が、生地主義国であるアメリカ合衆国で生まれた場合において、その子は、血統主義により親の国籍（日本）を取得する（国2条）とともに、生地主義により出生国の国籍（アメリカ合衆国）も取得することがあるので、この場合、その子は二重国籍となる。もっとも、この場合、国籍の留保の意思を表示しなければ、出生の時に遡って日本国籍を失うことになる（国12条、戸104条）。

　なお、国籍法は、このような重国籍者をできるだけ解消するため、国籍選択の制度を設けている（国11条2項、14条〜16条）。

　渉外的な身分関係において、国際私法上、当事者の本国法が準拠法とされる場合がある（例えば、通則24条1項）が、重国籍者については、いずれの国籍を基準に本国法を決定するかが問題となる。これについての取扱いは次のとおりである。

(1)　日本人が重国籍者の場合

　　重国籍である日本人については、その本国法は、日本の法律である（通則38条1項ただし書）。したがって、戸籍事務では、当事者が日本人であれば、その者が他の国籍を有しているかどうかを問うまでもなく、常に日本の法律をその者の本国法として適用することになる。

(2)　外国人が重国籍者の場合

　　重国籍である外国人については、まず、その国籍を有する国のうち当事者が常居所を有する国の法律を当事者の本国法とすることとし、その国がないときは、第二段階として当事者に最も密接な関係がある国の法律を当事者の本国法とすることになる（通則38条1項本文）。

　　戸籍事務において、届書その他の書類などから当該外国人が重国籍で

あることが明らかな場合は、まず、当該常居所を認定しなければならないことになるが、その認定方法としては、国籍国のうち居住している国の居住証明書の提出を求めた上で、当該証明書を発行した国に常居所があるものと認定し、当該外国人の本国法を決定する取扱いとなる（平元・10・2民二3900号通達第一の1⑴イ⑷②ⅰ）。

次に、いずれの国籍国からも居住証明書の発行が得られず、したがって、常居所の認定ができないときは、第二段階として密接関連国を認定しなければならないことになるが、その認定方法としては、国籍国のいずれにも常居所がない旨の申述書の提出を求めた上で、婚姻などの要件具備証明書を発行した国を当該外国人に最も密接な関係がある国と認定し、その本国法を決定することになる（前掲民二3900号通達第一の1⑴イ⑷②ⅱ）。

以上により当該外国人の本国法を決定することができない場合は、婚姻届などの処理について管轄法務局長等の指示を求めることになる。管轄法務局では、当該外国人又は関係人について実質的審査を行った上、重国籍者の密接関連国を認定する。

無国籍者（むこくせきしゃ）

無国籍者とは、どこの国の国籍法規に照らしても、国籍を持たない者をいう。

国籍の取得は、出生のように生来的に取得するものと、帰化のように後天的に取得するものとがある。

生来的に取得する場合は、父母の国籍によるとする血統主義の国（日本など）と、生まれた土地の国籍によるとする生地主義の国（アメリカ合衆国など）とに分かれる。

国籍は、このようにして取得するのであるが、何らかの事情で無国籍者となることがある。例えば、生地主義国であるアメリカ合衆国人が、血統主義国である日本で出生した場合、その子は、アメリカ合衆国の国籍法によれば出生地が国外であるからアメリカ合衆国の国籍を取得することができない場

合があり、一方、日本の国籍法では両親が外国人である以上、日本国籍を取得することができないので、結局、その子は無国籍者となる。

渉外的な身分関係については、国際私法上、当事者の本国法が準拠法とされる場合がある（例えば、婚姻成立の実質的要件。通則24条1項）が、無国籍者については、本国法がないため、どの国の法律を適用すべきかが問題となる。これについて、法の適用に関する通則法第38条第2項は、当事者の本国法によるべき場合において、当事者が国籍を有しないときは、その常居所地法による旨規定している。ただし、法の適用に関する通則法第25条（26条1項及び27条で準用される場合を含む。）又は第32条の規定を適用する場合は除外される（通則38条2項ただし書）。したがって、本国法が同一であるか否かを判断する場合には、無国籍者については、同一常居所地法又は子の常居所地法という次順位の段階的連結によることとなる。

国籍留保の届出（こくせきりゅうほのとどけで）

国籍留保とは、日本国外で出生した子について、一旦取得した日本国籍を引き続き保有することをいう。

出生により外国国籍を取得した日本人の子で、日本国外で生まれたものは、重国籍者となる場合がある。例えば、日本人を父又は母として出生した子は日本国籍を取得する（国2条）が、当該子が出生により国籍を取得するとする法制をとる国（生地主義又は条件付生地主義国）で出生したとき、あるいは、当該子が血統主義をとる国の国民を父又は母として出生したときは、日本国籍と外国籍を併有することになる。このような場合は、戸籍法の定めるところにより日本国籍を留保する意思を表示しなければ、その出生の時に遡って日本国籍を失うこととされている（国12条）。その意思表示は、出生の届出をすることができる者（戸52条。ただし、同条3項を除く。）が、出生の日から3か月以内に、出生の届出とともにその旨の届出をしなければならないとされている。これを国籍留保の届出という（戸104条）。

国籍留保の届出は、日本の在外公館に備え付けられた出生届書の様式による場合は、同用紙の「その他」欄には、あらかじめ「日本国籍を留保する」

との不動文字が印刷され、かつ、その事項に続けて届出人の署名・押印（押印は任意）欄が設けられているので、留保の意思を表示する場合は、その箇所に署名すればよいことになる（昭59・11・15民二5815号通達）。

　届書の提出先は、対象者が国外で出生した場合に限定されているから、通常は、当該外国に駐在する日本の在外公館に届出することになるが、本籍地の市区町村長へ直接郵送することによって届出することもできる（戸25条、47条、昭24・9・28民事甲2204号通達）。なお、届出をすることができる者が外国に在る外国人であっても、その国に駐在する日本の在外公館の長に出生の届出とともにすることができるとされている（昭59・11・1民二5500号通達第3の4(2)）。

日本国籍の取得（にほんこくせきのしゅとく）

　日本国籍の取得原因には、出生、帰化及び届出の三つの場合がある。

(1)　出生によって日本国籍を取得する場合

　　出生の時に父又は母が日本国民であるときは、その子は日本国籍を取得する（国2条1号。父母両系血統主義）。なお、ここにいう「父」、「母」とは、法律上のものであることを要する。出生前に死亡した父が死亡の時に日本国民であったときは、その子は日本国籍を取得する（同条2号）。また、日本で生まれた場合において、父母が共に知れないとき、又は国籍を有しないときは、その子は日本国籍を取得する（同条3号。補充的生地主義）。

(2)　帰化によって日本国籍を取得する場合

　　日本国民でない者は、帰化によって、日本国籍を取得することができる（国4条1項）。帰化をするには、法務大臣の許可を得なければならない（同条2項）が、その許可を得るためには、帰化条件（住所、能力、素行、生計、重国籍防止などの条件）を備えていなければならない（国5条〜9条）。

(3)　法務大臣に届け出ることによって日本国籍を取得する場合

　①　認知による場合——日本人が認知した子で18歳未満のもの（日本国

民であった者を除く。）は、認知をした父又は母が子の出生の時に日本国民であった場合において、その父又は母が現に日本国民であるとき、又はその死亡の時に日本国民であったときは、法務大臣に届け出ることによって、日本国籍を取得することができる（国3条1項）。

② 　国籍不留保者が再取得する場合——国籍法第12条の規定により日本の国籍を失った者で18歳未満のものは、日本に住所を有するときは、法務大臣に届け出ることによって、日本国籍を取得することができる（国17条1項）。

③ 　外国国籍を有する日本国民が法務大臣から国籍選択の催告（所在不明などにより官報掲載による催告）を受けたが、一定期間内に日本国籍を選択しなかったため、日本国籍を失った者（国15条2項・3項）である場合は、重国籍とならないことを条件に、日本国籍を失ったことを知った時から1年以内に法務大臣に届け出ることによって、日本国籍を取得することができる（国17条2項）。

▌帰化 （きか）

外国人が本人の志望に基づいて日本国籍を取得することを帰化という（国4条1項）。帰化をしようとする者は、その住所地の管轄法務局長等を経て、法務大臣にその許可を申請しなければならない（同条2項、国規2条）。

法務大臣は、国籍法に定める要件（国5条〜9条）を備えているかどうかを審査し、帰化を許可したときは、官報にその旨を告示する（国10条1項）。帰化は、その告示の日から効力を生じる（同条2項）。

帰化は、日本人と血縁関係あるいは地縁関係の有無により、その条件に軽重が設けられている。帰化の許否は法務大臣の自由裁量に属するものと解されているから、帰化条件を備えている者であっても、必ず許可されるとは限らない。

帰化した者は、新たに氏名及び本籍を選定し、官報告示の日から1か月以内に帰化の届出をしなければならない（戸102条の2）。なお、実務上、帰化許可の告示後に、帰化した者に対して、法務局又は地方法務局において届出に

必要な身分証明書を発給することから、届出期間については身分証明書の発給の日から起算する取扱いである。

　なお、外国人が帰化により日本人配偶者の氏を称した場合（帰化後の氏を創設することなく帰化により婚姻中の日本人配偶者の戸籍に入籍した場合）において、その後、日本人配偶者が死亡したときに、帰化した生存配偶者が復氏届をする場合、又は、離婚した場合には、帰化の際に氏を創設していないので、従前の氏は存在しないから、新たに氏を創設することになる（昭63・3・29民二2020号通達）。

┃ 認知による国籍の取得（にんちによるこくせきのしゅとく）

　子の出生時に父又は母が日本国民であるときは、その子は生来の日本国民である（国2条1号）が、これは、法律上の親子関係が存在することが要件となっている。したがって、血統的には日本国民の子であっても、子の出生時に日本国民である父又は母と法律上の親子関係にないときは、出生とともに日本国籍を取得することはない。そこで、これらの子（外国人）のうち、出生後に日本人から認知された子は、生来の日本人との均衡上、一定の要件の下に帰化手続によらないで、簡易な国籍取得の方法として、法務大臣に対する届出により日本国籍を取得することができることになっている。これを、認知による国籍の取得という（国3条）。

　認知による国籍取得の要件は、次のとおりである（国3条1項）。

(1)　日本人の父から認知された子であること。

(2)　当該子が18歳未満であること。この場合の年齢は、法務大臣に対する国籍取得の届出時に充足していること。

(3)　認知をした父が子の出生時に日本国民であったこと。

(4)　認知をした父が現に日本国民であること、又はその父が死亡時に日本国民であったこと。「現に」とは、国籍取得の届出時の趣旨である。

(5)　日本国民であった者でないこと。すなわち、その子が一度、日本国籍を取得してこれを喪失した者であるときは、この対象者から除外される。

上記の要件を備えて法務大臣に届出をした者は、その届出の時に日本の国籍を取得する（国3条2項）。

日本国籍の再取得（にほんこくせきのさいしゅとく）

出生時に日本人であった者で、国籍留保の届出（国12条、戸104条）をしなかったため日本国籍を失った者、又は外国国籍を有する日本人で、官報による催告を受け、日本国籍を選択しなかったため国籍を失った者（国15条2項・3項）は、一定の条件の下に帰化手続によらず、法務大臣に届け出ることによって再度日本国籍を取得することができる。これを国籍の再取得という（国17条）。

(1) 国籍不留保者の再取得の要件（国17条1項）

　国外で生まれ、日本国籍を留保しなかったことにより国籍を喪失したこと、18歳未満であること及び日本に住所を有することが必要である。

　再取得の届出は、国籍を取得しようとする者の住所地を管轄する管轄法務局長等を経由してすることとされている（国規1条）。この届出は、日本に住所を有することが要件であることから、日本の在外公館を経由して届出をすることはできない。再取得の届出をした者は、その届出の時に日本国籍を取得する（国17条3項）。

(2) 官報催告による国籍不選択者の再取得届出の要件（国17条2項）

　重国籍防止条件（無国籍者であるか、又は日本の国籍を取得することによって現に有する外国籍を失うこと）を備えるときは、日本国籍を失ったことを知った時から1年以内に届け出ることにより日本国籍を再取得することができる。

　再取得の届出は、国籍を取得しようとする者の住所地を管轄する管轄法務局長等又は日本の在外公館を経由してすることとされている（国規1条）。再取得の届出をした者は、その届出の時に日本国籍を取得する（国17条3項）。

法務大臣への届出による国籍の取得
（ほうむだいじんへのとどけでによるこくせきのしゅとく）

一定の条件を具備した者は、法務大臣へ届出をすることによって日本国籍を取得することができる。その場合とは、次のとおりである。

(1) 日本人に認知された者が日本国籍を取得する場合（国3条）

日本人と外国人との間の子で、出生時に父母が婚姻しておらず、日本国籍を有しない子で、日本人父に認知された18歳未満の子は、その父が子の出生の時に日本国民であった場合において、その父が現に日本人であるとき、又はその死亡時に日本人であったときは、法務大臣への届出（管轄法務局長等又は日本の在外公館経由）によって日本国籍を取得することができる。ただし、該当者のうち、かつて日本国民であったが日本国籍を喪失している者は、除外されている（「認知による国籍の取得」の項参照）。

(2) 国籍留保届をしなかったことにより日本国籍を喪失した者が日本国籍を再取得する場合（国17条1項）

出生により外国国籍を取得した日本国民であって国外で生まれた者は、戸籍法の定めるところにより日本国籍を留保する旨の届出をしなければ、出生時に遡って日本国籍を失うこととされている（国12条）。これにより国籍を喪失した者で18歳未満の者が、日本に住所を有するときには、法務大臣への届出（管轄法務局長等経由）によって日本国籍を取得することができる（「日本国籍の再取得」の項参照）。

(3) 国籍選択の催告（官報による）を受け、日本国籍を失った者が、日本国籍を再取得する場合（国17条2項）

外国国籍をも併有する日本人は、所定の期限までに（重国籍となったのが18歳未満であるときは20歳に達するまでに、重国籍となったのが18歳に達した後であるときは、その時から2年以内に）国籍の選択をしなければならず（国14条1項）、これを怠った者に対しては法務大臣から選択の催告がされ、その催告を受けたにもかかわらず選択をしなかった者は、その催告を受けてから1か月経過した時に日本国籍を喪失することとされている（国15条）。

　これにより、日本国籍を喪失した者のうち、その催告が官報掲載によってされた（国15条2項）者であるときは、その者が重国籍防止条件（無国籍者であるか、又は日本国籍を取得することによって現に有する外国籍を失うこと）を備えるときは、日本国籍の喪失を知った時から1年以内に法務大臣へ届け出る（管轄法務局長等又は日本の在外公館経由）ことによって日本国籍を再取得することができる（国17条2項）（「日本国籍の再取得」の項参照）。

　以上の場合には、所定の条件を備えた者は、法務大臣へ届出をした時に日本国籍を取得する（国3条2項、17条3項）。これにより日本国籍を取得した者は、国籍取得の日（法務大臣への届出の日）から1か月以内（その者がその日に国外に在るときは、3か月以内）にその旨を市区町村長に届出しなければならない（戸102条1項）。

▌国籍の選択（こくせきのせんたく）

　国籍法（昭25法律147号）は、「国籍法及び戸籍法の一部を改正する法律」（昭59法律45号。以下「昭和59年改正法」という。）をもって改正されたが、改正法は、父母両系血統主義の採用等により新たに増加する重国籍の解消を図るため、国籍の選択制度を導入した（国11条2項、14条～16条）。

　したがって、重国籍者は、必ず国籍を選択しなければならないことになった。すなわち、外国国籍を有する日本国民は、外国及び日本国籍を有することとなった時が18歳に達する以前であるときは20歳に達するまでに、その時が18歳に達した後であるときはその時から2年以内に、日本国籍か外国国籍か、そのいずれかを選択しなければならない（国14条1項）。

　国籍の選択の方法は次のとおりである。

（1）外国国籍を選択する場合

　　日本国籍を離脱する（国13条）か、又は外国の法令に従い、その外国の国籍を選択する方法による（国11条2項）。

（2）日本国籍を選択する場合

　　外国国籍を離脱するか、又は日本国籍を選択し、かつ、外国国籍を放棄する旨の宣言をする方法による（国14条2項）。

　日本国籍を選択する場合における国籍選択の宣言は、市区町村長に国籍選択届をすることによってしなければならない（戸104条の2）。この届出をしても、当該外国の国籍法規の内容によっては、外国国籍を喪失しない場合があるが、この場合には、日本国籍の選択の宣言をした者は、外国国籍の離脱に努めなければならないとされている（国16条1項）。

　国籍の選択をしなければならない重国籍者が、選択期限を徒過した場合は、法務大臣から国籍選択の催告を受け、1か月以内にこれに応じないときは日本国籍を喪失する（国15条）。なお、国籍法第14条第1項の選択期限は義務の履行期限であって、期限徒過後も重国籍者は選択義務を負う。したがって、選択期限後であっても、自発的に又は催告に応じて国籍の選択をすることができる。

日本国籍の選択の宣言（にほんこくせきのせんたくのせんげん）

　外国国籍を有する日本国民（重国籍者）は、一定の期限内にいずれかの国籍を選択しなければならないこととされている（国14条1項）。これにより日本国籍を選択しようとする場合、その方法としては、外国の法令に基づいてその外国国籍を離脱する方法と、日本国籍を選択し、かつ、外国国籍を放棄する旨の宣言をする方法とがある（同条2項）。

　日本国籍の選択の宣言は、現在有している日本国籍をそのまま維持するとともに、併有している外国国籍を放棄することを宣言して、以後、外国国籍に伴う権利や特権を行使しない旨を日本国に対して宣明することである。

　もっとも、この宣言は、日本国に対するものであるから、これにより当該外国国籍を当然喪失するとは限らず、外国国籍を喪失するか否かは当該外国の国籍法規の定めによることになることから、このような宣言をしても、依然として重国籍は解消されない場合もある。

　そこで、日本国籍の選択の宣言をした者でも依然として重国籍者であるものについては、併有する外国国籍を現実に離脱するよう努めなければならないとされている（国16条1項）。なお、この宣言をした者が、その趣旨に著しく反する行為をしたときは、法務大臣は、その者に対し、日本国籍の喪失の

宣告をすることができることとされている（同条2項）。

　日本国籍の選択の宣言の届出は、その宣言をしようとする者が市区町村長に届出しなければならない（戸104条の2）。

　なお、昭和59年改正法の施行前に既に重国籍者となっていた者については、所定の期限までに国籍の選択をしなかった場合でも、期限到来時に日本国籍の選択宣言をしたものとみなされている（昭和59年改正法附則3条）ことから、その期限の経過により国籍選択の法的効果が確定的に発生していることとなり、この場合には、現に重国籍であって、重ねて国籍選択届をしてもその届は法的には無効であることから、国籍選択の届出をすることはできないものとされる。

▌ 国籍選択の催告（こくせきせんたくのさいこく）

　外国国籍を有する日本国民（重国籍者）は、一定期限内に自発的にいずれかの国籍を選択しなければならない（国14条1項）。しかし、重国籍者が自分の意思で所定の期限内に国籍の選択をしないときは、法務大臣は、その者に対し、書面により国籍の選択をすべきことを催告することができる（国15条1項）。

　法務大臣の催告を受けた重国籍者は、催告の文書が到達した日から1か月以内に、国籍を選択しなければならず、その選択をしないときは、1か月の期間が経過した時に日本国籍を失う（同条3項）。

　なお、法務大臣の催告は、重国籍者が所在不明等の場合は、文書による催告に代えて官報に掲載してすることができるが、この場合は、官報に掲載された翌日に催告は到達したものとみなされる（同条2項）。

▌ 外国国籍の取得（がいこくこくせきのしゅとく）

　日本人が外国国籍を取得する場合としては、本人の意思による場合と、そうでない場合とがある。前者は、外国に帰化した場合などがその例である。日本人が自己の志望によって外国国籍を取得したときは、当然に日本国籍を

失うものとされている（国11条１項）。なお、この場合には国籍喪失届（戸103条）又は国籍喪失報告を要する（戸105条）。後者の場合としては、主として婚姻、認知、養子縁組などの身分行為によるものである。我が国では、現行国籍法にはこのような規定はない。ただし、このような制度をとる外国があるので、例えば、日本人女がこのような法制をとる国の男と婚姻すると、夫の国の国籍をも取得し重国籍者となることがある。なお、外国国籍を有する日本国民は、一定の期限内に、いずれかの国籍を選択しなければならない（国14条１項）。

▌国籍の離脱（こくせきのりだつ）

　国籍の離脱とは、本人の意思に基づいて、その有する国籍を喪失することをいう。

　我が国の国籍法は、日本国籍の喪失原因として、(1)国籍の離脱による日本国籍の喪失（国13条）のほかに、(2)外国への帰化など自己の志望によって外国国籍を取得したことによる日本国籍の喪失（国11条）、(3)出生により外国国籍を取得した日本国民であって国外で出生した者の国籍不留保による日本国籍の喪失（国12条）、の３種を規定している。

　国籍の離脱は、日本と外国の国籍を有する重国籍者に限って認められるものであるから、日本国籍のみを有する者は国籍の離脱をすることはできない。

　国籍を離脱するには、法務大臣に届出をしなければならない（国13条１項）が、その届出をするには、日本に住所を有する者はその住所地の管轄法務局長等を経由して、また、外国に住所を有する者はその国に所在する日本の在外公館を経由して法務大臣に届出をしなければならない（国規３条１項、１条１項）。

　国籍の離脱の届出をした者は、その届出の時に日本国籍を失う（国13条２項）。

　国籍の離脱による国籍喪失については、法務省民事局長又は管轄法務局長等から本籍地の市区町村長宛てに報告がされ（戸105条）、これに基づき、そ

の者は戸籍から除籍される（戸23条）。

日本国籍の喪失（にほんこくせきのそうしつ）

　国籍の喪失とは、国民である資格を失うことをいう。日本国籍を喪失する場合は、次のとおりである。

(1)　外国への帰化など自己の志望によって外国国籍を取得したときは、日本国籍を失う（国11条1項）。外国国籍を有する日本国民は、その外国の法令によりその国の国籍を選択したときは、日本国籍を失う（同条2項）。これらの場合は、国籍喪失届（報告的届出）を要する（戸103条）。

(2)　出生により外国国籍を取得した日本国民であって国外で生まれた者が、日本の国籍留保の届出（戸104条）をしなかった場合は、出生の時に遡って日本国籍を失う（国12条）。この場合は、国籍の喪失についての届出は要しない。

(3)　外国国籍を有する日本国民は、法務大臣に届け出ることによって、日本国籍を離脱することができるが、その届出の時に日本国籍を失う（国13条）。

(4)　外国国籍を有する日本国民が、法務大臣から国籍選択の催告を受け（国15条1項）、その催告を受けた日から1か月以内に日本国籍の選択をしなかったときは、その期間が経過した時に日本国籍を失う（同条3項）。

(5)　日本国籍の選択宣言をした日本国民（国14条2項）で外国国籍を失っていない者に対し、法務大臣は、一定の事由がある場合には、その者の日本国籍の喪失宣告をすることができる（国16条2項）。その宣告は官報に告示してするが、その宣告を受けた者は、告示の日に日本国籍を失う（同条3項～5項）。

日本国籍の喪失の宣告（にほんこくせきのそうしつのせんこく）

　外国国籍を有する日本国民は、一定期限内に、いずれかの国籍を選択しなければならないこととされており（国14条1項）、この場合において、その者

が日本国籍を選択し、かつ、外国国籍を放棄する旨の宣言をした（同条2項、戸104条の2）ときは、その者は、外国国籍の離脱に努めなければならないとされている（国16条1項）。ところで、その選択の宣言をした者が外国国籍を喪失しないまま、自己の志望によりその外国の公務員の職（その国の国籍を有しない者であっても就任することができる職を除く。）に就任した場合において、その就任が日本国籍を選択した趣旨に著しく反すると認められるときは、法務大臣はその者に対し日本国籍の喪失の宣告をすることができることとされている（同条2項）。

　外国の公務員の職には、外国の中央政府の公務員のほか、その下部機構の公務員も含まれる。また、その就任が日本国籍を選択した趣旨に著しく反する場合とは、その公務員の職が性質上、公権力の行使又は公の意思の形成に関するものである場合をいい、単に肉体的・機械的労務を内容とする職である場合や臨時的なものである場合は、これに該当しないと解されている。

　法務大臣は、この宣告をしようとするときは、当該宣告に係る者に対して、あらかじめ公開による聴聞を行わなければならないとされている（同条3項）。宣告は、官報に告示してされ、その宣告を受けた者は、告示の日に日本国籍を失う（同条4項・5項）。

▌国籍証明書（こくせきしょうめいしょ）

　国籍を証する書面として、我が国では通常、戸籍謄本等が利用されている。戸籍は、日本国民であると認められる者（その要件は国籍法の定めによる。）に限って全て登載されるからである。

　しかし、日本国民が外国において婚姻などの身分行為をする場合に、国によっては戸籍謄本等ではなく、日本国籍の有無の直接証明を要求することがある。このような場合には、法務省民事局において行政証明として国籍証明書を発行している。

　この証明を受けようとする者は、本人又はその法定代理人が、国籍証明申請書に戸籍謄本及び住民票の写しなどを添えて、法務局又は地方法務局を経由して法務省民事局長に提出することとされている（昭44・9・1民事甲1741号

通達）。

平和条約 （へいわじょうやく）

第二次世界大戦を終了させるために日本国と連合国との間に「日本国との平和条約」が締結されたが、これを単に平和条約と呼ぶことがある。この条約は、昭和26年9月8日にアメリカ合衆国サンフランシスコ市において調印され、昭和27年条約第5号として昭和27年4月28日午後10時30分に発効した（昭27内閣告示1号）。

この条約の発効に伴い、朝鮮人（朝鮮籍にある者）及び台湾人（台湾籍にある者）は、日本国籍を喪失した。なお、元朝鮮人、元台湾人であった者でも、条約の発効前に内地人となった者（内地籍となった者）は、引き続き日本の国籍を保有し、また、元内地人であった者でも、条約発効前に外地人（朝鮮籍又は台湾籍）となった者は、条約発効とともに日本国籍を喪失した（昭27・4・19民事甲438号通達、最判昭36・4・5民集15巻4号657頁、最判昭40・6・4民集19巻4号898頁）。

外国人住民基本台帳制度 （がいこくじんじゅうみんきほんだいちょうせいど）

日本国内に在留する外国人に係る在留管理の制度として、平成21年法律第79号により、出入国管理及び難民認定法（いわゆる入管法（昭26政令319号））が改正（当該内容につき平24・7・9施行）され、これに基づく新たな在留管理制度が導入された。

新たな在留管理制度においては、中長期在留者には在留カードが交付されるとともに（入管19条の3以下）、従前の外国人登録制度〔注〕が平成21年に廃止され、外国人住民についても日本人と同様に住民基本台帳法の適用対象とされることとなった。これに基づき、原則として適法に3か月を超えて在留する外国人であって住所を有する者について住民票が作成される。対象となる者は、①中長期在留者（在留カード交付対象者）、②特別永住者、③一時庇護許可者又は仮滞在許可者、④出生による経過滞在者又は国籍喪失による経過

滞在者とされている（住基30条の45）。

　また、外国人住民に係る住民票の記載事項としては、日本人と同様に、氏名、生年月日、男女の別、住所等の基本事項に加え、外国人住民特有の事項として、国籍等に加え、上記①〜④の区分が記載される。

〔注〕新たな在留管理制度が導入される前は、在留外国人に対して、平成24年に廃止された外国人登録法（昭27法律125号）に基づく外国人登録申請が義務付けられていた（外登3条）。外国人登録は、「外国人の居住関係及び身分関係を明確ならしめ、もつて在留外国人の公正な管理に資することを目的とする。」（外登1条）ものとされていた。

　外国人は、日本に入国したときは、上陸の日から90日以内に、また、日本において出生その他の事由によって外国人となったときは、60日以内に市区町村長に外国人登録の申請をしなければならないとされていた（外登3条）。

　市区町村長は、登録申請があったときは登録原票に登録し（外登4条）、当該申請者に登録証明書（登録手帳と称されている。）を交付することとされていた（外登5条）。

　外国人登録原票に登録された事項については、本人又は代理人等からの請求によって、登録原票写し又は登録原票記載事項証明書が交付されることとされていた（外登4条の3）。

▍日本船舶（にほんせんぱく）

　日本船舶とは、日本国籍を有し登録されている船舶をいい、日本国籍を有する船舶であるかどうかは、船舶法の規定するところによる（船舶法1条）。

　日本船舶は、その種類や大小を問わず、また、航海日誌を備えているか否かを問わず、戸籍法の適用に関しては日本国の領土の一部として取り扱われる（「属地的効力」の項参照）。すなわち、航海中の日本船舶内で出生した場合や死亡した場合には、それらの者の国籍のいかんを問わず、日本国内におけると同様に戸籍法の適用がある。このことは、日本船舶が公海上にある場合だけではなく、外国の領海内にある場合も同様である（戸51条、55条、88条、93条）。

20 渉外戸籍関係

渉外戸籍（しょうがいこせき）

　渉外戸籍とは、渉外事件に関する戸籍事務の総称である。つまり、渉外的要素をもった戸籍に関する届出、審査、受理、公証という一連の事務手続の全体を指称する。

　また、ここにいう渉外事件とは、日本国外で生じた日本人の身分に関する事件、日本国内又は日本国外で生じた日本人と外国人相互の身分に関する事件、日本国内で生じた外国人の身分に関する事件、その他外国、外国人又は外国法と何らかの関係を有する人の身分に関する事件をいう。

　渉外事件の処理に当たっては、法の適用に関する通則法はもとより、民法中の規定（民741条、801条など）が指針となるが、戸籍事務の関係では、これらのほかに戸籍法中の渉外事件に関する規定（戸40条～42条、102条～106条など）及び戸籍法自体の性質に由来する諸原則も考慮に入れる必要がある。

国際私法（こくさいしほう）

　国際社会においては、各国がそれぞれの法秩序を形成している結果、諸国の私法の内容が異なるため、国際的取引や婚姻などの場合に、どこの国の法律によるべきかという問題が生じる。例えば、A国人とB国人が婚姻する場合に、A国とB国の婚姻法の内容が相違するとすれば、そのいずれの国の法律によるべきであるかを定める必要が生じる。すなわち、ある事柄について、どこの国の法律をよりどころとするかということを定めている法律、つまり準拠法を指定する法が国際私法である。いわば、国際私法は各国の準拠法が衝突しないように交適整理の役目を果たすものである。現在のところ、

一定の限られた事項について、また、限られた国家間において条約によって国際私法の原則が定められているほか、各国の国内法として国際私法の原則が定められている。

　我が国においては、法の適用に関する通則法において国際私法の主要なものが規定されているが、そのほか、扶養義務の準拠法に関する法律（昭61法律84号）、遺言の方式の準拠法に関する法律（昭39法律100号）、手形法（昭7法律20号）及び小切手法（昭8法律57号）などの中にもこれに関する規定がある。

┃ 法の適用に関する通則法 （ほうのてきようにかんするつうそくほう）

　法の適用に関する通則法（平18法律78号、平19・1・1施行）は、法規の適用関係を定める法律である国際私法であり、国際結婚や国際取引など渉外的私法関係に関係する国のうち、いずれの国の法律を適用すべきかを定める（準拠法を指定する）ものである。

　親族関係に関する法の適用に関する通則法の概要は、次のとおりである。
⑴　準拠法の決定において、婚姻の効力や離婚について、夫婦に共通する本国法又は常居所地法などを段階的に準拠法として定めることとし、準拠法の指定を男女平等の精神に即したものとしている。
⑵　婚姻の方式、嫡出親子関係の成立、認知及び準正に関する準拠法については、当事者に関係のある法律のうちいずれかにおいてその要件を満たせばこれらの身分関係の成立を認めることとする、いわゆる選択的連結の方法を採用するとともに、養子縁組については、養親の本国法を準拠法として、準拠法指定の平易化が図られている。
⑶　親子間の法律関係については、子の本国法又は常居所地法を準拠法とするなど、子を中心とした準拠法としており、子の福祉に配慮したものとしている。
⑷　親子間の法律関係などについての準拠法指定の連結素（連結点）として、常居所の概念を採用し、また、夫婦財産制について当事者の合意による準拠法の選択を認めることとして、諸外国の国際私法の立法などの動向との調和が図られている。

　なお、通則法の親族関係の規定については、法例（明31法律10号。平18法律78号により「法の適用に関する通則法」に題名変更）の規定を現代語化したものであり、その実質的な規律は維持されているところ、これに基づく戸籍事務の処理については、法務省民事局長から通達が発せられている（平元・10・2民二3900号通達）。

属人的効力（ぞくじんてきこうりょく）

　国の法律の適用について、自国民に対しては、その所在が国内であると国外であるとを問わず、自国法を適用することを当該法律の属人的効力という。属地的効力に対する用語である。

　戸籍事務について、戸籍法は、日本国の法律として本来的に全ての日本国民を拘束する効力を有している。したがって、戸籍法の対象である身分関係の変動（報告的届出事件・創設的届出事件）が日本国民についてのものである場合には、当然その事件について戸籍法の関係規定の適用がある。その事件本人である日本人が、事件発生当時日本国内に所在するか、外国に所在するかを問わず、また、その事件の発生地が日本国内であるか国外であるかを問わず適用される。

　日本人は、外国に在る場合であっても戸籍法の適用を受けることから、戸籍法による届出をすることによって身分上の行為をすることができる。例えば、外国に在る日本人間で婚姻をしようとするときは、その国に駐在する日本の大使、公使又は領事にその届出をすることができる（民741条、戸40条）ほか、本籍地の市区町村長へ直接郵送による届出もできる（戸25条、47条、通則24条3項）。

属地的効力（ぞくちてきこうりょく）

　国の法律の適用について、自国内に所在する者に対しては、その者が自国民であるか外国人であるかを問わず、全ての者に自国法を適用することを当該法律の属地的効力という。属人的効力に対する用語である。

　戸籍法は、日本国の法律として日本国の領域内に施行されている。したがって、戸籍法の対象である身分関係の変動（報告的届出事件・創設的届出事件）が日本国内で発生した場合には、その事件本人が日本人であるか外国人であるかを問わず、当然にその事件について戸籍法の関係規定の適用がある。例えば、外国人が日本国内で出生し、又は死亡した場合は、戸籍法の定めるところによって、出生の届出又は死亡の届出を要する（戸25条2項、49条2項3号、86条2項2号、戸規58条2号）。また、戸籍法は、日本国内に在る外国人が行為地法である日本民法の定める方式によって婚姻、養子縁組、認知などの身分行為をする場合にも適用がある。例えば、日本に在る外国人が日本において婚姻する場合は、婚姻挙行地である日本の方式によることができる（通則24条2項）ことから、戸籍法に定める市区町村長への届出によって婚姻を成立させることができる（民739条、戸25条2項、74条2号、戸規56条1号）。

▌ 準拠法（じゅんきょほう）

　日本人と外国人が婚姻などの身分行為や取引行為等をするような場合に、これをどの国の法律によって処理すべきであるか、つまり、国際的な身分行為や取引行為のよりどころとなる法律を準拠法という。

　例えば、日本人A、外国人Bの婚姻において、婚姻の成立要件の点についても、その効果の点についても、どの国の法律によってそれを規律するかが問題となるが、このような場合にどの国の法律を適用するかは、それぞれの国の国内法で定められる。わが国の国際私法である法の適用に関する通則法によれば、例えば、婚姻の実質的成立要件は各当事者の本国法によってこれを定めることとされ（通則24条1項）、婚姻の方式については、婚姻挙行地の法律によることもできるが、当事者の一方の本国法による方式によることもできる（同条2項、同条3項本文、同条3項ただし書に例外規定がある）としている。また、婚姻の効力については、夫婦の本国法が同一のときはその法律によることとされ、その法律がない場合において夫婦の常居所地法が同一のときはその法律により、そのいずれの法律もないときは夫婦に最も密接な関係がある地の法律によることとされている（通則25条）。

このほか、渉外的な離婚、養子縁組、離縁、親子関係などの成立要件、効力などについて、どこの国の法律を適用すべきかは、国際私法である法の適用に関する通則法が、その適用すべき法律を指定している。このように個々的に指定された法律を、国際私法上、準拠法と呼んでいる。

連結素（連結点）（れんけつそ（れんけつてん））

国際私法は、渉外的法律問題の解決について、最も密接な関係に立つ特定の国の法を選択し、適用すること（すなわち、準拠法を定めること）を目的とするものであるが、この特定の国の法を準拠法として定めることを、その法律問題をその国の法に「連結」するという。そして、この「連結」（準拠法の決定）は、当事者の行為が行われた場所や、当事者の国籍といったものを手掛かりとしてされる。

例えば、我が国の国際私法では、婚姻の方式についての準拠法は、原則として婚姻挙行地の法律（挙行地法）であり（通則24条2項・3項参照）、婚姻の実質的成立要件についての準拠法は、各当事者の本国法によるとされている（同条1項）。このように、準拠法決定の手掛かりとなる人の行為地やその国籍などを、連結素ないし連結点と呼ぶ。

本国法（ほんごくほう）

国際私法上の問題を解決するための準拠法として本国法が指定されることがあるが、本国法とは、当事者の国籍所属国の法律のことである。我が国の国際私法は、行為能力や親族、相続法上のことについて、本国法を準拠法としている。例えば、婚姻の実質的成立要件については、各当事者についてそれぞれの本国法によるとしている（通則24条1項）。

本国法によるべき場合において、その当事者が2個以上の国籍を有する（重国籍者）ときは、それらの国のうち当事者の常居所を有する国の法律によることとされ、その常居所がないときは、当事者に最も密接な関係がある国の法律によるべきであるとされている。ただし、それらの国の一つが日本国

籍であるときは、日本の法律によるべきものとされている（通則38条1項）。

　当事者の本国法によるべき場合において、当事者が国籍を有しない（無国籍者）ときは、常居所地法によるべきであるとされている（同条2項）。

　また、当事者の本国法によるべき場合において、当事者が不統一法国の国籍を有する者であるとき、すなわち、地方（地域）によって法律を異にする国（例えば、アメリカ合衆国の各州）又は人的に法律を異にする国（例えば、マレーシアにおいては、仏教徒に適用される法律とキリスト教徒に適用される法律とがある。）の国籍を有する場合においては、その国の規則に従い指定される法律によるものとされ、その規則がないときは、当事者に最も密接な関係がある法律（例えば、出身州の法律、あるいは所属の教徒に適用される法律）によることとされている（同条3項）。

▋ 行為地法（こういちほう）

　行為地法とは、法律行為の行われる場所に施行されている法律のことである。法律行為が婚姻であるときは、挙行地法ともいう。我が国の婚姻の方式は、原則として婚姻挙行地（行為地）の法律によることとされている（通則24条2項）が、当事者の一方の本国法に適合する方式も有効であるとされる（同条3項本文。同項ただし書に例外規定あり）。

▋ 常居所（じょうきょしょ）

　常居所とは、人が常時居住する場所で、単なる居所とは異なり、相当長期間にわたって居住する場所であると一応定義することができる。これに対し、住所は、「その人の生活にもっとも関係の深い一般的生活、全生活の中心地をもって、その者の住所と解す」る（最判昭35・3・22民集14巻4号551頁）とされており、国際私法における常居所は、日本民法上の住所とほぼ同一のものと考えられている。住所という概念は、生活の本拠という抽象的な意義では国際的に一致していても、具体的な内容については、主観的要素である永住の意思の有無等、諸国間に大きな差異があるので、国際的にできるだけ

その統一を図るため、この「常居所」という概念が新たに登場したものである。

　法の適用に関する通則法においては、①婚姻の効力（通則25条）、②夫婦財産制（通則26条）、③離婚（通則27条）、④親子間の法律関係（通則32条）及び⑤重国籍者の本国法の決定（通則38条）などについて「常居所」が連結点として用いられている。

▌常居所の認定（じょうきょしょのにんてい）

　常居所の認定については、法務省民事局長通達（平元・10・2民二3900号通達）の「第八　常居所の認定」に詳細な説明がされているが、その主要な点は次のとおりである。
(1)　国籍のある国に居住している場合

　　例えば、日本人が日本に居住している場合又は外国人がその本国に居住している場合は、いずれの場合もそこに住民登録をしていれば、そこを常居所として認定する（居住年数の要件は不要）。
(2)　出生以来出国していない場合

　　外国人であっても日本で出生して以来出国したことのない者（例えば、在日韓国人、在日中国人及びその子孫等）については、居住期間を要することなく日本において常居所を有するものと認定する。

　　逆に、日本人が外国で出生して以来出国していない場合も居住期間を要せず、そこを常居所と認定する。
(3)　日本人が日本以外の国籍国に居住している場合

　　例えば、アメリカ合衆国と日本の重国籍者である日本人がアメリカ合衆国に居住している場合は、日本からアメリカ合衆国に移り住んでアメリカ合衆国で1年以上居住していればアメリカ合衆国に常居所があると認定する。また、外国人配偶者の本国に居住する場合及び永住資格がある国に居住する場合についても、居住年数1年以上であれば常居所と認定する。
(4)　その他、一般に外国人としてその国に居住している場合

　　外国人が、商業、学術研究、宗教活動などの目的の在留資格でその国
　に登録している場合は、5年間の居住年数があれば、そこを常居所とし
　て認定する。
⑸　常居所であると認定しない場合
　　外交官などのほかに、不法入国者及び不法残留者並びに観光ビザ・興
　業ビザでの入国者などは、日本に常居所があるとは認定しない。
なお、具体的審査の方法などの詳細は、前掲民二第3900号通達を参照され
たい。

▌反致（はんち）

　渉外的法律関係の問題を解決するに当たっては、一般に、いずれの国の法
律に準拠するかが問題となる。その準拠法を定めるに当たって、A国の国際
私法によればB国法が準拠法となるが、他方、B国の国際私法によればA国
法が準拠法となるというようなことが生ずる場合がある。このような場合
に、A国法を準拠法とすることを反致という。
　例えば、日本の法律によると、婚姻の実質的成立要件は各当事者の本国法
による（通則24条1項）が、当事者の本国の国際私法上、当事者の住所地法に
よるべきこととされており、かつ、事件本人が日本に住所を有しているとき
は、日本の法律によることとなる（通則41条）。これが反致の例である。
　法の適用に関する通則法は、婚姻の効力（通則25条）、夫婦財産制（通則26条
1項）、離婚（通則27条）、親子間の法律関係（通則32条）など、いわゆる段階的
連結をする場合には、反致を認めないこととしている（通則41条ただし書）。
段階的連結の場合は、同一本国法の次順位の段階的準拠法が予定されている
にもかかわらず、それを適用せず、第一順位の準拠法から他の法律への反致
を認めることになると、段階的連結の趣旨に反すると考えられるからであ
る。
　また、法の適用に関する通則法第29条第1項後段又は第31条第1項後段の
規定による子の本国法上の認知又は養子縁組についての子の保護要件に対し
ても、反致の規定は適用されない。

▌転致 (てんち)

　渉外的法律関係の問題を解決するについては、一般にいずれの国の法律に準拠するかが問題となる。その準拠法を定めるに当たって、Ａ国の国際私法によればＢ国法が準拠法となるが、他方、Ｂ国の国際私法によればＣ国法が準拠法になるというようなことの生ずる場合がある。このような場合に、Ｃ国法を準拠法として認めることを転致という。しかしながら、法の適用に関する通則法においては、狭義の反致のみを認め（通則41条）、転致については認めていない。

▌不統一法国 (ふとういつほうこく)

　国際社会には、一国内に複数の州、共和国などが並存し、それぞれ地域ごとに内容の異なる法が施行されている国や、一国内に、人種・宗教・社会的階級の相違などによって人的に適用関係の異なる複数の法が施行されている国が存している。前者が場所的不統一法国であり、後者が人的不統一法国である。このような国の国民について、本国法が準拠法として適用されるべき場合には、更に、この並存する複数の法の中から適用すべき法を選択しなければならない。これが不統一法国に属する者の本国法の決定という問題である。

　法の適用に関する通則法では、第38条第３項において、場所的不統一法国について、また、第40条第１項において、人的不統一法国について、それぞれ規定している。

　すなわち、当事者が不統一法国の国籍を有するときは、当該国にこのための特別規則がある場合はそれによる間接指定方式とされ、もし、その規則がないときは、当事者に最も密接な関係がある法律（例えば、出身州の法律、あるいは所属の教徒に適用される法律）を当事者の本国法とすることとしている。

外国の方式 （がいこくのほうしき）

　外国の方式とは、法律行為の成立要件のうち、手続などの外面的形式が、外国の法律に基づいて行われることをいう。

　法律行為が成立するためには、一定の要件を充足することが必要であるが、その要件については、実質的成立要件と形式的成立要件に区別することができる。法律行為の方式とは、この形式的成立要件にほかならない。

　例えば、婚姻の場合、諸外国の法制では一般に、婚姻年齢に達していること、重婚でないこと、近親婚でないことなどが要求されるが、このようなものを婚姻の実質的成立要件といい、これとは別に、婚姻の有効な成立のために、公開の儀式とか、宗教上の儀式、国家機関への届出など一定の手続や形式が要求される。これを、婚姻の形式的成立要件（＝方式）という。

　例えば、日本人と外国人が外国において婚姻する場合、婚姻挙行地法による方式によるほか、当該外国人の本国法による方式によることもできるとされている（通則24条2項・3項）〔注〕。

　外国に在る日本人が婚姻挙行地である外国の方式に従って婚姻し、当該婚姻に関する証書を作らせたときは、3か月以内にその国に駐在する日本の大使、公使又は領事にその証書の謄本を提出しなければならないこととされている（戸41条1項）。また、外国に在る日本人が、外国人配偶者の本国法の方式により婚姻したときも同様に、その証書の謄本をその所在する国に駐在する日本の大使などに提出しなければならないとされている（戸41条の類推適用）。

〔注〕日本人と外国人が日本において外国の方式によって婚姻した場合は、日本法上は有効とされない（通則24条3項ただし書。「日本人と外国人とが日本において婚姻した旨の報告的届出の受否」の項参照）。

地域籍 （ちいきせき）

　朝鮮及び台湾は、日韓併合条約（明43）及び日清講和条約（明28）によって、かつて日本の領土の一部とされ、朝鮮人及び台湾人は日本国籍を有して

いた。これら朝鮮及び台湾については、日本本土と異なる法令が施行され、異法地域を形成し、一般に本土を内地、朝鮮及び台湾を外地と呼び、内地に属する者を内地人、外地に属する者を外地人と呼んでいた。この内地人と外地人との区別は、戸籍上の本籍を基準として定められていたため、日本国民は、その有する本籍の所在によって内地在籍者、朝鮮在籍者、台湾在籍者というように各地域籍を有していた。なお、朝鮮及び台湾は、平和条約発効（昭27・4・28午後10時30分）により日本国の領土から分離されたので、現在の我が国に、このような異法地域（地域籍）は存在しない。

共通法（きょうつうほう）

　朝鮮及び台湾は、日韓併合条約（明43）及び日清講和条約（明28）によって、かつて日本の領土の一部とされていたが、これらの地域には日本本土と異なる法令が施行され、異法地域を形成していた。共通法とは、これら各地域相互間の法規の適用及び連絡を定めた法律（大7法律39号）である。

　朝鮮及び台湾は、平和条約の発効（昭27・4・28午後10時30分）により日本国の領土から分離され、現在の我が国に異法地域は存在しないので、共通法も実質的には失効している。

内地人と外地人（ないちじんとがいちじん）

　朝鮮及び台湾は、日韓併合条約（明43）及び日清講和条約（明28）によって、かつて日本の領土の一部であったが、これらの地域には日本本土とは異なる法令が施行され、異法地域を形成していた。そして、日本本土を内地と称し（共通法1条）、内地に本籍を有する者を内地人といい、朝鮮又は台湾に本籍を有する者を一般に外地人と呼んだ。しかし、朝鮮及び台湾は、昭和27年4月28日午後10時30分平和条約の発効の日から日本国の領土から分離され、これに伴い、朝鮮人（朝鮮籍にある者）及び台湾人（台湾籍にある者）は、内地に在住している者を含めて全て日本国籍を喪失した。したがって、現在、我が国において内地人、外地人の区別はない。

中国人の本国法 （ちゅうごくじんのほんごくほう）

　国際私法上、当事者の本国法が準拠法とされる場合がある（例えば、婚姻の実質的成立要件における当事者の本国法。通則24条1項）が、中国人については、本土系中国人と台湾系中国人とがあり、その本国法が問題となる。

　国際私法上、当事者の本国法の決定は、私法関係における問題であり、その法律を公布した国家ないし政府に対する外交上の承認の有無などとは次元を異にするものである。

　現在、台湾においては、中華人民共和国の法規とは異なる法規が現に通用していることは、公知の事実である。したがって、本土系中国人と台湾系中国人の本国法は別々の法律とするのが適当と考えられる。そこで、当事者が明らかに台湾の法域に属し、そこに適用されている法律が当該当事者に最も密接な関係がある法律であれば、これを当該当事者の本国法として適用することが妥当であるとされている。戸籍実務においても、台湾という法域のあることを認め、台湾に属する者については、その法律を適用することとしている（昭51・9・8民二4984号回答）。

　なお、関係中国人が本土系中国人又は台湾系中国人のいずれに属するものとするかの認定については、戸籍実務上、次の方法による。

　(1)　人民法院（公証員）、公安部所管の戸口登記機関、民政部所管の婚姻登記機関等中国の官憲の発給した証明書を提出した中国人については、本土系と認定して、中華人民共和国の法律を本国法とする。

　(2)　台湾の戸籍謄本を提出した者については、台湾系と認定し、中華民国の法律を本国法として取り扱う。

朝鮮人の本国法 （ちょうせんじんのほんごくほう）

　国際私法上、当事者の本国法の決定は、私法関係における問題であり、その法律を公布した国家ないし政府に対する外交上の承認の有無などとは次元を異にするものである。

　現在、朝鮮半島の北部地域において、朝鮮民主主義人民共和国の法律が施

行されていることは明らかな事実である。したがって、当事者が明らかにその地域に属し、そこに適用されている法律が当該当事者に最も密接な関係がある法律であれば、これを当該当事者の本国法として適用することが妥当と考えられる。

　戸籍実務の取扱いとしては、(1)韓国官憲発給の旅券の写し若しくは国籍証明書又は韓国の家族関係登録簿、(2)韓国官憲（韓国大使館等）の発給した婚姻等についての証明書等を提出した者については、その準拠法は大韓民国の法律であることは当然のこととして取り扱い、その証明のない朝鮮人についても、本人が特に韓国人でないと言わない限り、原則として韓国法によるものと考えて処理して差し支えないとされている（南敏文編著「Q＆A渉外戸籍と国際私法」45頁以下参照）。

▋嫡出親子関係の成立の準拠法
（ちゃくしゅつしんし／おやこかんけいのせいりつのじゅんきょほう）

　嫡出親子関係の成立の準拠法について、法の適用に関する通則法第28条第1項は、子の出生の時の夫婦の一方（父又は母）の本国法により嫡出であるときは、子は嫡出子とすることとしている（なお、同条2項参照）。

　なお、本条は、嫡出否認に関する準拠法についても適用される。

　本条により指定された準拠法の適用の範囲については、次のような事項が含まれる。

(1)　嫡出性の推定に関する諸問題——具体的には、妻が婚姻中に懐胎した子は夫の子と推定されるか否か、及び婚姻成立の日から何日以降に、また、婚姻解消若しくは取消しの日から何日以内に出生した子が婚姻中に懐胎したものと推定されるかどうか。

(2)　嫡出否認に関する諸問題——具体的には、嫡出否認の許容性、否認権者、嫡出否認の方法（裁判手続を要するか否か）及び、否認権行使の期間。

(3)　仮装婚姻からの出生子に嫡出性が認められるかどうか。

嫡出でない子の親子関係の成立の準拠法
（ちゃくしゅつでないこのしんし／おやこかんけいのせいりつのじゅんきょほう）

　嫡出でない子の親子関係の成立について、法の適用に関する通則法第29条第1項前段は、父との間の親子関係については、子の出生当時の父の本国法により、母との間の親子関係については、その当時の母の本国法によることとしている。

　嫡出でない子の親子関係の成立についても、嫡出親子関係の成立の準拠法との一貫性から、父との関係については父の、母との関係については母の本国法によることとし、基準時も子の出生の時に固定している。

　なお、嫡出でない子の親子関係については、出生という事実によって親子関係の成立を認める事実主義の法制（例えば、日本の母と子の関係やフィリピン法の父又は母と子の関係）と、親が自己の子であることを承認する意思を表明して親子関係を成立させる認知の法制（例えば、日本民法の父と子の関係）とがある（「認知主義と事実主義」の項参照）。

準正の準拠法（じゅんせいのじゅんきょほう）

　準正の準拠法については、法の適用に関する通則法第30条第1項は、子は、準正の要件である事実の完成の当時の父若しくは母又は子の本国法により準正が成立するときは、嫡出子たる身分を取得するとしている。これによって、準正の原因となる事実の完成当時、すなわち、父母の婚姻によって準正となる場合には婚姻成立のとき、また、父又は母の認知などによって準正となる場合には、法律上の父母双方との間に親子関係が成立したときのそれぞれの場合、父又は母のいずれか一方の本国法又は子の本国法によって、準正が認められるときは、この準正の成立を認めることとなる。

　なお、父の本国法が事実主義を採用している場合は、父の本国法上、父からの認知を待つまでもなく、父母の婚姻によって直ちに準正となる。

認知の準拠法 (にんちのじゅんきょほう)

認知の実質的成立要件に関する準拠法については、子の出生の当時若しくは認知の当時の認知する者の本国法又は認知の当時の子の本国法のいずれの法によってもすることができ、認知する者の本国法による場合において、認知の当時の子の本国法がその子又は第三者の承諾又は同意のあることを認知の要件とするときは、その要件をも備えなければならないとされている（通則法29条1項・2項）。

認知の要件については、具体的には、次のような諸点が認知の準拠法により規律される。

(1) 認知（任意認知、強制認知）が許されるかどうか。

(2) 認知をするには一定の者の承諾が必要かどうか。なお、この点は、子の本国法との重複的適用となる。

(3) 遺言により認知することができるかどうか。

(4) 死亡した子又は胎児を認知することができるかどうか。

(5) 死後認知することができるかどうか、及びその出訴期間。

(6) 認知能力。

(7) 認知を取り消すことができるかどうか。

(8) 形式的に成立している認知の効力を否認するため裁判を要するかどうか。取消権者は誰か。

以上が、認知の準拠法により規律されることになる。

認知の実質的成立要件の準拠法については、選択的連結が採用されたことにより、いずれかの準拠法（認知者又は子の本国法）においてその要件を満たせば認知が成立することになるが、その審査に当たっては、審査の容易な準拠法あるいは認知の成立しやすい法によればよく、その順位としては、第一に日本法、第二に子の本国法、第三に認知の当時の父の本国法、第四にその他の判明した国の法ということになる。

認知の方式についての準拠法は、法の適用に関する通則法第34条の規定により、認知の成立の準拠法による方式と行為地の方式のいずれによることもできる。これにより、認知の方式は、子の出生の当時若しくは認知の当時の

認知する者の本国法又は認知の当時の子の本国法による場合と、行為地法による場合とがあり、そのいずれの方式も有効となる。

▌親子間の法律関係（親権）の準拠法
（しんし／おやこかんのほうりつかんけい（しんけん）のじゅんきょほう）

　親子間の法律関係については、原則として子の本国法によることとされ、例外として、子の本国法が父の本国法及び母の本国法のいずれとも異なる場合又は父母の一方が死亡し、若しくは知れない場合において他方の親の本国法と子の本国法とが異なるときは、子の常居所地法によることとされている（通則32条）。したがって、日本人である子の法律関係については、上記例外の場合を除き、子の本国法としての日本の法律を適用することとなり、上記例外の場合については、子の常居所が日本にあるものと認定することができるときは、子の常居所地法としての日本の法律を適用することとなる。

　法の適用に関する通則法第32条にいう親子間の法律関係については、次のように主として親権に関する事項が含まれる。

(1)　親権の帰属 —— 具体的には、父母共同親権か、単独親権か。父母の離婚に当たって子の親権者が誰になるか。

(2)　親権の内容 —— 親権の内容は、身上の監護（子の監護・教育・居所指定・懲戒・職業許可・子の引渡請求）と財産の管理（子の財産の管理権・法定代理権・子の財産行為に対する同意権）とに大別されるが、そのいずれも本条による。また、利益相反の場合における親権者の代理権、代諾権なども本条による。

(3)　親権の消滅 —— 親権の喪失・親権又は管理権の剥奪についても適用される。

(4)　その他 —— 子の氏については、本条によるとするのが学説上、通説であり、これに従う家事審判例もあるが、この点に関する戸籍実務は、子の属人法（本国法）によることとされている。

　このように、本条は主として親権に関する事項を扱うが、親権は、継続する法律関係であることから、婚姻や養子縁組等とは異なり、具体的な親権行

使当時の関係者の本国法により準拠法を決定することになる。したがって、子の出生後父又は母が外国へ帰化した場合、又は日本国籍の離脱などにより従前の国籍を変更した場合は、変更後の国籍により父又は母の本国法を決定し、子の親権の準拠法を決定することになる。

　なお、法の適用に関する通則法に規定する父又は母の意味は、法律上の父（父の本国法が事実主義を採用している場合及び認知者も含む。）又は母であり、これらの父又は母の中には当然養父母も含まれる。そしてこの場合において、法律上の父であるかどうかは、法の適用に関する通則法第28条又は第29条により指定される準拠法によることになり、養子縁組が有効かどうかは、法の適用に関する通則法第31条により指定される準拠法によることになる。

▌養子縁組の準拠法（ようしえんぐみのじゅんきょほう）

　養子縁組の実質的成立要件については、縁組の当時の養親の本国法によることとされ、養子の本国法が養子縁組の成立について養子若しくは第三者の承諾若しくは同意又は公の機関の許可その他の処分のあることを要件（保護要件という。）とするときは、その要件をも備えなければならないとされている（通則31条1項）。

　養親の本国法主義をとったのは、養親子の生活が営まれる地は養親の属人法国であるのが通常であって、養子縁組の成立には、その国の法律が定める要件を具備すること、養子は養親の家族の構成員になることなどがその理由である。

　養子縁組の実質的成立要件としては、次のような諸点が養子縁組の準拠法により規律される。

　(1)　養子及び養親の年齢（年齢差を含む。）。

　(2)　養子及び養親の身分関係——具体的には、自己の嫡出でない子又は被後見人（未成年被後見人及び成年被後見人）を養子とすることができるかどうか。

　(3)　表意能力——法定代理人の代諾、同意。

　(4)　公的機関の許可の要否。

　保護要件については、子の本国法をも考慮すべきであるとしている。この保護要件については、各国様々な法制があり得る。

　我が国の民法では、養子となる本人の承諾、養子となる者が15歳未満の場合に法定代理人が本人に代わってする承諾、法定代理人のほかに監護者がいる場合はその者の同意（民797条）、未成年者を養子とする場合における家庭裁判所の許可（民798条）などが該当する。

　養子縁組の形式的成立要件（方式）の準拠法については、法の適用に関する通則法第34条の規定によることとなり、養子縁組の成立の準拠法（養親の本国法（通則31条1項前段））による方式法又は行為地法による方式のいずれによっても差し支えないことになる。

　養子縁組の効力の準拠法については、法の適用に関する通則法第31条第2項において、養子と実方との親族関係の終了についての準拠法を定めているだけであって、特に明文の規定を設けていない。しかしながら法の適用に関する通則法第31条第1項は、「養子縁組の成立の要件は」と限定的に規定せず、「養子縁組は」と規定しているので、認知の場合と同じく、養子縁組の法律関係を成立と効力に分けず、1本の準拠法によらしめたものということができる。すなわち、養子縁組の効力は、法の適用に関する通則法第31条第1項の規定を適用することになり、したがって、その効力については、養親の本国法によることになる。

　養子縁組の効力の準拠法の適用が問題となり得る法律関係は、次のとおりである。

(1)　養親子関係の成立（発生、確定）——具体的には、養子が嫡出子の身分を取得するかどうか、当該身分の取得の時期など。

(2)　養親の血族との親族関係の発生。

(3)　実親及び実方親族との関係の断絶の有無。

養子離縁の準拠法（ようしりえんのじゅんきょほう）

　離縁については、養子縁組の当時の養親の本国法によるとされている（通則31条2項）。

　養子縁組の場合は、我が国の普通養子と特別養子のように、その性格を根本的に異にするものがあるから、成立の準拠法と離縁の準拠法が異なる場合には妥当性を欠く結果が生じることがある。そこで、養子離縁の準拠法は養子縁組の成立要件と整合させる必要があることから、離縁の準拠法については、養子縁組の成立の準拠法である縁組当時の養親の本国法によることとしている。

　夫婦共同縁組の場合において、養父の本国法上単独離縁が認められ、養母の本国法上共同でしか離縁が認められないときは、養父は、単独離縁をすることができるが、養母は、共同でしか離縁をすることができないこととなる。

　また、離縁については、反致の規定の適用があり、当事者の本国の国際私法上、離縁の行為地の法律や養親の住所地の法律によるべきこととされている場合において、行為地や養親の住所地が日本であるときは、日本の民法が準拠法となる。

婚姻の形式的成立要件の準拠法
（こんいんのけいしきてきせいりつようけんのじゅんきょほう）

　婚姻の形式的成立要件（方式）の準拠法については、婚姻挙行地によるほか、当事者の一方の本国法によることもできるとされている（通則24条3項本文）。

　なお、法例（明31法律10号）においては、婚姻の方式は婚姻挙行地の法律によると規定し、外交婚・領事婚による場合を除き、婚姻挙行地の方式に適合する場合にのみこれを有効としていた（法例13条1項ただし書。絶対的婚姻挙行地法主義）。が、絶対的に挙行地法によらなければならないとすることは、当事者にとって不便であることや、本国では有効とされているにもかかわらず日本では無効であるというような跛行婚の発生を避けることが望ましいことなどから、これが改正されたものである。

外国人配偶者の本国法の方式による婚姻
（がいこくじんはいぐうしゃのほんごくほうのほうしきによるこんいん）

　日本人と外国人とが外国において婚姻する場合、その方式は、婚姻挙行地法による方式によるほか、当該外国人の本国法による方式によることもできるとされている（通則24条3項本文）。

　外国に在る日本人が、外国人配偶者の本国法による方式により婚姻し、婚姻に関する証書を作らせたときの戸籍の取扱いは、その本国が婚姻挙行地国以外の国であっても、戸籍法第41条を類推適用し、外国に在る日本人は、3か月以内にその所在する国に駐在する日本の大使、公使又は領事にその証書の謄本を提出しなければならないとしている。

　また、この場合において、その国に日本の大使等が駐在しないときは、戸籍法第41条第2項の類推適用により、3か月以内に本籍地の市区町村長に証書の謄本を発送しなければならない。

日本人と外国人とが日本において婚姻した旨の報告的届出の受否
（にほんじんとがいこくじんとがにほんにおいてこんいんしたむねのほうこくてきとどけでのじゅひ）

　日本において婚姻をする場合、当事者の一方が日本人であるときは、他の一方の当事者の本国法の方式によることはできない（通則24条3項ただし書）ので、日本人と外国人とが日本において婚姻をした旨の報告的届出（日本人と外国人が当該外国人の属する国の大使館などにおいて婚姻をした場合を含む。）は、受理することはできない。

渉外的婚姻の成立要件の審査
（しょうがいてきこんいんのせいりつようけんのしんさ）

　日本人と外国人との創設的な婚姻の届出が市区町村長にされた場合、市区町村長は、これを受理するに当たり、婚姻成立のための実質的成立要件及び形式的成立要件（方式）を具備しているか否かについて審査しなければなら

ない（民740条）。

　このうち、形式的成立要件については、日本法が適用される（通則24条3項ただし書）ため、婚姻届書に所定の事項が記載され、当事者及び証人2人以上の署名などがされているかを確認することにより、比較的容易に審査することができる。

　一方、婚姻適齢など婚姻の実質的成立要件については、各当事者の本国法によることとされており（通則24条1項）、したがって、日本人と外国人が婚姻する場合は、日本人については日本の民法の規定が適用され、外国人についてはその者の本国法が適用されることになる。

　そこで、外国人については、当該身分行為に対する本国法の規定内容を調査し、その上で当該外国人の身分事実を審査する必要がある。この点について、戸籍実務の取扱いとしては、外国人当事者の本国官憲が発行した、いわゆる婚姻要件具備証明書を婚姻届書に添付させ、これにより要件を審査することになる。

　なお、婚姻要件具備証明書が得られない場合は、これに代えて次のような書類でも差し支えないとされている。①宣誓書（昭29・10・25民事甲2226号回答）、②結婚証明書（昭40・12・20民事甲3474号回答、昭42・12・22民事甲3695号回答）。これらの書面が得られない場合は、要件の審査の原則に戻り、当事者の本国法の内容、すなわち、当該国の身分関係法における婚姻の要件の内容をまず明らかにし（例えば、出典を明示した法文の写しなどにより）、その上で、当事者が各要件を満たしているかどうかを判断するため、その身分関係事実（年齢、独身であること、意思能力・婚姻能力があることなど）を証明する書類（例えば、本国官憲発行の身分証明書、出生証明書、身分登録簿の写しなど）などを提出させ、これにより審査することとなる（なお、昭30・2・9民事甲245号通達、平元・12・27民二5541号通達参照）。

外国からの郵送による婚姻届
（がいこくからのゆうそうによるこんいんとどけ）

　外国に在る日本人から、日本人又は外国人との間の創設的婚姻届を本籍地

の市区町村長に郵送することにより、日本の方式により婚姻を成立させることが認められる（通則24条3項）。

　なお、当然のことながら、外国に在る外国人同士が外国から郵便により婚姻届書を市区町村長に送付してきても、戸籍法の適用がないことに加え、方式上も無効となるから、受理することはできない。

外交婚・領事婚（がいこうこん・りょうじこん）

　外国に在る者が、その国に駐在する自国の外交官又は領事の下で、自国の定める方式に従って挙行する婚姻を、外交婚・領事婚という。

　婚姻の方式（例えば、公開の儀式・宗教上の儀式・国家機関への届出など）の準拠法については、婚姻挙行地法主義が広く認められており、我が国の国際私法も原則としてこの主義を採用している（通則24条2項）。したがって、日本人が外国で婚姻する場合には、原則としてその国の方式に従うべきであり、それにより婚姻は成立する（戸41条、42条）。しかし、婚姻の方式について絶対的挙行地法主義を貫くと、特定の宗教的儀式を要求する国で異なる信仰を持つ外国人が婚姻するような場合、不便な結果を生じる。

　そこで、例外的に外交婚・領事婚を認める国が少なくない。我が国も外国における日本人間の婚姻について、これを認めており（民741条、戸40条、通則24条3項）、外国に在る日本人同士は、当該国に駐在する日本の大使、公使又は領事に創設的な婚姻の届出をすることができる（戸40条）。

跛行婚（はこうこん）

　跛行婚とは、いわゆる渉外婚姻において、一方の国では当該婚姻を有効と認めるが、他方の国では無効とされるような婚姻をいう。

　例えば、日本人男Aと外国人女Bが、日本において婚姻をする場合、外国人女Bの本国法の定める婚姻の方式によったときは、外国人女Bの本国においては婚姻が有効に成立したとしても、日本国では有効と認められず、跛行婚が生ずる。この例の場合、婚姻の方式は、婚姻挙行地である日本の法律に

よるべきである（通則24条3項ただし書）。したがって、日本国内において婚姻を有効に成立させるためには、市区町村長に対する戸籍の届出が必要である。

　渉外婚姻の成立についての準拠法は、法の適用に関する通則法第24条に規定されており、これによれば、婚姻成立の要件は、各当事者の本国法によりこれを定めるものとし、婚姻の方式は、婚姻挙行地の法律によることもできるが、婚姻当事者の一方の本国法によることもできるとしている。ただし、日本において婚姻する場合、当事者の一方が日本人であるときは、他の一方の本国法によることは認められず、この場合は、日本の方式（市区町村長に対する届出）によるべきであるとしている（通則24条3項ただし書）。

離婚の方式の準拠法（りこんのほうしきのじゅんきょほう）

　離婚の方式については、親族関係の法律行為の方式の一つとして、法の適用に関する通則法第34条が適用される。同条によれば、離婚の方式はその行為の成立を定める法律によることとされるが、行為地法によることもできるとされている。したがって、離婚は、①夫婦の共通本国法、②共通常居所地法及び③密接関連法（通則27条、25条）が定める方式、あるいは、行為地の方式によるべきであり、これに従ってされたときに限り有効に成立することとなる。

　ところで、外国からの郵送による協議離婚の届出があった場合、これが法の適用に関する通則法第24条3項により適法な方式となるかどうかが問題となる。郵送による届出が適法というためには、身分行為の成立の準拠法上の方式として有効であること（通則34条本文、27条、25条）又は行為地法上の方式として有効であること（通則34条2項）を要するのであるが、郵送された協議離婚が有効に成立するためには、日本の法律が離婚の成立の準拠法として指定される場合、すなわち、日本人配偶者が日本に常居所を有するとき、又は、日本人配偶者は日本に常居所を有していないが、夫婦の密接関連法として日本法が指定された場合に限られることとなる。なお、夫婦の双方が日本人の場合は、同一の本国法としての日本法が離婚の準拠法となることから、

常に郵送による届出ができる。

離婚の実質的要件の準拠法
（りこんのじっしつてきようけんのじゅんきょほう）

　法の適用に関する通則法第27条は、離婚の実質的要件の準拠法について、婚姻の効力の準拠法を定めた法の適用に関する通則法第25条の規定を準用し、夫婦の共通本国法、夫婦の共通常居所地法、夫婦の密接関連法の三段階による連結をしている。すなわち、離婚については、第一に夫婦の本国法が同一であるときはその法律により、第二にその法律がない場合において夫婦の常居所地法が同一であるときはその法律により、第三にそのいずれの法律もないときは夫婦に最も密接な関係がある地の法律によるとしている（通則27条、25条）。ただし、夫婦の一方が日本に常居所を有する日本人であるときは、日本の法律によることとされている（同法27条ただし書）。

　ここで適用される法律問題は、離婚の許否、離婚の機関及び方法（具体的には、裁判離婚によるべきか又は協議離婚が可能かどうか）、離婚原因、離婚の効力などが、同条により規律されることになる。

離婚の際の子の親権についての準拠法
（りこんのさいのこのしんけんについてのじゅんきょほう）

　離婚の際の子の親権については、法の適用に関する通則法第32条による。

　父母が離婚した場合におけるその未成年の子に対する親権・監護権の帰属・分配の問題については、原則として子の本国法により、例外的に子の常居所地法によることになる。

　したがって、離婚の準拠法として日本法が指定され、離婚する夫婦に未成年の子が在る場合は、親権の準拠法が子の本国法であるか常居所地法であるかを指定した上、それが日本法（子が日本国籍であれば通常日本法となる。）であり、かつ、子が日本国籍のときは、離婚届書の「未成年の子の氏名」欄に夫又は妻が親権を行う子の氏名を記載させる。また、子が日本国籍を有しない

場合は、前記事項の他に、「その他」欄にその国籍、生年月日を記載させる必要がある。

（外国人を当事者とする創設的届出の添付書類としての）要件具備証明書
（（がいこくじんをとうじしゃとするそうせつてきとどけでのてんぷしょるいとしての）ようけんぐびしょうめいしょ）

　外国人を届出人とする創設的届出があった場合は、法の適用に関する通則法の定める準拠法に従って、その身分行為の実質的成立要件を審査しなければならないが、その審査に当たっては、当該届出事件の準拠法を決定するための外国人当事者の国籍又は常居所等を確認し、かつ、事件本人の具体的身分事実を審査しなければならない。

　この事件本人の身分事実の審査について、戸籍実務は、戸籍法第27条の3に基づき、その本国の権限を有する官憲が、本国法上その身分関係の成立に必要な要件を具備している旨を証明した書面、いわゆる「要件具備証明書」を届書に添付させ、これにより、要件を審査することとされている。

　この要件具備証明書は、当該事件本人の身分事実と事件本人がその本国法上の要件を具備していることを証明するものである。したがって、その身分事実について、本国官憲が発行する公文書で明らかにされており、かつ、その本国法の内容が明らかになっているような場合、例えば、韓国人同士の婚姻の場合において、当事者双方の韓国の基本証明書及び婚姻関係証明書が添付されているとき又は台湾系中国人同士の婚姻の場合において、当事者双方の台湾の戸籍謄本が添付されているときは、要件具備証明書を添付するまでもないことになる。また、出典を明示した当該国の法文の添付がある場合も、要件具備証明書が有する機能のうち本国法の規定内容を明らかにするという点を代替するものとして取り扱って差し支えないことになる。

　問題となるのは、当事者の本国が要件具備証明書を制度として発行していない国の場合や本国官憲が当事者の身分関係を把握していないため、要件具備証明書を発行し得ない場合についてである。

　前者の場合には、当事者の本国法の当該身分行為の要件に関する証明書

（出典を明示した法文の写しなど）及び当事者が当該各要件を満たしているかどうかを判断するため、その身分関係事実を証明する証書、すなわち、本国官憲発行の身分証明書、出生証明書、身分登録簿の写しなどが必要となる。

　後者の場合、例えば、在日朝鮮人及び在日中国人のうちには、その歴史的経緯から本国官憲がその身分関係事実を把握していない場合がある。このような場合には、要件具備証明書が得られない旨を申述した書面の提出を求めた上で、当事者の身分関係事実を証明する書面、例えば、本国官憲の発行した両親の戸籍謄本（間接的に身分関係が証明できる場合）、事件本人の出生証明書など可能な限り客観的な資料の提出を求め、これにより事件本人の身分関係を認定することとなる。

㉑ 旧法関係

▌家 (いえ)

家とは、旧民法上において、一家（一戸籍）として登録されていた親族の団体のことをいった。その集団は必ずしも現実の生活集団ではなく、戸籍上の集団を意味するものであった。

家は戸主と家族から成り、一つの戸籍を編製し（旧民732条、明31戸175条、176条、177条、旧戸9条、18条、19条）、戸主は戸主権によって家族を統率し、戸主の地位と財産は家督相続によって承継された（旧民986条）。家を同じくするか否かは、相続・扶養などに大きな影響を及ぼし、親族でも家を異にすれば法律上の関係は極めて薄くなっていた（旧民744条、954条2項、956条、982条、984条、昭23法律185号の改正前恩給法72条）。

家の制度は、日本国憲法第24条に反するものとして、昭和22年法律第74号をもって成立した「日本国憲法の施行に伴う民法の応急的措置に関する法律」（以下「民法の応急措置法」という。）の施行により、家に関する規定の適用が排除された。

▌戸主 (こしゅ)

戸主とは、旧民法上における家族制度の中心的概念で、家の統率者・支配者をいった。

戸主は、祖先の祭祀と家の財産（家産）を承継し、家族構成員の家籍の変動に対する同意権（旧民735条、737条、738条、741条、743条、750条、776条）や家族の居所を指定する権利（旧民749条）などを有し、かつ、戸主は家族（同籍者）に対し扶養義務を負うものとされていた（旧民747条）。

　戸主の制度は、個人の独立と平等という憲法の原則に反するものとして、民法の応急措置法の施行により廃止された。

　戸主は、形式面から見れば戸籍の筆頭に記載された者で、現行の戸籍の筆頭者と同じく戸籍の索引的機能を有するものであった。しかし、戸主は、実質的には上記のような特別な権利義務が認められていたところに、現行の戸籍の筆頭者と大きな差異があった。

本家（ほんけ）

　旧民法上において、分家の出た元の家を分家に対して本家といった。本家と分家との間には封建的な主従関係を前提とする密接な関係が認められていた（旧民731条、744条、753条など）。

　現行民法上は、家の制度が存在しないので、本家という観念は何ら法律的な意味を持たない。

分家（ぶんけ）

　分家とは、旧民法において、ある家の家族がその属する家から分離して別に一家を創立する行為をいうほか、この新たに設定された家をも分家といい、これに対して従前に属した家を本家といった（旧民743条）。

　分家する場合は、その属する家の戸主の同意を要した。分家は本家と同じ氏を称するものとされ、本家、分家の関係には種々の法律的関係が認められていた（旧民731条、744条、948条、985条など）。つまり本家、分家の間には特に密接な関係を認め、互いにその利害を考慮し、ことに分家は本家の廃絶を救うべきものとした。分家は、現行法上における分籍に似ているが、分籍は身分法上何ら実質的な意味を持たないのに対し、分家は前記のように種々の法律関係が生じていたことから、分籍とは大きな差異がある。

一家創立 （いっかそうりつ）

　旧民法は、家に関する規定を設け、その家は戸主と家族とから成り立つものとしていた。

　一家創立は、法律の定めるところによって一家を新たに立てる（新立する）ことである。

　一家を新立する場合としては、新立戸主の意思による場合と、法律上当然に生ずる場合とがあった。前者は分家（旧民743条）に限られ、後者の場合は、(1)庶子、私生子の父母が家族で、その家の戸主からその子の入家を拒否された場合、子は一家を創立した（旧民735条2項）。(2)婚姻、縁組によって他家に入った者が、離婚、離縁に当たって、その実家が廃絶のため復籍できない場合に一家を創立した（旧民740条）。(3)その他、復籍を拒絶されたとき（旧民741条、742条後段、750条）、家族が離籍されたとき（旧民749条、742条、750条）、絶家に家族があるとき（旧民764条）などの場合に一家を創立した。

　家の制度は、民法の応急措置法の施行により廃止された。

家督相続 （かとくそうぞく）

　旧民法に規定された家の制度には、その家を統括する者として必ず戸主がいなければならなかった。そして、戸主は家族の長として家族を統括するための特別の権利義務が認められていた。これを戸主権と呼んでいた。

　家督相続は、この戸主権の承継をいうものである（旧民986条）。また、家の財産（家産）は、家長たる地位（戸主）を承継することによって当然にその全部を受け継ぐものとされた。

　家督相続が開始するのは、戸主の死亡のほか、戸主の隠居・国籍の喪失、戸主の婚姻又は縁組の取消しによる去家、女戸主の入夫婚姻又は入夫の離婚などの生前相続が認められていた（旧民964条）。

　家督相続をする者は1名に限られ、一般には戸主の長男が家督相続人（旧民970条）で、長男のない場合は、同じ家にある者で男子を優先させていた（旧民970条～985条）。

家督相続の制度は、民法の応急措置法の施行により廃止された。

▌隠居 （いんきょ）

　旧民法において、戸主が戸主たる法律上の地位を自ら退き、家族の一員になることを隠居といった。

　隠居は、単なる事実上の隠退ではなく、法律上の戸主たる地位を引退する意思表示であり、その意思表示は戸籍法上の届出によってなされることを要した（旧民757条）。

　隠居には、普通隠居と特別隠居がある。普通隠居は、戸主の老衰を理由とするもので、隠居者が満60歳以上で、完全な能力を有する家督相続人の承認がある場合（旧民752条）に認められた。また、特別隠居は、戸主が病気又は本家の相続などでその家の家政をとることができないとき（旧民753条）、あるいは戸主が他家に入る（旧民754条）などのときに裁判所の許可を得て隠居する場合、女戸主の隠居の場合などがあった（旧民755条）。

　隠居の届出は、隠居者と家督相続人とが連署してすべきものとされていた（旧民757条、旧戸115条）。

　隠居については、民法の応急措置法の施行により廃止された。

▌廃家 （はいけ）

　旧民法において、家は戸主と家族によって組織され、その家を法律上、外面に表したものが戸籍であった。

　廃家とは、この法律上の家を消滅させることである。すなわち、家を明示している戸籍から、戸主が他家に入籍する婚姻や縁組などによって出て行く場合に、廃家届に次いで婚姻や縁組の届出をすることにより効力が生じた（旧民762条、旧戸143条）。

　廃家をすることができるのは戸主に限られたが、廃家をする戸主の家族は、その廃家者たる戸主に従ってその入家先の家の家族になった（旧民763条）。

家の制度は、民法の応急措置法の施行により廃止された。

絶家（ぜっけ）

旧民法上、戸主を失った家に家督相続人がないため、その家が消滅することを絶家といった（旧民764条）。

絶家は、家が何人の意思にもよらないで自然に消滅するものであり、この点、戸主の意思によって家が消滅する廃家とは異なる。

絶家となるのは、その家に家族がなく、被相続人たる戸主に財産がない場合に生ずることが多かった。したがって、もし、その家に財産があったり、由緒のある家の場合は、その家の存続のため、親族会が他家にまで家督相続人を求めてその選定が行われた（旧民985条）。

絶家によって家は消滅するので、家督相続人でない家族があればその者は一家を創立すべきものとされ、絶家届をしなければならなかった（旧戸144条）。

家の制度は、民法の応急措置法の施行により廃止された。

廃絶家再興（はいぜっけさいこう）

旧民法における家の制度は、戸籍によって、その所在を明示した。その家が、廃家又は絶家によって、一旦消滅した場合でも、一定の条件の下に再興することができた（旧民743条、762条）。これを廃絶家再興といった。

廃絶家再興は、家を復活することであったが、単に廃絶した家の家名のみを再興するものにすぎなかったから、財産などを承継する家督相続ではなかった。したがって、その家の氏を称すること以外に格別の実質的意義を有しなかった。

また、廃絶家再興は、その目的が家名の承継であったから、再興されるべき家と再興する者とが無縁故であっては意味がないので、一定の関係が存することが要件であった（旧民740条、743条、762条）。

家の制度が存在しない現行法においては、これらの規定は当然になくなっ

た。

▌ 去家（きょけ）

　去家とは、旧民法上の家に在る者が何らかの原因でその家を去ることをいった。

　旧民法当時は家を中心として親族関係、相続関係を規定していた関係上、養親が養家を去ったり（旧民730条2項）、あるいは、養子の配偶者、直系卑属、又は養子の直系卑属の配偶者が、養子の離縁を原因として養子の去家とともに、その養家を去った場合、そのいずれも養親族関係が終了した（旧民730条3項）。

　もっとも、養子がその身分を保有し、更に縁組若しくは婚姻により他家に入り、去家しても、既存の養親子関係は消滅しない。なお、養親族関係のうち、旧法中に生じた養親子関係について、それに基づいて旧法当時に相続が開始しているものは、その法律効果が現行法でも認められている（改正民法附則4条）。

▌ 離籍（りせき）

　旧民法は、家に関する規定を設け、その家は、戸主と家族から成り立つものとしていた。

　戸主は、家族の長として特別の権限が与えられていた。例えば、戸主は、家族に対し扶養の関係から居所を指定する権利と、これに反した場合には、家籍から追放する離籍という権限があった（旧民749条）。また、家族が戸主の同意を得ないで妻を迎え、又は養子をした場合、戸主はその者を離籍する権限もあった（旧民750条）。

　このように離籍させられた者及びその家族は、一家を創立すべきものとされていた（旧民742条）。

　現行法は家の制度を廃止したので、離籍というものはない。

他家（たけ）

　他家とは、旧民法上の家制度における概念で、ある家に属する者から見て、他の家は全て他家である。本家、分家、同家（同一の本家から出た分家を相互に同家といった。）など、何らかの関係の有無を問わず、自分の家から見て、自分の家以外は全て他家である。

　一つの家の家族が他家に入る場合（移籍という。）としては、婚姻（旧民788条）、養子縁組（旧民861条）、復籍（旧民739条）、親族入籍（旧民737条）、引取入籍（旧民738条）、分家入籍（旧民743条）、随従入籍（旧民745条、750条3項、763条、764条）、絶家の再興（旧民743条1項）などがある。

　家の制度は、民法の応急措置法の施行により廃止された。

婚家と実家（こんけとじっか）

　旧民法上の用語で、婚姻によって夫又は妻の家に入った者から見て、その入った家を婚家といい、これに対して従来属していた家を実家と称した（旧民739条〜741条、845条）。

　現行民法では、家の制度を廃止したので、これらの用語はない。なお、現在は、いずれの戸籍に属しているかを表す趣旨で、婚方・実方の用語が用いられることがある。

養家と実家（ようけとじっか）

　旧民法上における用語で、養子縁組によって養子となった者から見て、養親の家を養家といい、これに対し、養子の従来属していた家を実家といった（旧民730条、739条〜741条、845条、875条、876条）。

　現行民法では、家の制度は廃止されたので、養家、実家の用語はない。なお、現在は、いずれの戸籍に属しているかを表す趣旨で養方・実方の用語が用いられることがある（民806条、807条）。

▌ 継親子 （けいしんし）

　旧民法上の用語である「継父母と継子」のような身分関係を継親子と呼んでいた。例えば、先妻の子と後妻との関係、あるいは夫と妻の連れ子との関係がそれに当たる。

　旧民法上は、家を同じくする先妻の子と後妻との間、あるいは夫と妻の連れ子との間に継親子という関係を認め、実の親子と同一の法的地位（法定親子関係）を付与していた（旧民728条）。しかし、家の制度を廃止した現行民法においては、このような特別の関係を認めていないので、現行法上では、単に直系の姻族一親等の親族関係にすぎないから、相互に相続権はなく、親権関係も生じない。もっとも、旧民法下で開始した相続については、既往の法的関係であるから、今日でも民法の旧規定に基づく法定親子関係の効果を認めることになる（改正民法附則4条）。また、家附の継子については現行民法施行後に発生した相続についても特別な取扱いをしている（改正民法附則26条）。

▌ 嫡母庶子関係 （ちゃくぼしょしかんけい）

　旧民法上において、婚姻外の子（私生子）を父が認知した場合は、その子を庶子といった（旧民827条2項）が、その父の妻で庶子の母でない者と庶子が家を同じくするときに、両者の関係を嫡母庶子関係といった（旧民728条）。

　嫡母庶子関係は、継親子と同様に家の制度に基づく法定親子関係であったが、民法の応急措置法の施行によって廃止された。現行法上は、直系姻族の一親等の親族関係にすぎないが、旧民法当時に嫡母庶子の関係から生じた法律効果には影響がない（改正民法附則4条）。

▌ 庶子 （しょし）

　旧民法において、婚姻外の子（私生子）を父が認知した場合に、父に対してその子を庶子といった（旧民827条2項）。

現行民法は、この名称を廃止して、婚姻外の子について父が認知した子も、父の認知がない子も、共に嫡出でない子と称することになった。

旧法中は、婚姻外の子の出生届を父がすることが認められていた（「庶子出生届」。旧戸72条2項）が、その届出自体に認知の届出の効力が付与されていたので、別に認知の届出を要しなかった（旧戸83条前段）。現行戸籍法においては、婚姻外の子について事実上の父が父の資格で出生届をする制度が認められていないので、内縁関係にある男女間に出生した子について、事実上の父が明らかであっても、その者が父の資格で出生届をすることができない。その場合は、まず、嫡出でない子の出生届をした後に父から認知届をすることになる。もっとも、事実上の父がした嫡出子出生届、又は嫡出でない子の出生届が誤って受理された場合は、この出生届出に認知の届出の効力が認められることになっている（最判昭53・2・24民集32巻1号110頁、昭57・4・30民二2972号通達）。

▌ 私生子（しせいし）

親子関係について、現行民法においては、婚姻関係にある夫婦間に生まれた子を「嫡出である子」又は「嫡出子」、婚姻関係にない男女間に生まれた子を「嫡出でない子」と規定している。旧民法は、昭和17年法律第7号（昭17・3・1施行）によって同法の一部が改正されるまでは、婚姻関係にない男女間に生まれた子を「私生子」と規定していた。

この改正は、婚姻関係にない男女間に生まれた子の保護の立場から改正施行されたものである。以後、民法、戸籍法を始め、関係法令からはその呼称が消え、単に「子」又は「嫡出でない子」と改められた。

▌ 婿養子（むこようし）

旧民法上の用語で、養子縁組と同時に養子と養親の娘との婚姻が行われる特殊な養子縁組を婚養子縁組婚姻（2個の行為を同時に成立させる。）といい（旧民788条2項、839条ただし書、973条など）、この養子を普通の養子と区別して特

に婿養子といった〔注〕。

　家の維持のための制度で、法定推定家督相続人たる家女（その家で生まれた娘）に婿を迎えて後継者とする場合に多く行われた。婿養子は普通の養子とは区別され、その法的地位も異なっていた。特に家督相続の順位に差異があった（旧民973条）。

　現行民法には、この婿養子縁組婚姻の制度はないが、養親が男子を養子とする縁組の届出をした後、その養子が養親の女子（又は養女）と婚姻する届出をした場合は、同じような効果は得られる。しかし、これは婿養子縁組とは呼ばない。

　なお、旧法中の婿養子について、現行の戸籍に養親との続柄を記載するときは、単に「養子」と記載することとされている（昭24・4・6民事甲3189号回答(2)）。

〔注〕旧民法の条文上では「壻」の字体が用いられているが、これは、法文上のもので、現在の常用漢字表（前身の当用漢字表）では「婿」の字体になっているので、「壻」については「婿」の字体が用いられる。

▍婿養子縁組婚姻（むこようしえんぐみこんいん）

　旧民法において、戸主が、自分の家にある自己の女子と婚姻させるため、他家にある男子を自己の養子とする縁組をし、同時に自己の女子と婚姻させることを婿養子縁組婚姻という（旧民839条ただし書）。

　婿養子縁組婚姻は、上記のとおり男子である養子が縁組と同時に養親の家にある養親の女子（養女でもよい）と婚姻することである。したがって、婿養子縁組婚姻は、縁組と婚姻と2個の身分関係を同時に成立させるものである。旧法中における婿養子の養親との続柄は、「婿養子」と記載されていたが、現在の戸籍では単に「養子」とのみ記載することとされている（昭24・4・6民事甲3189号回答(2)）。

女戸主 (にょこしゅ／おんなこしゅ)

女戸主（「おんなこしゅ」ともいう）とは、旧民法における女の戸主をいう。

女戸主も戸主権の行使については、別段の制限はなかったが、家制度上一般的にはなるべく男を戸主にしようとする建前がとられていたため、家督相続の順位について、男を優先させていた（旧民970条1項2号）。また、入夫婚姻の際にも原則として入夫が女戸主に代わって戸主になるものとされていた（旧民736条、旧戸100条1項8号参照）。ただし、女戸主は入夫に戸主の地位を譲りながら、その財産の半分を限度として留保することができた（旧民988条、1130条）。

家の制度は、民法の応急措置法の施行により廃止されたので、戸主の制度は消滅した。

入夫婚姻 (にゅうふこんいん)

入夫婚姻とは、旧民法上の用語で、夫が女戸主たる妻の家（戸籍）に入る婚姻である（旧民788条2項）。この場合には夫は妻の家の氏を称し、当事者が反対の意思を表示しない限り〔注〕、夫は妻の家の戸主となった（旧民736条、旧戸100条1項8号参照）。

入夫婚姻は家を維持するための制度であるから、家の制度を認めない現行民法には規定されていない。入夫婚姻は、家督相続の開始原因となっていることに家制度との結び付きがあった（旧民964条）。入夫婚姻届に戸主となる旨の記載があれば、大正3年戸籍法の施行（大4・1・1）後は、別に家督相続届を要することなく、入夫を戸主とする戸籍が編製された。

〔注〕戸籍の実務では、入夫婚姻届に戸主となる旨の記載がない場合は、戸主とならないものとして処理された（南敏文監修・髙妻新著・青木惺補訂「最新体系・戸籍用語事典」400頁）。

親族入籍 (しんぞくにゅうせき)

親族入籍とは、旧民法上の用語で、ある家に属する者が、他の家に入るこ

とを目的とする身分上の行為で、戸籍の届出によって効力を生じるとされていた（旧戸137条）。例えば、甲家の戸主の親族Ａが、他家の乙家に在る場合に、Ａが甲家に親族入籍するには、甲家の戸主の同意を得て入籍することとされていた（旧民737条１項本文）。この場合において、Ａが乙家の家族である場合は、乙家の戸主の同意も要した（同条１項ただし書）。また、Ａが乙家の戸主であるときは、廃家した上でなければ入籍できないとされていた（旧民762条）。

　親族入籍は、入籍者自身が届出することになるが、その者が未成年である場合には意思能力があることを要する。また、戸主の同意のほか、親権者である父若しくは母の同意、父母がないときは後見人の同意を要するとされていた（旧民737条２項）。

　家の制度は、民法の応急措置法の施行により廃止された。したがって、親族入籍に関する規定は現行法上にはない。

▎引取入籍（ひきとりにゅうせき）

　引取入籍とは、旧民法上の用語で、ある家に属する者（引取者）が、他家にある自己の親族を、自己の属する家の家族にするために引き取る行為で、戸籍の届出によって効力を生じるとされていた（旧戸138条）。例えば、婚姻又は縁組によって他家に入った者が、従前の家にある子を婚家又は養家に引き取るような場合（旧民738条１項）、あるいは、婚家又は養家を去って他家に入った者が、婚家又は養家に残した自己の子、孫等を引き取る場合（同条２項）である。

　引取入籍は、入籍する者自身の行為でする親族入籍と異なり、入籍者以外の者（引取者）によって行われた。つまり、家族にしようとする者から戸籍の届出をしなければ効果が生じなかった（旧戸138条）。

　引取入籍をするには、戸主、配偶者、養親などの同意を要した（旧民738条１項）。

　家の制度は、民法の応急措置法の施行により廃止された。したがって、引取入籍に関する規定は現行法上にはない。

▌額書欄 (がくしょらん)

　旧法戸籍（明治19年式戸籍、明治31年式戸籍、大正4年式戸籍）において、戸主の氏名欄の上部に「戸主」、戸主以外の家族の各人の名欄の上部に「妻、長男、二男、婦（戸主の家族の妻）、孫」などの表示をすることによって、家族の親族法上の地位を明示した。この戸主との続柄を記載する欄のことを額書欄という。

　旧法戸籍においては、戸籍内の全ての者について額書欄を設けて戸主と家族との続柄を表示することとしていた。ただし、戸主と親族関係のない家族は、額書を空欄とした。

▌民法の応急措置法 (みんぽうのおうきゅうそちほう)

　民法の応急措置法とは、「日本国憲法の施行に伴う民法の応急的措置に関する法律」（昭22法律74号）の略称である。

　第二次世界大戦後における我が国の新憲法の下においては、法律は、個人の尊厳や両性の本質的な平等に立脚して制定しなければならない（憲24条2項）とされるなどしたところ、旧民法（明31法律9号）の親族相続に関する規定は、新憲法の条文に抵触する部分が多く、その規定を改正する必要があったが、その改正が新憲法の施行に間に合わなかったため、応急的に作られた民法の要綱的法律が民法の応急措置法である。

　この法律は、新憲法とともに昭和22年5月3日から施行され、同年末限りの時限立法で、昭和23年1月1日の改正民法（昭22法律222号）の施行と同時に失効した。内容的には、女性の能力を制限する規定を撤廃し、戸主、家族その他、家に関する規定の適用が排除された。また、成年者の婚姻、離婚、縁組、離縁に父母の同意を要しないこととされた。さらには、夫婦について両性の本質的平等を徹底させるとともに、親権の行使については、父と母との間に優劣の区別をしないこととされたほか、相続については、遺産相続の均分相続とし、家督相続を廃止した。その他、現行民法の基本となるべきものなどが規定された。

事 項 索 引

さ

し

戸籍実務用語ハンドブック
―戸籍情報連携対応版―

2024年5月7日　初版発行

著　者　田　中　寿　径

発行者　和　田　　　裕

発 行 所　日 本 加 除 出 版 株 式 会 社
本　　社　〒171-8516
東京都豊島区南長崎3丁目16番6号

組版　㈱郁文　印刷　㈱精興社　製本　牧製本印刷㈱

定価はカバー等に表示してあります。
落丁本・乱丁本は当社にてお取替えいたします。
お問合せの他、ご意見・感想等がございましたら、下記まで
お知らせください。

〒171-8516
東京都豊島区南長崎3丁目16番6号
日本加除出版株式会社　営業企画課
電話　　03-3953-5642
FAX　　03-3953-2061
e-mail　toiawase@kajo.co.jp
URL　　www.kajo.co.jp

Ⓒ Toshimichi Tanaka 2024
Printed in Japan
ISBN978-4-8178-4949-6